尋求歷史的謎底

——近代中國的政治與人物

下　冊

楊　天　石　著

文史哲出版社印行

國立中央圖書館出版品預行編目資料

尋求歷史的謎底：近代中國的政治與人物／楊天石著. -- 初版. -- 臺北市：文史哲，民83
冊；　公分
ISBN 957-547-908-4(上冊：平裝). -- ISBN 957-547-909-2(下冊：平裝)

1. 中國 - 歷史 - 晚清(1840-1911) - 論文講詞等 2. 中國 - 歷史 - 民國1-38年(1912-1949) - 論文,講詞等

627.607　　83012010

尋求歷史的謎底（下冊）
——近代中國的政治與人物

著　者：楊　天　石
出版者：文　史　哲　出　版　社
登記證字號：行政院新聞局局版臺業字五三三七號
發行人：彭　正　雄
發行所：文　史　哲　出　版　社
印刷者：文　史　哲　出　版　社
臺北市羅斯福路一段七十二巷四號
郵撥〇五一二八八一二　彭正雄帳戶
電話：（〇二）三五一一〇二八

實價新台幣四二〇元

中華民國八十三年十二月初版

ISBN 957-547-909-2

尋求歷史的謎底

下　冊

目　錄

插圖目錄

孫中山與中國革命的前途
——兼論清末民初對孫中山民生主義的批評

中國應該建設一個什麼樣的社會？資本主義還是社會主義？從20世紀初年開始，中國人便思考並辯論這一關係國家、民族命運的重大問題。孫中山很早就表示了對社會主義的嚮往，因而也很早就受到了資本主義前途論者的批評。在辯論中，孫中山不斷思考，不斷探索，也不斷前進。今天，當我們回顧近百年來中國人民探索救國救民眞理的歷程時，應該承認，孫中山是近代中國社會主義的前驅宣傳家和思想家。

一

孫中山明確地表示對社會主義的嚮往是在1903年。他在復友人函中說：「社會主義，乃弟所極思不能須臾忘者。」①當時，中國的先進分子處於不同的思想層次中。一種人，熱衷「排滿革命」，渴望「光復舊物」，「重見漢官威儀」；另一種人，以亞洲盧梭自命，沉醉於華盛頓、拿破侖的功業。孫中山超越上述兩種人，宣布以社會主義爲理想，顯示出他在中國革命前途這一重大問題上，具有遠大的目光，進行了深入的思考。1905年，孫中山在比利時向國際社會黨執行局申請，接納他的黨，同時宣布，將派代表出席下一屆國際大會。這一舉動，在當時中國的先進分子中，堪稱並世無二。它表明，孫中山企圖將中國革命和國際社會主義運動聯繫起來。此後，孫中山在《〈民報〉發刊詞》、《中國同盟會革命方略》和《民報》創刊周年慶祝大會的演說中，公開闡明了自己的主張，民生主義這一概念開始震動中國的政治界和思想界。1912年，民國建立，孫中山錯誤地認為民族革命、政治革命兩項任務已經完成，因此，以無比的熱情進行「社會革命」的宣傳。他以「極端社會黨」自居，在南京、上海、武漢、廣州、北京、太原、杭州等地多次發表演說。不僅對社會各界和同盟會講，也對社會黨、統一黨、共和黨講，甚至還對黎元洪、袁世凱講。②據報導，他還曾準備經營東沙島，「試行社會主義」。③這是他一生中宣傳社會主義的高潮時期。國民黨「一大」前後，孫中山的熱情再次爆發，社會主義又一次成為他演講中的鮮明主題。由於十月革命的勝利以及和中國共產黨的合作，他的有關宣傳也就出現了前所未有的新內容和新特色。

孫中山開始革命活動的年代，自由資本主義已經發展為壟斷資本主義，它的各種固有矛盾尖銳地表現出來。孫中山長期居留於歐美、日本等地，對資本主義社會的病症有相當透徹的了解。他多次指出，歐美社會貧富懸殊，兩極分化，是一個極不平等的世界。1903年，他在復友人函中就指出：「歐美之富者富可敵國，貧者貧無立錐。」④後來又說：「歐美各國善果被富人享盡，貧民反食惡果，總由少數人把持文明幸福，故成此不平等世界。」⑤孫中山看出了這種貧富懸殊的現象必定會引發激烈的階級鬥爭，社會革命必不可免。他說：「他日必有大衝突，以圖實劑於平。」⑥因此，他堅決主張，中國不應該走歐美老路。在《〈民報〉發刊詞》中，他說：「近時志士舌敝唇焦，惟企強中國以比歐美。然而歐美強矣，其民實困。觀大同盟罷工與無政府黨、社會黨之日熾，社會革命其將不遠。吾國縱能媲跡於歐美，猶不能免於第二次之革命，而況追逐於人已然之末軌者之終無成耶！」⑦鴉片戰爭以來，中國人受列強欺負，媲跡歐美，曾經是許多愛國志士夢寐以求的理想，然而，孫中山卻從歐美強大的外表下看出了「其民實困」的內相，毅然宣布不能追逐別人「已然之末軌」，這在當時，是具有石破天驚意義的宣言。

孫中山看不起歐美事後所實行的改良政策，並由此上溯，批評歐美資產階級民主革命的「疏陋」。他說：「倘歐美早百年注意社會問題，而今日補苴罅陋之政策可不發生。甚矣，其疏陋也。」⑧孫中山要求走自己獨特的道路。他認爲，中國的資本家還未出生。但是，隨著近代工業的發展，必將加强勞工階級與資本所有者之間的分野。他甚至估計，十年以後，中國的大資本家總數將超過十萬人，其中有些人的財產，將超過美國的煤油和鋼鐵大王。孫中山不希望出現這種狀況，主張在堅決發展近代工業的同時，預爲防範。他說：「吾國治民生主義者，發達最先，睹其禍害於未萌，誠可舉政治革命、社會革命畢其功於一役。還視歐美，彼且瞠乎後也。」⑨對於這段名言，人們通常批評其爲空想，這當然是正確的。但是，孫中山深刻地感到舊的一般民主主義革命（政治革命）的不足，要求在這一過程中解決社會革命的問題，防止資本主義「禍害」，使中國不僅成爲「國民的國家」，而且成爲「社會的國家」，創造出一種使歐美瞠乎其後，眞正造福人民的社會制度，顯然，這一思想不僅對近代中國人民富於啓發性，而且包含著積極的、合理的內核。列寧所說，孫中山的政治思想傾向，「比民主主義的含義更廣泛」⑩，指的就是他思想中這種超出「民主主義」的成分。

對於資產階級，孫中山多次進行批判，指責他們不勞而獲，壟斷財富，壓制平民，流毒世界。他說：「資本家以機器爲資本，壟斷利源。工人勞動所生之產，皆爲資本家所坐享。」⑪彼恃其財力，不惟足以壓制本國，其魔力並且及於外國。」⑫在孫中山看來，資本家的專制與專制政府並無二致，他說：「世界財力悉歸少數資本家之掌握，一般平民全被其壓制，是與專制政府何異？」⑬有時，他甚至認爲資本家的壓制比封建君主還要厲害。他說：「若專制皇帝，且口不離愛民，雖專横無藝，然猶不敢公然以壓抑平民爲職志。若資本家者，以壓抑平民爲本分者也，對於人民之痛苦，全然不負責任者也。一言以蔽之，資本家者，無良心者也。」⑭基於此，孫中山曾將自己的民生主義稱爲「排斥少數資本家」的主義。⑮1912年，他並作過一個勇敢的預言：「政府有推翻之一日，資本家亦有推翻之一日。」⑯

孫中山不懂得剩餘價値理論，因而，他對資產階級的批判只能借助兩種方式：一、在資本家和封建君主之間進行歷史類比；二、像早期空想社會主義者一樣，訴諸於抽象的「理性」和道德觀念。這種批判顯示了孫中山對資本家的憎惡之情，它是震撼人心的，卻遠不是科學的、深刻的，無從揭露資本主義剝削的本質及其發生、發展、滅亡的規律。

對資產階級的政治經濟學，孫中山也持批判態度。他指責亞當・斯密的分配理論不合理，是爲資產階級利益辯護的「舊經濟學」。他說：「按斯密亞丹經濟學，生產之分配，地主占一部分，資本家占一部分，工人占一部分，遂謂其深合經濟學之原理，殊不知此全額之生產，皆爲工人血汗所成，地主與資本家坐享其三分之二之利，而工人所享三分之一之利，又析與多數之工人，則每一工人所得，較資本家所得，其相去不亦遠乎？宜乎富者愈富，貧者愈貧，平民生計，遂盡爲資本家所奪矣。」⑰長期以來，亞當・斯密的理論一直是西方資產階級的「聖經明訓」，孫中山的批判雖然缺乏理論深度，但它畢竟刺去銳利的一槍，表示了對資本主義分配原則的抗議，也表示了對一種「新經濟學」的期待。

早期空想社會主義者大都把工人階級看作受苦受難、無所作爲的階級。孫中山與之不同，他熱情贊譽工人階級對人類發展的巨大貢獻。他說：「當知世界一切之產物，莫不爲工人血汗所構成。故工人者，不特爲發達資本之功臣，亦即人類世界之功臣也。」⑱在資本主義社會兩大階級對立中，他眞摯地同情工人階級，表示願爲改善其處境而鬥爭。他說：「今坐視資本家壓制平民而不爲之所，豈得謂之平等乎？」⑲不僅如此，他還充分肯定工人階級爭取自身權利的鬥爭，認爲「資本家所獲甚豐，皆由工人之勞動而來，工人爭其所應得之權利，亦理所當然」。⑳由此，他進一步肯定「社會革命」，認爲「不平則鳴，大多數人不能長爲極少數人之犧牲者，公理之自然也」。㉑但是，孫中山也還不能認識工人階級的偉大歷史使命，不懂得只有它才能爲資本主義掘墓，並創造未來社會。在這一根本點上，孫中山並未能超出空想社會主義者的水平。

對馬克思主義，孫中山也熱情贊譽。早在1912年，他就充分肯定馬克思「苦心孤詣，研究資本問題，垂三十年之久，而無條理之學說，遂成爲有系統之學理」。㉒1924年，他發表《民生主義》演講時更進一步指出，馬克思的研究「全憑事實，不尙理想」，使社會主義從烏托邦的空想發展爲科學，具有劃時代的意義。他說：「現在研究社會問題的人也沒有那一個人不是崇拜馬克思做社會主義中的聖人。」㉓但是，這一時期，世界資本主義經濟有較大的發展，各國壟斷資本正在採用所謂的「資本主義合理化」措施，美國汽車大王福特發明的「福特制」得到了廣泛的運用，一些人起勁地鼓吹：「不是馬克思，而是福特」給工人指出了幸福之路；「新資本主義」將消滅貧窮和危機。對於這些情況，孫中山不能正確地加以分析，思想上發生迷惘。他說：「馬克思所說的是資本家要延長工人作工的時間，福特車廠所實行的是縮短工人作工的時間；馬克思所說的是資本家要減少工人的工錢，福特車廠所實行的是增加工人的工錢；馬克思所說的是資本家要抬高出品的價格，福特車廠所實行的是減低出品的價格。像這些相反的道理，從前馬克思都不明白，所以他從前的主張便大錯特錯。」㉔甚至說：「在馬克思的眼光，以爲資本家發達了之後便要互相吞併，自行消滅。但是到今日，各國的資本家不但不消滅，並且更加發達，沒有止境，便可以證明馬克思的學理了。」

㉕儘管如此，孫中山仍然主張共產主義和民生主義是好朋友，在中國，雖不可用「馬克思之法」，卻可以「師馬克思之意」㉖，態度是友好的。

思想家的理論原則和實踐綱領之間常常存在著較大的差距。當思想家馳騁於想像的領域時，他可以無所顧忌，恣情任意，但是，當他腳踏實地時，就不能不考慮到各種現實的條件和因素，據此而制訂的實踐綱領就不能不受到制約，和理論原則之間的差距也就拉開了。在理論原則上，孫中山贊賞土地公有和資本公有，認爲二者「得社會主義之眞髓」㉗，但是，在實踐綱領上，孫中山卻只主張以實行地價稅爲中心的平均地權和大資本國有。孫中山認爲，實行了這兩項，也就是實行了社會主義。

孫中山期望在實行了他的社會主義後，中國不僅富强，而且家給人足，無一夫不獲其所，成爲「至完美」的國家。他天眞地設想，那時將不是「患貧」，而是「患富」的問題。他說：「數年後民生主義大行，地價、鐵路、礦產各種實業俱能發達，彼時將憂財無用處，又何患窮哉！所謂教育費、養老費皆可由政府代爲人民謀之，夫然後吾黨革命主義始爲圓滿達到，中華民國在世界上將成爲一安樂國，豈非大快事哉！」㉘孫中山設想，在這個「安樂國」裏，政治民主，實業建設於「合作的基礎之上」，勞工將在優良的條件下工作，不僅獲得「其勞力所獲之全部」，而且將「知識日進，獲得充分之娛樂與幸福」。㉙

爲了補償生產中消費掉的生產資料，擴大再生產，發展文化、教育、衛生等公益事業，支付管理費用，因此，即使在共產主義社會中，勞動者也不可能獲得「其勞力所獲之全部」，但是，在孫中山的這一提法中，顯然彌足珍貴地包含了反對人剝削人的思想。

孫中山不理解工人階級的歷史使命及其在國家政權中掌握領導地位的必要，贊賞公有制而又不明確提出以之爲主體，也不懂得社會主義的分配原則，這樣，他所構思的「安樂國」當然遠不是科學社會主義，但是，也顯然越出了資產階級一己私利的狹隘樊籬。列寧說過：「『靠犧牲別人來經營』這一事實的存在永遠，會在被剝削者本身和個別『知識分子』代表中間產生與這一制度相反的理想。」㉚孫中山一類懷著救亡熱誠投身革命的知識分子，自身不占有生產資料，經常以「平民」的代言人自居，在西方資本主義社會固有矛盾充分暴露，工人運動已經相當强大的情況下，產生對社會主義的嚮往是很自然的。

孫中山的社會主義思想有其獨特的個性。就其批判資產階級，抗議資本主義的分配制度，同情工人階級，贊賞公有制等理論原則看，它接近於空想社會主義，但是，就其實踐綱領看，則是一個以發展國家資本主義爲主的方案（下文詳論）。

當孫中山構思他的「安樂國」時，世界上還沒有社會主義國家。十月革命勝利後，孫中山以極大的興趣注視並研究俄國的情況。1920年11月，他在廣東省署演說：「此次俄國革命後，實行社會主義，俄國遂釀成一種好風氣。」㉛此後，他對俄國社會制度的贊美日益增多。1924年 2 月，他對駐廣州湘軍演說，聲稱「現在的俄國，什麼階級都沒有。他們把全國變成了大公司，在那個大公司之內，人人都可以分紅利，像這樣好的國家，就是我要造成的新世界」㉜這樣，孫中山長期追求的理想境界就有了一個具體形象，從而具備了突破主觀社會主義的可能。遺憾的是，孫中山逝世得太早，未能踏入這個飛躍過程。

二

在歐洲，共產主義的「怪影」曾使資產階級長期驚悸騷動；在中國，孫中山對社會主義的嚮往也使許多人不安。清末民初，資本主義前途論者對他的民生主義進行過兩次批評。第一次是在1906－1907年，代表人物爲梁啓超，範圍限於《新民叢報》，第二次在1912－1913年，代表人物爲章太炎、孫武、張振武、金天羽、藍公武，涉及的報刊有上海《大共和日報》、《民聲日報》、《神州日報》、《獨立周報》、武昌《大漢報》、北京《亞細亞報》、《國民公報》、《燕京時報》、天津《大公報》等。兩次批評提出的問題都較多，而其核心則在於中國的前途。由於梁啓超的第一次批評已爲人們所熟悉，本文將著重闡述第二次批評的情況。

1.認爲社會主義是一種遙遠的、不能實行的理想。梁啓超稱：對於「社會改良主義」，他絕對表示同情；對於「麥喀、比比爾輩」所倡導的「社會革命主義」，他認爲「必不可行，即行，亦在千數百年之後」。㉝辛亥革命後，孫中山的批評者們持論大體與此相同。1912年1月，章太炎在中華民國聯合會第一次大會上說：「近來對於民生問題，頗有主張純粹社會主義者，在歐洲程度已高之國尚不適用，何況中國？」㉞稍後，金天羽也在《大共和日報》上撰文稱：「此華嚴之世界，能否湧現於短期之世紀中，雖起瞿曇、基督而揲蓍以求，猶不能以預測，則謂之哲人之理想而已。」㉟孫中山所倡導的，並不是馬克思的「純粹社會主義」，批評家們可謂庸人自擾，不過，這倒暴露了他們對社會主義的眞實態度。

2.認爲社會主義不適合於人類心理。梁啓超稱：「經濟之最大動機，實起於人類之利己心」。㊱金天羽繼稱：「人類之生，固挾利己之心以俱來。」章士釗等創辦的《獨立周報》也稱：「所謂興公產地，所謂廢私人之資本也，其果合乎人類之心理乎？」㊲地主階級是諱言利己的，他們習慣於把本階級的狹隘利益包裹在光華四射的禮義外衣中，赤裸裸地宣布利己主義爲人類與生俱來的心理，是典型的資產階級方式和資產階級語言。

3.認爲社會主義將產生新的專制。梁啓超提出，社會主義必以全國爲「獨一無二之公司」，「取全國人民之衣食住，乃至所執職業，一切干涉之而負其責任」，結果必然濫用職權，「專制以爲民病」。㊳金天羽發揮了這一思想，他稱資本主義爲「黃金專制之局」，認爲社會主義取代資本主義只是「破一專制而復產一專制，且其所專者又更甚焉」。其理由是，在社會主義制度下，國家掌握生產機關，因而也掌握利益的分配，必將導致國家權力的膨脹和特權者的產生。他說：「然而所謂分配之者，顧誰爲分配乎？非小己之享特權者乎？國家之權干涉將無限域而至於筐篋，試問專制君主曾有是乎？」㊴社會主義民主本質上是工人階級和人民大眾當家作主，但是，這是一種史無前例的民主形式，在它的實踐過程中，確實可能出現權力過分集中、管得過死、包得過多、一言堂以至個人專斷等違反民主的現象，這是必須認眞對待，努力加以解決的。但以爲社會主義必然會產生新的專制局面，不過反映出資產階級自由主義者的恐懼心理而已。

4.認爲中國貧富懸殊不大，不必實行社會主義。《大共和日報》稱：「中山先生之提倡社會主義者，乃見美國貧富至不平均，鐵道大王、石油大王之權力較專制君主爲尤甚，唯恐中國人民遭此荼毒。此仁人之用心，記者敢不敬佩，但此乃美國之社會現象，中國今日無有也。」文章要求孫中山「詳察中國之人情時勢而後規畫中國前途，幸毋拘泥習見，無理效顰。」㊵原屬同盟會的武昌起義元勛張振武也激昂地提出：「諸君試思，今日我國程度若何，有美國之托拿斯等弊否？」㊶這一批評貌似有理，然而孫中山有自己的解釋：與其臨渴掘井，何如未雨綢繆？等到鐵道大王、石油大王出現再革命，就晚了。

5.認爲從中國當時政治形勢看，不適合進行社會革命。孫武稱：「中國政治革命尙未完成，社會秩序尙未恢復」，只能「興教育，礪知識」，才能挽救國家危亡。㊷又稱：「武昌起義係政治革命，現在各黨互生意見，萬不可再說社會革命，貧富亦萬難均等。現在外人尙未承認，各省紛爭日甚，吾輩實社會之罪人也。」㊸清朝統治的推翻不等於民主革命的勝利，在這一意義上，孫武的「政治革命尙未完成」的觀點是正確的，但是，把革命黨人的任務限於「興教育，礪知識」等方面，同樣也不能使「政治革命」趨於完成。

6.認爲中國的急務是發展資本主義，而不是實行社會主義。藍公武稱：「今欲救濟現社會之苦痛，須改良現社會之組織，使人各得以知識能力，自由競爭，而享其勞力之結果。」㊹顯然，這種在私有制基礎上的「自由競爭」乃是自由發展資本主義的同義語。辛亥革命前，梁啓超曾提出，當以「獎勵資本家爲第一義」；辛亥革命後，孫中山的批評家們也都異口同聲。《大共和日報》和《大公報》斷言：「救貧療饑之上藥，道在獎富民殖產之野心，使人人胥有猗頓、陶朱之希望，取前朝束縛商工之苛例，掃蕩而廓清之。」它們批評孫中山的「社會革命」思想是「無病呻吟」，「徒以灰國民進取之雄心，而擁有厚資者，人人胥懷自危之念。」㊺武昌《大漢報》論證世界各國的富强之道在於「以拓殖爲經」，以農、工、商、工藝爲主體。它說：「我中國現今之最要政策，不惟懼貧民之多，且甚懼富民之少；不惟懼貧民之不能富，且甚懼富民之日即於貧；不懼因獎勵企業而令托拉斯之發生，而懼因社會主義而令專制之復活。」㊻《民聲日報》也稱：「今日吾國實業衰落，急當獎勵資本家以開發富源，不當以社會主義過爲遏抑。」㊼他們步武梁啓超的故轍，力圖從和外資競爭的角度論證中國大資本家出現的必要。金天羽說：「吾國素無煤油、鋼鐵、電器、鐵道諸大王，奮焦僥之臂以搏巨靈，其勝敗雖愚者知之矣。然則吾國之於資本家焉，方存乎見少，又安可張均一分配之學說，乘豪富之未萌而預摧其枿哉！」㊽當時中國資本主義的發展還很微弱，孫中山的批評者們主張發展資本主義，是符合歷史要求的；他們以民族資本抵禦帝國主義經濟侵略的思想也不無道理。但是，他們輕視勞動人民的利益，不考慮資本主義在中國發展的長遠後果，既是狹隘的，又是短視淺見的。

7.反對土地國有和單一稅政策，認爲只著眼於土地並不能解決資本主義社會的問題。梁啓超稱：「夫歐美現社會所以杌隉不可終日者，曰惟資本家專橫故。使徒解決土地問題而不解決資本問題，則其有以愈於今日幾何也！」㊾在辛亥革命前，孫中山一直忽視資本問題，應該承認，梁啓超的批評頗中肯綮。但是，梁啓超卻既反對解決資本問題，也反對解決土地問題，他認爲私有制度是「現社會一切文明之源泉」，土地國有是一種「掠奪政策」。㊿章太炎在辛亥革命前曾主張「均配土田，使耕者不爲佃奴」51，辛亥革命後卻和張謇等沆瀣一氣，認爲「土地國有，奪富民之田以與貧民，則大悖乎理，照田價而悉由國家收買，則又無此款，故絕對難行」。52又說：「其專主地稅者，尤失稱物平施之意。此土本無大地主，工商之利，厚於農夫，掊多益寡，自有權度，何乃專求之耕稼人乎？」53章太炎這裏所說的「耕稼人」，實際上是地主。關於這一點，金天羽表述得更清楚，他說：「以全國之政費而累累於地主之肩，天下專制不平等，寧有過於此者哉！」54儘管土地國有一類主張是資產階級激進思想家提出來的，但是，由於資本家們害怕因此牽動資本的所有權，因此，從來沒有哪一個資產階級政權全國實行過。中國民族資產階級由於和封建主義關係密切，既要發展資本主義，又要保護封建的土地制度，因此，在他們的言論中出現爲地主階級呼籲的聲音，並不奇怪。

8.認爲社會革命會導致秩序混亂，甚至國亡民死。孫武稱：「社會主義須從學理上研究，武漢人民恐尚無此程度，倘人民誤解，視奪人財產，擾亂社會秩序爲社會革命，則極爲危險。」55《民聲日報》稱：「若必以貧富均等爲言，則富者無企業之心，貧者有依賴之勢。極其流弊，則社會相陵，眾暴寡，小加大，是率天下於劫奪之途，社會秩序必將破裂而不可收拾。」56幾乎所有的孫中山的批評者都認爲，中國此後的「暴動風潮」將日盛一日，其結果將不堪收拾。㊿張振武稱：「如提倡社會主義，將使游手好閑之輩，人人胸中有一均財思想，誠恐中國不亡於專制政治，而將亡於社會主義也。」58北京的《燕京時報》更危言聳聽地說：「今中山先生乃欲舉天下人民，悉均其貧富焉，揆諸天演公例，既與優勝劣敗之旨相違；徵諸人道公平，復與安分循理之情不合。演成第二革命之慘劇，同室操戈，燃萁煮豆，元氣已經剝喪，毒劑又復進行，舉四萬萬同胞，無富無貧，同歸於盡，則中山先生所謂均貧富一言，非以利民生實以促民死也。」59孫中山主張消除資本主義社會中貧富懸殊的現象，但並不提倡平均主義。上述言論，既有對孫中山思想的誤解，也有對下層人民的恐懼，但更多反映的則是中國民族資產階級對於一個安定局面的要求。

可以看出，兩次批評在理論上是一貫的。批評者們强烈地反對孫中山的「社會革命」思想，反對社會主義前途，以典型的資產階級心理和語言要求在中國發展資本主義。不同之處在於：第一次批評聲勢較小，僅限於一人一刊；第二次則涉及四、五個主要城市的十餘種出版物，孫中山在武漢和廣州演說時，都有人當面反對。60其次，第一次批評的主角是作爲資產階級改良派的梁啓超，而第二次批評的主角除原屬於改良派的藍公武外，幾乎都是孫中山當年的戰友。這是一個發人深省的現象。

辛亥時期的知識分子是一個複雜的群體。就對清政府的態度而言，有革命與改良之分；就對資本主義的態度而言，則有肯定與批判之分。辛亥革命勝利了，原來革命、改良的界限不再存在，因此，在對資本主義的態度上重新分化組合就不是奇怪的事了

民國建元之初，資產階級喁喁望治。他們嚮往著自此可以擺脫各種拘牽，大展鴻圖，眞正出現「生意興隆」，「財源茂盛」的局面。在這一情況下，孫中山的「社會革命」思想自然不會受

到歡迎。儘管孫中山小心翼翼地在上海資本家面前聲明：「資本家當維持，如何反對？特資本家之流弊，則不能不防備。」㉑但是，這種低調的「維持」論抵銷不了高調批判的影響，所謂「防弊」之說也不合資本家的胃口。孫中山及其追隨者成了新時期「暴烈」派的象徵。不僅眾多的輿論反對他，當年的反滿戰友也紛紛和舊日的改良派、立憲派分子合作，樹幟立黨，與同盟會抗衡。章太炎參加的中華民國聯合會力辨「社會主義」和「社會政策」之間的區別，以「採用穩健社會政策」，「維持現行私有制財產制」相號召。㉒孫武等人組成的民社則挑戰式地向孫中山提出：「現時中華民國適用國家主義乎？抑適用社會主義乎？」他們的結論是適用「國家主義」。㉓1912年5月，民社、國民協進會、民國公會等組成共和黨，也繼續以此為「黨義」。這種新的抗衡反映到輿論上就是前述《大共和日報》、《民聲日報》、《大漢報》等對孫中山民生主義的批評。

一種理論，必須反映現實的需要，而又和一定的階級力量相聯繫，才會具有強大的生命力。孫中山的民族主義、民權主義在近代中國的政治生活中都發揮了巨大的作用，而民生主義，由於既脫離中國民族資產階級，又脫離農民，因此，支持者始終寥寥。這種狀況，直到發展為新民生主義之後，才有所改變。

三

儘管孫中山一生都沒有超出主觀社會主義的水平，但是，他的不倦的追求，卻使他在晚年提出了新三民主義，並與中國共產黨人合作，這就為中國革命最終通向社會主義提供了問題。

如所周知，孫中山的土地思想主要淵源於亨利・喬治。亨利・喬治激烈地攻擊土地私有制，提倡土地國有，但是，在具體措施上，他卻認為沒有必要沒收土地，只有必要沒收地租，以征收單一稅的辦法事實上實行土地國有。這就從原來的理論原則上後退了。同樣，孫中山也主張土地國有或公有。早在1902年，他就提出，私人對土地只有使用權，而無所有權，主張摧毀封建土地關係，「不稼者不得有尺寸耕土」。㊹同盟會時期，他又進一步提出：「土地就等於空氣一樣，應該爲大家公共享受，所以土地不能歸諸私人，而應歸之國家所有才對。」㊺他的戰友們並設想，在此基礎上，消滅「地主强權」，使「勞動者有田可耕」，「國內人人皆爲租地者」。㊻但是，基於減少阻力的現實考慮，孫中山也從這一原則上後退了。綜合孫中山的全部言論，他的平均地權的主要內容是：由地主自報地價，國家按值百抽一的比例課取地稅；原價歸地主所有，因社會進步而產生的增價則歸國家所有，作爲社會公益之用；國家並可根據需要隨時按原價收買之。這一主張有觸動地主所有權的部分，也有保留地主所有權的部分。地主只要按規定向國家交納微薄的地價稅後，仍然可以占有原來的土地並收取地租。因而，它是一個折衷的、溫和的改良主義方案，較之亨利·喬治顯然又有所後退。至於按價收買，孫中山於1912年明確表示：「土地國有之法，不必盡收歸國家也。若修道路，若闢市場，其所必經之田園廬墓，或所必需之地畝，即按照業戶稅契時之價格，國家給價而收用之。」㊼由於孫中山所要買取的土地主要是爲了解決工商業的建築、經營和交通用地，因此，必然集中在城市繁盛之地及交通線上，對廣大農村的地主階級並不構成嚴重威脅，也不反映農民迫切的土地要求。晚年，孫中山公開提出蘊蓄多年的「耕者有其田」的口號，這才使「平均地權」這一主張具有了徹底摧毀封建土地制度的內容。

土地問題是資產階級民主革命的中心問題。不管是早年或是晚年，孫中山的土地綱領都沒有超出資產階級民主革命的範圍，它的實施只能促進資本主義的發展，而不會是社會主義。至於以「漲價歸公」所得經營社會福利，只是一項社會政策，也並不是社會主義。這一點，民初的無政府主義者師復和後來的國民黨人甘乃光都曾指出過。⑱

在資本問題上，孫中山同樣也有一個漫長的探索過程。

最初，孫中山主張聽任資本主義自由發展，認爲「工商廢居有巧拙，而欲均貧富者，此天下之大愚也。」⑲《民報》時期，馮自由、朱執信、胡漢民等人的文章中已經有了鮮明的大資本國有思想，孫中山對此卻無所表述。直到1911年之後，孫中山的有關言論才突然增多。當年 7 月15日，他在美國舊金山演說，聲稱革命之後，要將「礦務、鐵路歸爲國有」。⑳1912年 4 月 1 日，他在南京同盟會員餞別會上提出：「國家一切大實業，如鐵道、電氣、水道等事務皆歸國有，不使一私人獨享其利。㉑ 4 月 4 日，他向上海《文匯報》記者表示：「民國政府擬將國內所有鐵路、航業、運河及其他重要事業，一律改爲國有」。㉒其後，孫中山陸續宣布應歸國有的範圍還有森林、礦產、製鐵、煉鋼、海港、郵政、自來水、瓦斯及「一切公共事業」等。孫中山設想，國有企業的利潤將完全歸社會公有，由大家共享，這樣，「全國人民便得享資本的利，不致受資本的害」。㉓孫中山將這一政策稱之爲「國家社會主義」或「集產社會主義」。《民報》時期，梁啓超曾譏笑孫中山只解決土地問題，而不解決資本問題，如同一個人朝衣朝冠卻不鞋不襪。現在，孫中山的視野進入了資本領域，捕捉到資本主義社會的根本問題，這是一個重大的進步。它表明，孫中山和企圖掩蓋資本主義社會主要矛盾的亨利・喬治不同，是在眞誠地探索救國救民的道路。

必須指出的是，孫中山雖然主張大資本國有，但並不反對私人興辦有關事業。他曾提出，在最初階段，鐵路可以允許民辦，以利競爭速成，而在40年之後，則以法律無償收歸國有。㉔關於礦業，他也有類似設想。㉕孫中山把這種辦法稱之爲「民辦國有主義」。同樣，他也不反對對外資輸入，相反，卻積極主張改變閉關自守狀態，實行開放主義，在不損害國家主權的條件下允許外人開辦礦山、鐵路等事業，但是，都必須立定期限，屆期收贖，甚至提前收贖。孫中山把這種辦法稱之爲「使外國之資本主義以造成中國之社會主義」。⑯

很長時期內，孫中山的言論重點在於批判資本主義禍害，未能提出對私人資本主義經濟的明確方針。直至1918年，在《實業計劃》中，他才表示：「凡夫事物之可以委諸個人，或其較國家經營爲適宜者，應任個人爲之，由國家獎勵，而以法律保護之。」⑰孫中山的言論中，終於也出現了「獎勵」、「保護」私營經濟一類字眼，表明孫中山又一次考慮了他的批評者的意見，對中國經濟發展採取了現實主義的態度。在中國當時生產力十分落後的情況下，禁止一切私人資本主義經濟是錯誤的。

也還必須指出，儘管孫中山承認了他應該承認的東西，但是，他仍然力圖限制私人資本主義經濟的發展程度。1921年12月，他在桂林說：「須研究對於將來之資本家加以如何之限制，而不必遽學俄國將資本家悉數掃除。」⑱這一段話，和毛澤東1949年所講的一段話很類似。在《論人民民主專政》中，毛澤東說：「我們現在的方針是節制資本主義，而不是消滅資本主義。」⑲在對待資本主義的政策上，兩位不同階級的革命家得出了基本相同的結論，這是一個很有意思的現象。

孫中山的理想和熱情貫注之處始終在國有經濟。他說：「蓋國家之設施，利益所及，仍爲國民福利，非如少數人之壟斷，徒增長私人之經濟，而貧民之苦日甚也」。⑳因此，他給私人經濟留下的活動餘地很小，而且時時有戒心，害怕由此生出「大富」階級來。所以，就在《實業計劃》中，他又同時宣布，他的工業革命計劃是：「既廢手工採機器，又統一而國有之」，「擬將一概工業組成一極大公司，歸諸中國人民公有」。㉑這裏，不許私人資本主義分嘗一杯羹的態度是很清楚的。

孫中山這種左袒國有經濟的立場很堅定。1922年12月，一個名叫約翰・白萊斯福特的記者和孫中山談話，認爲國有企業「耗費而乏效能」，有許多弊病，孫中山則表示，「國家社會主義」確有缺點，但主要原因在於「經驗尙淺」，數十年後，問題自可解決。他說：「余以爲爲公共利益作工，不爲私利作工，縱有上述之弊，亦爲利重弊輕。」又說：「利害相權，吾終以爲國有企業較勝於現時之私有制。」㉜

社會主義必須實行國有化，但國有化並不等於社會主義，關鍵在於國家的性質。歷史上，各主要資本主義國家都曾採取過若干國有化措施。這種國有化，實際上是國家資本主義。孫中山的國有化，當然也不能超越這一範圍。人們習慣於指出，孫中山經濟綱領的實質是最大限度地發展資本主義，我以爲這一概括未能準確地反映孫中山的思想特色。在私人資本主義和國家資本主義這兩種經濟形態中，孫中山並非無所軒輊，他所設想的國有化的規模和程度在世界資本主義史上是沒有前例的，因而，最大限度地發展國家資本主義才是他的經濟綱領的實質。這一實質，不僅體現在他的「大資本國有」的思想中，而且也體現在平均地權的實施辦法中，所謂「值百抽一」、「漲價歸公」，主要是爲了解決發展國家資本主義所需要的資金，所謂「照價收買」，主要是爲了解決發展國家資本主義所需要的土地。

指出孫中山的「國家社會主義」實際上是國家資本主義，這是必要的，但是，我們的分析又不能只停留在這裏。這不僅因爲，在孫中山的思想中，這種國有企業是遏制、防止私人資本主義禍害的力量，它的利潤是屬於人民的，因而是充滿民主主義色彩的，而且因爲，在國家問題上，孫中山也在進行「破天荒」的探索。㉝

並不是任何一種國有化都是社會主義，這一點孫中山懂得，因爲滿清政府就曾企圖實行鐵道國有。孫中山說：「滿清政府者，君主專制之政府，非國民公意之政府也。故滿清政府之所謂國有，其害實較少數資本家爲尤甚。」⑭因此，他主張政治鬥爭優先於經濟鬥爭，「必民權主義實施，而後民生主義可以進行」。⑮這是一個相當深刻的思想。在孫中山看來，只有國家爲人民之公產，政府符合「國民公意」，在這樣的情況下，國有即民有，才是社會主義。

對資本主義，孫中山最先發現的是經濟制度的巨大禍害，後來，才逐漸認識到政治制度的缺陷，並且不斷深化，由政體而觸及國體。1912年5月，他在廣州演說時指出，美、法兩國的政治，「操之大資本家之手」。⑯6月，又指出：「英美立憲，富人享之，貧者無與焉。」⑰因此，即使在辛亥革命時期，從主觀願望上說，孫中山也不希望建立資產階級專政的國家政權。正像他在經濟上企圖突破舊的民主革命的局限一樣，孫中山在政治上也企圖有所突破，這是他的偉大之處。十月革命後，1922年1月，他在桂林說：「法美共和國皆舊式的，今日惟俄國爲新式的。吾人今日當造成一最新式的共和國」。⑱這是他在國家問題上向舊世界告別的一個重要宣言。講話中，他甚至對工人管理國家持肯定態度。他說：「洪秀全建設太平天國，所行制度，當時所謂工人爲國家管理，貨物爲國家所有，即完全經濟革命主義，亦即俄國今日之均產主義。」⑲對太平天國的分析是不倫不類的，但一種新思想顯然在孕育中。

孫中山多年的探求和新思想的影響在「一大」宣言中得到總結。「一大」宣言稱：「近世各國所謂民權制度，往往爲資產階級所專有，適成爲壓迫平民之工具。若國民黨之民權主義，則爲一般平民所共有，非少數人所得而私也」。⑳這一宣言明確無誤地顯示，孫中山所要建立的乃是與歐美不同的人民共和國。與此同時，「一大」宣言又將孫中山「大資本國有」及其有關思想概括爲「節制資本」，與平均地權並列爲民生主義的兩大原則。它聲稱：「凡本國人及外國人之企業，或有獨占的性質，或規模過大爲私人之力所不能辦者，如銀行、鐵道、航路之屬，由國家經營管理之，使私有資本制度不能操縱國民之生計，此則節制資本之要旨也」。⑼前浪後浪，波波相連。從舊三民主義到新三民主義是質的飛躍，同時也是一種合乎邏輯的發展。「一大」以後，孫中山在廣州市工人代表大會演說時，又以贊許的口氣說：「俄國工人在幾年以前結成大團體，推倒專制的沙皇，弄成工人的獨裁政治，無論什麼資本家都不許執政權，只有工人才可以管國事。」⑽雖然這時候，孫中山還弄不清楚蘇維埃政權和英國工黨內閣之間的實質區別，但顯然又在向新的思想高度邁進了。

毛澤東指出：「在無產階級領導下，新民主主義共和國的國營經濟是社會主義的性質，是整個國民經濟的領導力量」。⑾除了沒有提出無產階級領導權之外，孫中山晚年所設想的「爲一般平民所共有」的共和國與共產黨人主張的新民主主義共和國基本相同，因而這一共和國所實施的國有化也就不同於舊式的國家資本主義，它存在著發展爲社會主義的趨勢和可能。正因爲如此，中國共產黨人高度評價「節制資本」這一思想，稱之爲「新民主主義共和國的經濟構成的正確方針」。⑿因爲它既可以發揮資本主義有利於社會的一面，又使之不能操縱國計民生，便於防止其禍害，並轉入社會主義。

四

孫中山的民生主義是中國革命特殊矛盾的產物。

中國革命發生在帝國主義時代，西方資本主義已經充分暴露了它的弊病和矛盾。當孫中山面對這一現實時，不可能不產生對社會主義的嚮往。但是，中國革命又發生在半封建、半殖民地社會裏，資本主義還是新生事物，因而，這一革命的性質必然也只能是反帝、反封建的資產階級民族、民主革命。當孫中山面對這一現實時，他提出的不可能不是一個資產階級的民主主義的經濟綱領。孫中山在辛亥革命時期形成的民主主義正是這兩者——小資產階級的主觀社會主義空想和資產階級民主主義經濟綱領的結合體。

人們可以批評孫中山未能正確地確決中國革命的特殊矛盾，可以指出他的理想並非科學社會主義，也可以說明他的「畢其功於一役」只是一種不切實際的幻想。但是，在20世紀初年，當中國革命還在起步的時候，孫中山就勇敢地揭露西方資本主義社會的病症，認爲中國不能再走歐美老路，革命應有新的特點，必須避免資本主義禍害，它的前途應該是社會主義。這是一個對中國革命有重大歷史意義的觀點。提出這一觀點是孫中山的歷史功績之一。

（原載《孫中山和他的時代——孫中山研究國際學術討論會文集》，中華書局1989年10月版，略有修訂）

【註　釋】

① 《孫中山全集》第1卷，中華書局版（下同，不一一注明），第228頁。
② 對統一黨演講見於《大共和日報》1912年4月17日，各本孫中山集均失收；對黎元洪談話見於《申報》1912年4月14日報導；對袁世凱談話見於《三水梁燕孫先生年譜》上册，第123頁。
③ 《神州日報》，1912年6月19日。
④ 《孫中山全集》第1卷，第228頁。
⑤ 《孫中山全集》第1卷，第327-328。
⑥ 同註④。
⑦ 《孫中山全集》第1卷，第288-289頁。
⑧ 《孫中山全集》第2卷，第333頁。
⑨ 《孫中山全集》第1卷，第289頁。
⑩ 《中國的民主主義和民粹主義》，《列寧選集》第2卷，第360頁。
⑪ 《孫中山全集》第2卷，第516頁。

⑫　《孫中山全集》第 2 卷，第 472 頁。

⑬　同前註。

⑭　《孫中山全集》第 2 卷，第 333 頁。

⑮　《孫中山全集》第 2 卷，第 339 頁。

⑯　《孫中山全集》第 2 卷，第 520 頁。

⑰　《孫中山全集》第 2 卷，第 512 頁。

⑱　《孫中山全集》第 2 卷，第 519 頁。

⑲　《孫中山全集》第 2 卷，第 473 頁。

⑳　《孫中山全集》第 2 卷，第 491 頁。

㉑　《孫中山選集》，人民出版社1981年10月版（下同），第 138 頁。

㉒　《孫中山全集》第 2 卷，第 506 頁。

㉓　《孫中山選集》，第 807 頁。

㉔　《孫中山選集》，第 822 頁。

㉕　《孫中山選集》，第 820 頁。

㉖　《孫中山選集》，第 842 頁。

㉗　《孫中山全集》第 2 卷，第 518 頁。

㉘　《孫中山全集》第 2 卷，第 474 頁。

㉙　《孫中山全集》第 2 卷，第 492 頁。

㉚　《民粹主義的經濟內容》，《列寧全集》第 1 卷，第 393-394 頁。

㉛　《孫中山全集》第 5 卷，第 430 頁。

㉜　《孫中山選集》，第 887 頁。

㉝　《雜答某報》，《新民叢報》第86號，第48頁。

㉞　《大共和日報》，1912年 1 月 5 日。

㉟　《社會主義之商榷》，同上，1912年 4 月13日。

㊱　《駁某報之土地國有論》，《新民叢報》第91號，第 5 頁。

㊲　夢漁：《論社會主義》，《獨立周報》第27號。

㊳　《雜答某報》，《新民叢報》第86號，第 23-24 頁。

㊴　《社會主義之商榷》，《大共和日報》，1912年 1 月 5 日。

㊵ 相如：《敬告孫中山先生》，《大共和日報》，1912年4月15日。

㊶ 《共和黨成立會記事》，《大公報》，1912年6月3日。

㊷ 《漢口專電》，《神州日報》，1912年4月14日。

㊸ 《武漢與孫中山》，《民聲日報》，1912年4月16日。

㊹ 《論均貧富之社會主義》，《國民公報》，1912年4月28日。

㊺ 《社會主義平議》，《大共和日報》，1912年4月18日；《大公報》，1912年4月15日。

㊻ 觀棠：《論天與聖皆主張均產而猶有憾》，《大漢報》，1912年4月29日。

㊼ 一羽：《與〈民立報〉商榷》，《民聲日報》，1912年4月17日。

㊽ 《社會主義之商榷》，《大共和日報》，1912年4月13日。「方存乎見少」，此處當有誤植。

㊾ 《雜答某報》，《新民叢報》第86號，第34頁。

㊿ 《再駁某報之土地國有論》，《新民叢報》第90號，第22頁；91號，第5頁。

(51) 《五無論》，《民報》第16號。

(52) 同註㉞。

(53) 《復張季直先生書》，《大共和日報》，1912年1月6日。

(54) 《社會主義之商榷》，《大共和日報》，1912年4月13日。

(55) 《專電》，《中華民報》，1912年4月14日。

(56) 同註㊼。

(57) 《社會主義之商榷》，《大共和日報》，1912年4月13日；參見《論兵變與生計學之關係》，《大公報》，1912年6月26日。

(58) 同註㊶。

(59) 焚筆：《論孫中山民生主義》，《燕京時報》，1912年4月27日。

(60) 在武漢，孫武當面反對，見《神州日報》及《民聲日報》1912年4月14日《漢口專電》；在廣州，一個叫區敦夢的記者當面反對，見《神州日報》1912年5月11日報導：《民生主義大討論》。

⑥¹ 《孫中山全集》第 2 卷，第 340 頁。

⑥² 《特別啓事》，《大共和日報》，1912年 1 月 3 日；《聯合會政黨紀事》，《大共和日報》，1912年 3 月 4 日。

⑥³ 《民聲日報》，1912年 4 月19、20日。

⑥⁴ 《孫中山全集》第 1 卷，第 213 頁。

⑥⁵ 馬君武：《孫總理》，《逸史》第 1 卷，第 3 期，1939年6月。

⑥⁶ 民意：《告非難民生主義者》，《民報》第12號，第 101 頁。

⑥⁷ 《孫中山全集》第 2 卷，第 355 頁。

⑥⁸ 師復：《孫逸仙、江亢虎之社會主義》，《民聲》第 6 號；甘乃光：《孫中山平均地權論述評》，《中山經濟思想研究集》，1927年第 4 版。

⑥⁹ 《孫中山全集》第 1 卷，第 213 頁。

⑦⁰ 《少年中國晨報》，1911年 7 月15日。

⑦¹ 《孫中山全集》第 2 卷，第 323 頁。

⑦² 《孫中山全集》第 2 卷，第 332 頁。

⑦³ 《孫中山選集》，第 843 頁。

⑦⁴ 《孫中山全集》第 2 卷，第 415 頁。

⑦⁵ 《孫中山選集》，第 364 頁。

⑦⁶ 《孫中山選集》，第 369 頁。

⑦⁷ 《孫中山選集》，第 217 頁。

⑦⁸ 《孫中山全集》第 6 卷，28頁。「俄國」，原作「各國」，誤。

⑦⁹ 《毛澤東選集》第 4 卷，1483頁。

⑧⁰ 《孫中山全集》第 2 卷，第 338 頁。

⑧¹ 《孫中山選集》，第 214 、368頁。

⑧² 《孫中山全集》第 6 卷，第 634-637 頁。

⑧³ 《孫中山全集》第 1 卷，第 331 頁。

⑧⁴ 《孫中山全集》第 2 卷，第 338 頁。

⑧⁵ 《孫中山全集》第 2 卷，第 338 頁。

⑧⁶ 《孫中山全集》第 2 卷，第 354 頁。

⑻ 《孫中山全集》第 2 卷，第 371 頁。

⑻ 《孫中山全集》第 6 卷，第56頁。

⑻ 《孫中山全集》第 6 卷，第56頁。

⑼ 《孫中山選集》，第 592-593 頁。

⑼ 《孫中山選集》，第 592-593 頁。

⑼ 《孫中山選集》，第 910 頁。

⑼ 《新民主主義論》，《毛澤東選集》第 2 卷，1952年 3 月版，第 649 頁。

⑼ 同前註。

「取那善果，避那惡果」

——略論孫中山對資本主義的態度

在人類文明史上，資本主義取代封建主義是一個偉大的進步。它創造了巨大的生產力，使人類社會從中世紀的黑暗走到了近代化的黎明。自此，人類社會即以一天等於幾十年的速度向前邁進。但是，正像章炳麟所指出的，「善亦進化，惡亦進化」①，資本主義在開出燦爛的近代文明之花的同時，也結出了令人憎厭的醜惡之果，例如，貧富兩極分化、拜金主義、道德淪喪等。因此，一切有遠見的人不得不嚴肅地思考，如何對待這善惡並進、美醜共存的資本主義文明。本世紀初年，當中國國門洞開，先進的知識分子走向世界，四方求索，殫精竭慮地爲國家、民族設計未來的藍圖時，自然面臨著同樣的問題。

一部分人，例如梁啓超，政治上取法英、日，經濟上主張照搬西方模式。他强烈地要求在中國發展資本主義，聲稱爲了和外資競爭，中國的壟斷資本家愈多愈好。爲此，即使犧牲一部分勞動者的利益也在所不惜。這就是說，資本主義的善果、惡果一概接受下來。

另一部分人，例如章炳麟、劉師培，他們受了日本社會黨左派幸德秋水等人的影響，比較多地看到了西方資本主義的惡果，反對在中國發展資本主義。章炳麟一度陷入退化論，認爲愈文明之人愈惡，愈野蠻，其惡也就愈減。爲了減少惡，人類不如退到原始社會。但是，章炳麟又覺得，原始社會生番的道德品質也還不十分理想，「猶具淫殺性」，因此，人類不如學猴子，「吾輩擬猿可也」②。他甚至設想了一個無政府、無聚落、無人類、無眾生、無世界的五無境界，以為在那裏就不會有惡與醜了。章炳麟的思想貌似荒誕，實際上深刻地反映了對資本主義的絕望心理。基於和章炳麟同樣的立場，劉師培提出：「抵抗資本階級，固當今之急務。」③他接受克魯泡特金的影響，主張建立無政府共產主義社會。這個社會以「完全平等」為原則，每個成員必須輪流為工、為農、為士，按年齡流轉於不同種類的工作之間，以實現「均力」。劉師培所要建立的社會，實際上是以絕對平均主義為原則，以小生產為基礎的空想烏托邦，依然脫不了封建主義的窠臼。為了避免資本主義的惡果，章炳麟、劉師培等寧可不要資本主義的善果，走倒退、復古的路。

孫中山和梁啓超、章炳麟、劉師培等不同，他既要繼承資本主義的善果，又要避免資本主義的惡果。1906年12月，他在東京《民報》創刊周年慶祝大會上演說稱：「社會黨常言，文明不利於貧民，不如復古。這也是矯枉過正的話。況且文明進步是自然所致，不能逃避的。文明有善果，也有惡果，須要取那善果，避那惡果。歐美各國，善果被富人享盡，貧民反食惡果，總由少數人把持文明幸福，故成此不平等的世界。我們這回革命，不但要做國民的國家，而且要做社會的國家，這是歐美所不能及的。」④孫中山的這段話，為前資本主義或非資本主義國家的現代化提出了一個正確的原則。對於資本主義，人們既不應該全盤否定，也不應該全盤肯定，而要「取那善果，避那惡果」，創造出更高級、更燦爛的現代文明來。

孫中山感情上並不喜歡資本主義，1912年左右，他曾經發表過許多激烈的批判資本主義和資本家的言論。例如，他在武昌演說時就痛罵資本家「無良心」，「以壓抑平民為本分」，「對於人民之痛苦，全然不負責任」。⑤他甚至預言，世界上有一天會沒有資本家：「政府有推翻之一日，資本家亦有推翻之一日。」⑥在一段時間內，孫中山甚至被部分革命黨人目為過激分子。為了防止資本家操縱國計民生，孫中山主張大力發達國家資本，由國家經營主要的工業部門。但是，孫中山認識到，中國生產力十分落後，禁止、消滅私人資本主義是錯誤的、有害的，因此他在《實業計劃》中明確提出：「凡夫事物之可以委諸個人，或其較國家經營爲適宜者，應任個人爲之，由國家獎勵，而以法律保護之。」⑦這就充分保證了個人積極性的調動，可以加快經濟發展速度，避免了由國家控制一切、壟斷一切所可能出現的僵死、板滯局面。同時孫中山又提出，對私人資本主義必須加以限制，他說：「須研究對於將來之資本家加以如何之限制。」⑧這種對私人資本主義既獎勵又限制的政策，就形成了孫中山的「節制資本」思想。它是孫中山「取那善果，避那惡果」思想的具體體現。

近代中國遭受帝國主義的侵略，被迫打開國門，因此，中國人對外國資本主義有一種天然的抵抗、拒絕心理，但是，孫中山卻以超乎尋常的氣魄宣布：「以前事事不能進步，均由排外自大之故。今欲急求發達，則不得不持開放主義。」⑨他仔細研究了日本明治維新的經驗，認爲日本能在幾十年間，躋身於世界强國之列，其重要原因就在於實行開放主義。孫中山相信，中國比日本大，人口比日本多，只要順應潮流，改變閉關自守狀態，在開放條件下建設，一定可以比日本富强十倍。他歡迎外資輸入，認爲中國財力不足，要建設龐大的現代工業，必須募集外資。他以鐵路爲例說：「鄙人擬於十年之內，修築全國鐵路二十萬里，惟現當民窮財竭之時，國家及人民皆無力籌此巨款。無已，惟有募集外資之一法。」⑩他多次以美國爲例，說明美國未造鐵路以前，其貧窮和中國相同，後來向外國借債築路，才收到富强之效。在近代中國，外債和鴆毒常常是同義語，借外債辦工業被認爲是引鴆止渴。孫中山力排衆議，認爲外債可借，表現了極大的勇氣和膽識。

對於借外債，中國人民有著痛苦的記憶。鴉片戰爭以後，清政府多次借外債，結果是對帝國主義的依附愈來愈深，經濟殖民地化的程度也愈來愈深。孫中山認為，那是由於清政府所訂條約不善，喪失主權的結果。孫中山主張，既要大膽地引進外資，又要堅決地抵制各種形式的侵略，維護國家主權和民族利益。因此，他提出，外國資本家不能過問借款的用途，更不能借端要求監督中國的財政。1912年，他在上海對《大陸報》記者說：「外國不允借債中國則已，苟信任中國，而借之以債，則不應過問中國作何用途。假係中國將款投棄於海，亦係自由權。」⑪同年12月，他在《鐵路總公司條例草案》中更明確規定：「不論華洋股款，均應遵照中國現行法律辦理。」⑫孫中山相信，只要中國保有主權，則不論何國之債，都可以借，即使外人直接投資，也不應該禁止。他說：「何以名為開放政策，就是讓外國人到中國辦理工商等事。」⑬他曾經設想過，以40年後歸還中國政府為條件，將鐵路批給外國人修築；又曾主張中外合資，共同經營實業。當然，孫中山認識到，凡事有利必有弊，引進外資不可能完全無弊，但他權衡輕重，認為利多弊少。他說：「用外資非完全無害也，兩害相權，當取其輕。」⑭他並特別提出，只要措施得當，還可以「避去其害」。

除了提倡引進外資，孫中山還提倡借助「外才」、「外技」、「外法」。他既主張派遣十萬人去國外留學，學習先進的科學、技術，又主張聘請外國的專門家、發明家和有學問、有經驗的經營管理人才。他說：「我們無人才，即用外國人才。」⑮孫中山特別指出，這種聘用是有條件的，「必以教授訓練中國之佐役，俾能將來繼承其乏，為受雇於中國之外人必盡義務之一。」⑯這樣，才能保證民族人才的培養，不至永遠受制於外人。孫中山還曾設想過一項中德合作計劃中國以物資、人力，德國以機器、科學，共同開發中國富源，改良中國行政。孫中山完全懂得，現代化的生產需要現代化的管理，絕不能沿襲小生產的一套老方法。對此，孫中山表示：「我們方法不好，即用外國方法。」⑰有時，他並將「方法」提到了和資金同樣重要的程度。他說：「日本以外資外法，數十年一躍而爲强國。」⑱爲了引進「外法」，孫中山提出，必須杜絕官場腐敗現象和衙門作風，否則，中國決無法借西方物質文明的引進而獲得改變。

以上孫中山關於引進和利用外資、外才、外技、外法的論述，同樣是他「取那善果，避那惡果」思想的具體體現。

在《實業計劃》中，孫中山說：「吾之意見，蓋欲使外國之資本主義以造成中國之社會主義，而調和此人類進化之兩種經濟能力，使之互相爲用，以促進將來世界之文明。」⑲1924年，他又說：「拿外國已成的資本，來造成將來的共產世界，能夠這樣做去，才是事半功倍。」⑳孫中山的這一思想，不僅表現出偉大的氣魄，而且閃耀著辯證智慧的光輝。歷史必將證明，它對中國以至世界的偉大作用。

【附記】1992年6月10日至12日，大陸、台灣、海外華人學者在北京舉行孫逸仙思想和中國現代化學術座談會，本文是作者在會議上的發言。

【註　釋】

① 《俱分進化論》，《民報》第7號。

② 《朱希祖日記》（稿本），1908年3月20日。

③ 《衡報》第5號。

④ 《孫中山全集》第1卷，北京中華書局版，第327-328頁。

⑤ 《孫中山全集》第2卷，第333頁。

⑥ 《孫中山全集》第2卷，第520頁。

⑦ 《孫中山全集》第6卷，第253頁。

⑧ 《孫中山全集》第6卷，第28頁。

⑨ 《孫中山全集》第2卷，第481頁。

⑩ 《孫中山全集》第2卷，第431頁。

⑪ 《孫中山全集》第 2 卷，第 385 頁。

⑫ 《孫中山全集》第 2 卷，第 557 頁。

⑬ 《孫中山全集》第 2 卷，第 532 頁。

⑭ 《孫中山全集》第 2 卷，第 499 頁。

⑮ 《孫中山全集》第 2 卷，第 533 頁。

⑯ 《孫中山全集》第 6 卷，第 254 頁。

⑰ 《孫中山全集》第 2 卷，第 533 頁。

⑱ 《孫中山全集》第 5 卷，第 121 頁。

⑲ 《孫中山全集》第 6 卷，第 398 頁。

⑳ 《孫中山全集》第 9 卷，第 393 頁。

振興中國文化的曲折尋求
——論辛亥前後至「五四」時期的錢玄同

中國社會長期處於封閉狀態，中國周圍的鄰國大多落後於中國，因此，中國文化的發展一直沒有受到過强勁的挑戰。鴉片戰爭以後，中國人在西方的堅船利炮面前一再慘敗，走到了亡國的邊緣；同時，中國傳統文化也第一次遭到西方文化的挑戰，出現了前所未有的危機。這樣，中國人就面臨著兩個難題：一是如何抵禦列强侵略，振興中華；一是如何對付西方文化挑戰，振興中國文化。這兩個難題互相關連，近百年來一直困擾並激動著關心國家、民族命運的炎黃子孫，至今未已。本文企圖研究錢玄同在辛亥前後至「五四」時期的曲折文化尋求，從而展現這一階段文化思潮的發展軌跡，總結歷史經驗。

一

錢玄同出生於浙江湖州的一家書香門第。父親錢振常，曾任禮部主事，後任紹興、揚州、蘇州等地書院山長。長兄錢恂，曾任清政府駐日、英、法、德等國使館參贊或公使。二人都對中國傳統文化研究有素。錢玄同自幼即熟讀《五經》、《說文》、《爾雅》及《史記》、《漢書》等著作，也積累了深厚的傳統文化修養。1902年時擁護康、梁的保皇主張，1903年轉而贊成「排滿革命」。1905年12月，錢玄同隨其兄赴日，開始學習日文和「蟹行書」。當時，東京的中國留學生可以說是中國知識分子中最活躍的一群，各種主義、思潮都有它的提倡者和追隨者。錢玄同最初崇信國粹主義。1906年 3 月他讀到了剛在上海創辦不久的《國粹學報》，極感興趣，在日記中寫道：「保存國粹，輸入新思想，光大國學，誠極大之偉業也。數年以來，余扮了幾種新黨，今皆厭倦矣，計猶不如於此中尋繹之有味也。」①後來，他又對無政府主義發生興趣。自1907年秋起，他多次參加張繼、劉師培二人召集的「社會主義講習會」。在那裏，聽過關於克魯泡特金學說的演講，也聽過關於馬克思主義的介紹。前者引起了錢玄同的共鳴，而後者則沒有給他留下深刻印象，其證據就是，他曾經給人寫過一封信，認爲「世界大勢所趨」，已至「無政府」階段。②其間，日本無政府主義者大杉榮舉辦世界語講習班，章太炎舉辦國學講習會，錢玄同兩者都想參加，由於時間衝突，最終選擇了後者。自1908年4月起，至1910年5月歸國止，錢玄同和魯迅弟兄等一起，聽章太炎講《莊子》、《說文》、《漢書》、《文心雕龍》等著作，達兩年之久。在錢玄同文化觀形成的過程中，章太炎起了重要作用。他發願自此「一志國學，以保持種性，擁護民德」。③

中西文化由於社會條件懸殊，其性質、特點、色彩也迥然相異。錢玄同初至日本，即致力於兩種文化的比較。1906年1月14日日記云：

> 父子之情，根於天性。東方學者提倡孝悌，實極有至理，斷不能以「舊道德」三字一筆抹殺之也。吾見今之維新志士及秘密會黨，大率有標「家庭革命」四字而置其父母於不顧者，其尤甚者，有以父母爲分吾利之人，爲社會之蟊賊，可以杖逐，可以鞭撻者，而開口輒曰「四萬萬同胞」，是眞所謂「世界有同胞，家族無倫理」矣！④

這段文字矛頭所指是標榜「家庭革命」的「維新志士」和「秘密會黨」，而實際批判的是西方倫理。在冷酷無情的金錢關係和孝父敬兄、長幼有序的家族關係面前，錢玄同很容易地作出了選擇。他說：「蓋道德發達，我國究勝於歐西耳。」⑤

錢玄同不僅將「歐西道德」比了下去，而且也將西方宗教比了下去。他認爲，墨子主張敬天，明鬼，堪稱「中國宗教家」，但墨子不談天堂，遠比西方高明。他說：「神州即宗教一端，亦高尚乃爾。雖人心不古，其教不昌，然固非西儒所及也。」⑥言外之意，「東儒」高於「西儒」，「神州文明」高於「西方文明」。至於日本文化，更不在錢玄同眼中，他說：「東洋文體粗率之書實不足觀，且亦無甚道理。」⑦錢玄同的這種態度在「女子教育」問題上表現得尤爲突出。1909年 9 月24日日記云：

> 中國自唐以來，古制淪亡，故有女子無才便是德之說，年來漸覺其非乎。然藉以打倒謬說者，有用日本賢母良妻之教育者，是以火止火（奴隸），且有甚焉。有倡西洋女子教育者，是蕩檢逾閑（妓女）也。⑧

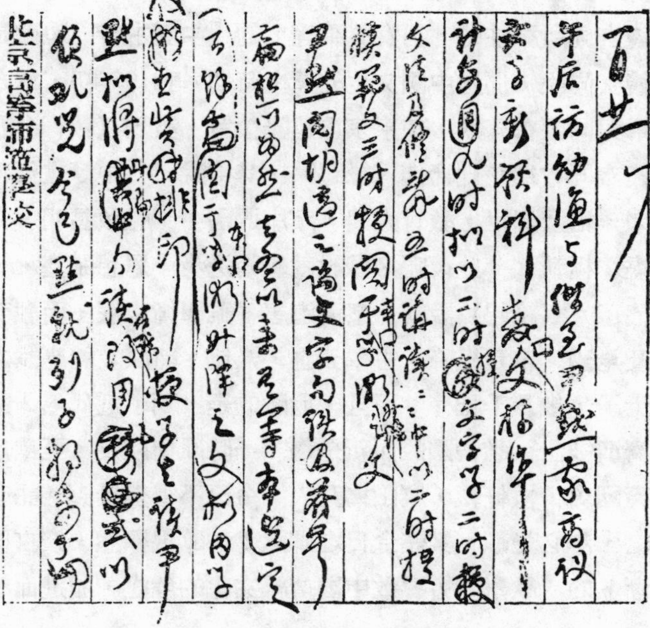

圖二十四　錢玄同日記手跡（之一）
（採自錢秉雄先生家藏）

反對「女子無才便是德」的謬說，表明錢玄同不同於封建頑固派，他對於日本和西洋女子教育的不滿，也不爲無見，但他神往於中國的「古昔」。日記云：

蓋論自來女子教育，於中國古昔最得其平。雖有陽尊陰卑之說，但學《詩》、學《禮》，無分男女，后妃、夫人、命婦、內子悉皆通《詩》、《禮》，男女眞平等也。⑨

錢玄同認爲，只要按照「中國古昔」的這條路子走下去，並且除去「陽尊陰卑」之說，「神州女學」就將大興而爲「世界之冠」了。

從孔子表示「郁郁乎文哉，吾從周」以後，中國文人就逐漸形成了一種尊古賤今觀念。這種觀念和長期的社會封閉形成的民族自大、文化自大主義相結合，構成了一種特殊的心態。錢玄同上述對東西古今文明的評判，就是這種心態的典型表現。

錢玄同所神往的「男女眞平等」的「中國古昔」也確是周代。據錢玄同說，那是中國文化的黃金時期。1910年初，章太炎、陶成章與同盟會分家，在東京重建光復會，發刊《教育今語雜誌》，錢玄同曾爲該刊寫作《緣起》，其中說：「中夏立國，自風姜以來，沿及周世，教育大興，庠序遍國中，禮教昌明，文藝發達，盡臻極軌。」此後呢？據說就學術退步，思想閉塞，一代不如一代了。《緣起》說：「秦漢迄唐，雖學術未泯，而教育已不能普及全國。宋元以降，古學云亡，八比、詩賦及諸應試之學，流毒士子，幾及千祀。」而且，危險的是，到了近代，「歐學東漸，濟濟多士，悉舍國故而新是趨，一時風尙所及，至欲斥國文，芟夷國史，恨軒轅，厲山爲黃人，令己不得變於夷。語有之，國將亡，本必先顚，其諸今日之謂歟！」⑩很顯然，錢玄同擔心「東漸」的「歐學」會導致中國傳統文化的危亡，並進而導致國家的危亡。

怎樣振興中國文化呢？錢玄同主張：「師古」、「復古」、

「存古」。他說：

> 吾儕今日作事，宜師古，宜復古，宜存古，而決不可泥古。古聖作事，往往因事制宜，求其合於情勢，故所作往往少弊（封建、宗法之制古代之大弊政），後世事不師古，好騖新奇，凡有造作更張，多不合情勢，第求苟簡，故中國後世不如古代，即是故也（自唐以後，凡百事物，無一不日退一日）。時至今日，西學輸入，凡唐以來之叔世弊政，相形之下，無不見絀。趨新之士，悉欲廢之，有心人憂之。愚謂新黨之淺薄誠可鄙，但此等敝政得以掃捈，亦未始無裨，弊政去，而古之善政乃可見諸實行矣。⑪

錢玄同承認「封建宗法之制爲古代之大弊政」，承認「西學」輸入之後，唐以後之「叔世弊政」相形見絀，也承認「新黨」掃除「弊政」的作用，但是，他並不準備和「新黨」站在一起，而要回到「古聖」和「古之善政」那裏去。據錢玄同說：所謂「師古」，乃是師法古代「聖王」制作的「精意」；所謂「復古」，乃是恢復「後世事物不如古昔者」；所謂「存古」，乃是保存那些因時勢不同而「不適宜於今者」，以使後人得以「追想其祖宗創造之豐功偉烈」。⑫

錢玄同所說的「存古」，類似於博物館的歷史陳列，並不參預中國文化的再創造，可以不論，須要研究的是他「師古」、「復古」的內容及設想。

在思想流派方面，錢玄同主張兼取孔子、墨子，融合清代的乾嘉學派、今文學派和顏李學派。他說：「今日治學，雖不必確宗孔學，然孔氏立教以六藝爲本，固與玄言有異。吾謂誠能兼取孔、墨最好。」⑬在錢玄同看來，「古聖立言垂教之旨，悉存於經」，⑭但「經」語過於簡古，這就需要有乾嘉學派的精神來考訂「經訓」，同時以今文學派的精神來探求「經義」，並以顏李學派的毅力實行，這樣，就「聖學昌明不難復睹矣！」！⑮顏元反對讀死書，注重實學，强調「習行」、「習動」，因此，得到錢玄同的特別推崇，認爲「居今之事，誠能致力於六藝，爲實事求是之學，不特保存國故，尤足挽救頹波。」⑯

在音韻文字方面，錢玄同主張復古音，寫篆字。他說：中國文字「發生最早，組織最優，效用亦最完備，確足以冠他國而無愧色。」⑰他對唐、宋以後「故訓日湮，俗義日滋」的狀況極爲不滿，主張恢復中國文字的古音、古義、古體，廢楷字，用篆體，或用篆與隸之間的一種過渡形態——「隸古」。

在禮儀方面，錢玄同主張遵修古禮。他認爲《儀禮》一書中婚禮「最爲文明」，至於喪禮，「恐人所難行，惟衣服則宜從古。」⑱

在紀年方面，錢玄同主張恢復古代的太歲紀年法。例如中日甲午戰爭稱爲「閼逢敦牂戰爭」，八國聯軍之役稱爲「上章困敦之變」等。⑲

在定名原則上，錢玄同主張以《爾雅》一書爲準。他批評今人「師心自用」，贊揚古人「煞費苦心，盡心下問，始定一確當之新名詞。」⑳他認爲當時的親族名稱「鄙俚不堪」，曾經檢取《爾雅》一書，對錄古稱，準備以「古式」正「今俗」。㉑他的長子原名秉雄，但他認爲不合於西漢人的命名原則，另行取名。

在上列內容中，錢玄同尤其重視學術、文字、言語、衣服的復古，他說：「凡文字、言語、冠裳、衣服，皆一國之表旗，我國古來已盡臻美善，無以復加，今日只宜奉行者」㉒至於禮儀、風俗、宮室、器具等，錢玄同認爲「雖不能全數復古，而當法古者，必居多數」。㉓錢玄同自信，通過他的「師古」、「復古」的途徑，中國文化就會繁榮昌盛，騰駕於西方、日本之上。

戊戌維新運動以後，中國文化界出現了一股革新潮流，「詩界革命」、「文界革命」、「小說界革命」、「道德革命」等口號相繼問世。在文字方面，也有人提出拼音、簡化等方案。對此，錢玄同持强烈反對態度。1908年9月27日日記云：「今日見有法部主事江某奏請廢漢文，用通字云。通字係用羅馬字母二十改其音呼者。噫！近日學部紛紛調王照、勞乃宣入內擬簡字後，有此獠出現，何王八蛋之多也。」㉔情急而詈，可見其切齒痛恨的程度。

綜上所述，不難看出，辛亥革命前，在錢玄同的文化思想中，有提倡實學、經世致用的成分，但是，又有著嚴重的保守和倒退的性質。

武昌起義、民國建立並沒有絲毫減弱錢玄同「師古」、「復古」的熱情，相反，他卻認為是實現理想的好機會。1911年12月，他精研《禮記》、《書儀》、《家禮》等書，博考黃宗羲、任大椿、黃以周諸家學說，做了一部闡述古人服飾的著作《深衣冠服說》。1912年3月，錢玄同出任浙江軍政府教育司科員，便穿上自制的「深衣」，頭戴「玄冠」，腰繫「大帶」，昂昂然上班，企圖為民國作出「復古」的表率。其結果，引起了同事們的哄笑。但是，錢玄同沒有從這一場喜劇中接受必要的教訓，相反，卻認為世風比清季更壞了。1912年9月1日日記云：「時則土地雖復，人心之污濁則較清季愈況。顏公所譏彈琵琶、學鮮卑語者，世方以為能；棄國故廢禮防者，比比皆是。」㉕為了堅守「國故」，他寧可戴所謂象徵「六合一統」的瓜皮帽，而不願戴西方傳入的「禮帽」；寧可採用中國古代的「肅揖」，而不願學洋人的鞠躬。民國政用陽歷，這使錢玄同很反感。《日記》云：「孔子行夏時之語，固萬世不易之理。如中國以農立國、建國，豈可不依農時乎！㉖此際，他對1900年以後中國文化思潮的變遷作了一番考察，得出結論說：

> 余謂中國人最劣之性質在不頑固、不自大耳。計自庚子至今，一星終矣，上下之人，靡不尊歐美，過先祖，賤己國，過僕隸。世有如此而能善立人國於大地者乎！㉗

20世紀初年，愈來愈多的先進知識分子向西方尋求救國眞理，嘗試著對中國社會和封建文化進行批判，開通，進化成爲美稱，然而錢玄同卻對此加以指責，希望中國人更「頑固」，更「自大」。至此，人們已經很難發現錢玄同和清末那些反對一切外來事物的「冬烘」們有多大區別了。錢玄同曾說他自己當時「比太炎先生還要頑固得多」，㉘誠然。

這一時期，錢玄同熱衷於從古禮中爲中國人民尋找行爲規範。1914年 9 月，袁世凱舉行祭孔儀式，錢玄同雖已在北京高等師範學院和北京大學任教，但不能親往觀禮，便設法找來「祭祀冠服圖」。檢閱之餘，居然認爲：「斟酌古今，雖未盡善，而轉之用歐洲大禮服而猶愈乎！」㉙他對袁世凱這一舉動的意圖居然毫無覺察。

國粹主義是清末民初泛濫一時的思潮。鼓吹這一思潮的人有著不同的政治傾向，其動機也就大相徑庭：頑固派借以維護舊秩序，革命黨人借以鼓吹「光復」和救亡。㉚錢玄同主張「師古」、「復古」、「存古」的原因，據他自己說是由於反清：「我以爲保存國粹底目的，不但要光復舊物；光復之功告成以後，當將滿清底政制儀文一一推翻而復於古。不僅復於明，且將復於漢唐；不僅復於漢唐，且將復於三代。」㉛這種解釋當然符合實際，但並不全面，在錢玄同的思想深層，還潛伏著另一個原因，這就是對「歐化」的恐懼與排斥。他說：「我那時對於一切『歐化』都持『訑訑然拒之』的態度。」㉜1917年，他在分析章太炎主張「保存國粹」的原因時，除了痛心於「舉國不見漢儀」這一層外，也還有感慨於所謂「滿街盡是洋奴」的另一層。㉝將這兩層結合起來，才能正確揭示當時部分革命黨人昌言「國粹主義」的思想契機。

近代中國的主要矛盾是和帝國主義的民族矛盾，而西方文化的母國又正是侵略中國的資本主義列强。這就造成了令人眼花繚亂的情況。爲了抵禦帝國主義，錢玄同等人力圖以中國傳統文化喚起人們的民族主義，愛國主義感情，增強凝聚力，達到所謂「種性固，民德淳」的目的，這是極爲自然的；他們對西方文化在中國的傳播懷有警惕並企圖不同程度地予以限制或抵拒也是自然的。他們不了解：帝國主義侵略是壞事，而西學的東漸則可能是好事；中國瀕臨滅亡是壞事，而中國傳統文化的式微則不一定是壞事。他們更不了解：當時中國人民的歷史任務是建立以民主和科學爲主要內容的新文化，昌言「保存國粹」，除了其正面效果外，也還會產生負面效果——助長舊質，抵排進步，窒息新機。

二

到了「五四」時期，錢玄同的文化尋求卻發生了一百八十度的方向轉變。

一反往日的「師古」、「復古」、「存古」主張，錢玄同對中國傳統文化展開了全面的批判。他的批判，缺少深刻的理論思維，也缺少充分嚴密的論證，但其激烈程度卻幾乎沒有人可以和他比擬。

清代中葉以後，主張「闡道翼教」的桐城派成爲散文中占統治地位的流派，與之並立的是講究駢儷、華藻的《文選》派，錢玄同的批判鋒芒首先指向這兩個文學流派。1917年1月1日，錢玄同訪問沈尹默，討論文學改良問題。他說：「應用文之弊，始於韓、柳，至八比之文興，桐城之派倡，而文章一道，遂至混沌。」㉞同年2月，他的《致陳獨秀書》在《新青年》2卷6號刊出，該函第一次提出「《選》學妖孽、桐城謬種」的指責，是錢玄同投身新文化運動的標志。自此，錢玄同的批判遂一發而不可收。在內容方面，他指責兩派「迂謬不化」，思想頑固；在藝術方面，錢玄同指責其爲裝塡古典，故作搖曳醜態，只能稱爲「高等八股」㉟；在影響方面，錢玄同指責其爲「有害文學之毒菌，

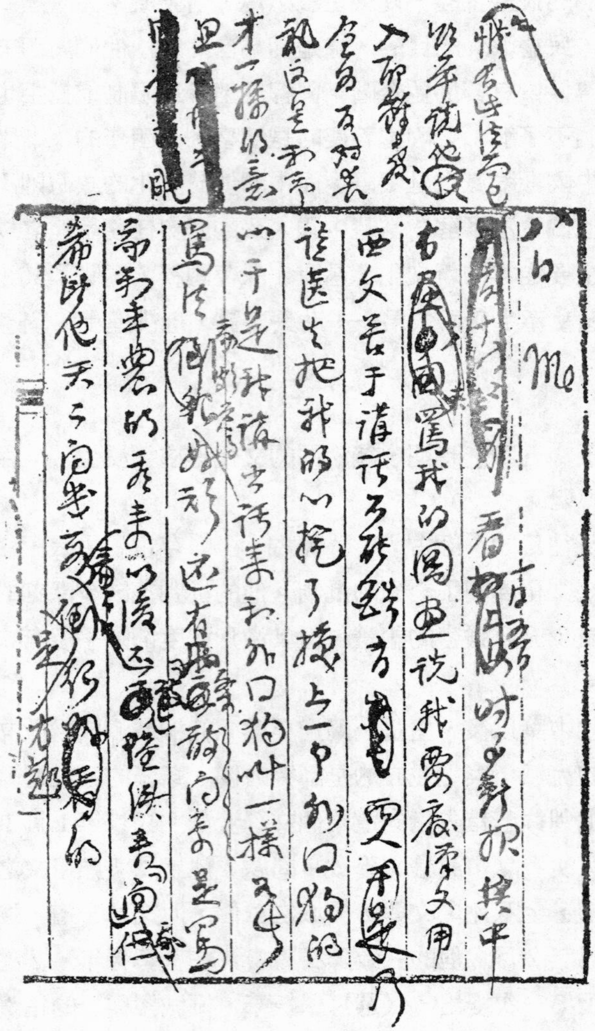

圖二十五　錢玄同日記手跡（之二）
（採自錢秉雄先生家藏）

更烈於八股，試帖及淫書穢畫。」㊱

由桐城派、《文選》派上溯，錢玄同的批判推廣及於秦、漢以後的古文。他認為，此類古文的病症在於言文分歧，和口語嚴重脫節，「專為替貴人搭『臭架子』，什麼『典麗矞皇』，什麼『氣息高古』，攪到嘴裏這樣講，手下不許這樣寫，叫人嘴可以生今人的，手一定要生數千年前的僵屍的」。㊲錢玄同指責西漢揚雄為第一個弄壞白話文章的「文妖」，㊳批評以後的文人們因襲模擬，陳腔爛調，「將甘蔗渣兒嚼了又嚼」。他說「公等所謂美文，我知之矣，說得客氣一點，像個泥美人，說得不客氣一點，簡直像個金漆馬桶。」㊴

戊戌維新運動以後，小說、戲曲在文學門類中的地位逐漸上升；新文化運動中，它自然成為熱門話題。錢玄同認為，中國小說除《紅樓夢》、《水滸》、《儒林外史》等少數作品外，「非誨淫誨盜之作，即神怪不經之談，否則以迂謬之見，解造前代之野史，最下者，所謂『小姐後花園贈衣物，落難公子中狀元』之類，千篇一律，不勝縷指。」㊵至於戲曲，他認為除《桃花扇》外，《西廂記》、《長生殿》、《牡丹亭》、《燕子箋》等，「詞句雖或可觀，然以無『高尚理想』、『眞摯感情』之故，終覺無甚意味。」㊶「京調戲」是清末民初的新興劇種，錢玄同評之為「理想既無，文章又極惡劣不通。」㊷對於「臉譜」等中國傳統戲曲的表現形式，錢玄同尤為反感。他說：「臉而有譜，且又一定，實在覺得離奇得很。若云『隱寓褒貶』，則尤為可笑。朱熹做《綱目》，學孔老爹的筆削《春秋》，已為通人所譏訕；舊戲索性把這種『陽秋筆法』畫到臉上來了。這眞和張家豬肆記卍形於豬鬣，李家馬坊烙圓印於馬蹄一樣的辦法。」㊸

孔學和孔教是新文化運動中的另一熱門話題。對於孔子，錢玄同表示對其「別上下，定尊卑」的學說，「實在不敢服膺」。㊹他認為，儒學的長期影響使得中國人形成了兩種性格，一種是富而驕，一種是貧而諂，「苟遇富貴者臨於吾上，則趕緊磕頭請安，幾欲俯伏階下，自請受笞」，「一天到晚希望有皇帝，希望復拜跪」。㊺值得注意的是錢玄同對道教的批判。他說：「漢、晉以來之所謂道教，實演上古極野蠻時代『生殖器崇拜』的思想。二千年來民智日衰，道德日壞，雖由於民賊之利用儒學以愚民，而大多數之心理，舉不出道教之範圍，實爲一大原因。」㊻指出道教對中國民族心理有重大消極作用，這在新文化運動的先驅者中是頗爲獨特的，也是相當有見地的。

錢玄同批判中國傳統文化的代表作是《中國今後之文字問題》。他說：「儒家以外之學，自漢即被罷黜。二千年來所謂學問，所謂道德，所謂政治，無非推衍孔二先生一家之學說。所謂『四庫全書』者，除晚周幾部非儒家的子書外，其餘則十分之八都是教忠教孝之書，『經』不待說，所謂『史』者，不是大民賊的家譜，就是小民賊殺人放火的帳簿——如所謂『平定什麼方略』之類。『子』、『集』的書，大多數都是些『王道聖功』、『文以載道』的妄談。還有那十分之二，更荒謬絕倫，說什麼『關帝顯聖』、『純陽降壇』、『九天玄女』、『黎山老母』的鬼話。」他認爲：「二千年來用漢字寫的書籍，無論那一部，打開一看，不到半頁，必有發昏做夢的話。」㊼錢玄同的這段議論，對中國兩千年來通過文字積累下來的文化進行了全面的、摧毀性的攻擊，令人不禁想起魯迅的《狂人日記》。錢玄同主張廢孔學、剿滅道教，不讀中國書。他說：「欲祛除三綱五倫之奴隸道德，當然以廢孔學爲唯一辦法；欲祛除妖精鬼怪、煉丹畫符的野蠻思想，當然以剿滅道教——是道士的道，不是老莊的道——爲唯一之辦法。欲廢孔學，郤剿滅道教，惟有將中國書籍一概束之高閣之一法。何以故？因中國書籍，千分之九百九十九都是這兩類書之故；中國文字，自來即專用於發揮孔門學說及道教妖言故。」㊽由此，錢玄同進而批判曾經被自己認爲是「世界之冠」的漢字。

他說：「中國文字，論其字形，則非拼音而爲象形文字之末流，不便於識，不便於寫；論其字義，則意義含糊，文法極不嚴密；論其在今日學問上之應用，則新理新事新物之名詞，一無所有；論其過去之歷史，則千分之九百九十九爲記載孔門學說及道教妖言之記號。此種文字，斷斷不能適用於二十世紀之新時代。」㊾這裏，錢玄同提到文法、詞匯等問題，因而，它所說的文字實際上包含了語言。在《答姚寄人》一文中，他批評中國語言是單音，代名詞、前置詞不完備，動詞、形容詞無語尾變化，「根本上已極拙劣，」㊿這就連漢語也在批判之列了。

錢玄同認爲，他的這種激烈的批判並不違背愛國主義原則。他說：「我愛支那人的熱度，自謂較今之所謂愛國諸公，尙略過之。惟其愛他，所以要替他想法，要鏟除這種昏亂的『歷史、文字、思想』，不復使存於『將來子孫的心腦中』，要『不長進的民族』變成了長進的民族，在二十世紀的時代，算得一個文明人。」51他嚴重警告人們，如果不進行這種「鏟除」，那末，循進化公例，中國人種總有一天將會「被逐出文明人之外」，並被人家「滅掉」。52同時，他並聲明，中國的歷史、道德、政治、文章還是需要研究的，但是，這種研究，目的是爲了「鑒既往以察來茲」，「明人群之進化」，而不是爲了排斥新事新理，使社會生活倒退，「人人褒衣博帶，做二千年前之古人。」53

錢玄同其人，好說過頭話，好走極端。章太炎曾經規勸他，「立論不可太過」。54魯迅也認爲錢玄同喜歡將十分話說到十二分。55在錢玄同對中國傳統文化的批判裏，人們不難發現他的偏激、偏頗以至謬誤之處。例如，他較少看到中國傳統文化的精華，無視它在中華民族生息、繁衍中的偉大作用及其對世界文明的貢獻，不了解經過分析、揚棄或創造性的轉換之後，這一文化的許多部分可以成爲發展新文化的營養並迸發出新的光彩，等等。這種偏激和偏頗反映了「五四」先行者普遍的弱點，這是毋庸諱言的。但是，應該看到，錢玄同所批判的有時是中國傳統文化的現實價值，而不是它的歷史價值。對於歷史價值，錢玄同還是承認的。例如，他肯定周秦諸子是可以和希臘諸賢、釋伽牟尼並立的「聖賢」，㊺孔子是「過去時代極有價值之人」㊻；肯定韓愈、柳宗元之文比初唐駢文和後來歸有光、方苞、劉大櫆，姚鼐諸人的文章「實在要好得多」，「在當時也還算有點價值」㊼；肯定《水滸》、《紅樓夢》、《西遊記》、《金瓶梅》是「中國有價值的小說」㊽，等等。錢玄同認爲，這種歷史價值是永恒的，無論到了30世紀、40世紀以至 100 世紀，都不會「貶損絲毫」㊾。但是，在歷史上具有價值的文化形態不等於在後世具有同樣的價值。產生於宗法小農制基礎上的中國傳統文化不能適應現代生活的需要。因此，從現實出發，重新估量其價值是必然的，它的逐漸式微並讓位於新的、更高的文化形態也是必然的。這就是錢玄同所說的「退居到歷史的地位」。㊿如果在這一時刻，舊的社會力量企圖利用傳統文化，特別是其中的封建毒素干預社會的民主化、現代化進程，維護舊制度，舊事物，那麼，一場鬥爭就是不可避免的了。

錢玄同從「師古」、「復古」到批判中國傳統文化的轉折點是1916年。這一年，以尊孔復古爲復辟帝制前導的袁世凱斃命，但是，再興的民國也不過掛著共和的招牌，文化領域裏仍然彌漫著濃重的尊孔復古氣氛。這一切給了錢玄同以强烈刺激。他說：「共和與孔經是絕對不能並存的東西。如果要保全中華民國，惟有將自來的什麼三綱、五倫、禮樂、刑政、歷史、文章棄如土苴，如果要保全自來的什麼三綱、五倫、禮樂、刑政、歷史、文章，惟有請愛新覺羅溥儀復辟，或請袁世凱稱帝。」62這裏，錢玄同所批判的就正是以「孔經」爲代表的傳統文化的現實價值。他又說：「我是因爲自己受舊學之害者幾及二十年，現在良心發現，不忍使今之青年再墮此陷阱。」63這也是對傳統文化現實價值的批判。

錢玄同是徹底的共和主義者，即使在辛亥革命前主張「師古」、「復古」的年代裏，他也强烈反對君主制。正如他自己所說：「我那時復古底思想雖然熾烈，但有一樣『古』卻是主張絕對排斥的，便是皇帝。」㊹1916年，當他發現袁世凱們利用傳統文化復辟帝制，並由此進而發現中國社會「沈滯不進」的狀態時，也就發現了「保存國粹」的負面效果，其轉變就是必然的了。

在激烈批判中國傳統文化的同時，錢玄同熱烈肯定西方文化。他讚美外國小說家「拿小說看做一種神聖的學問，或則自己思想見解很高，以具體的觀念，寫一理想的世界，或者拿很透闢的眼光去觀察現在社會，用小說筆墨去暴露他的眞相，自己總是立在『第三者』的地位。若是有的時候，寫到那男女奸私，和武人强盜顯他特殊勢力那些地方，決沒有自己忽然動心，寫上許多肉麻得意的句子，所以意境既很高超，文筆也極乾淨」。㊺錢玄同認爲：「若是拿19、20世紀的西洋新文學眼光去評判，就是施耐庵、曹雪芹、吳敬梓，也還不能算做第一等」，「《水滸》以下的幾種小說，也還遠比不上外國小說」。㊻近代中西文化碰撞的結果是，中國傳統的文化自大主義受到了很大衝擊，於是，又產生了新的變種——文化上的精神勝利法。其典型的例子就是認爲西方文明源於中國，說什麼大同是孔子發明的，民權、議院是孟子發明的，共和是周公和召公發明的，立憲是管仲發明的，以至連禮帽和燕尾服也是孔子發明的等等。對此，錢玄同尖銳地嘲諷說：「就算上列種種新道理、新事物的確是中國傳到西洋去的。然而人家學了去，一天一天的改良進步，到了現在的樣子，我們自己不但不會改良進步，連老樣子都守不住，還有臉來講這種話嗎？」㊼錢玄同認爲「現在百事不如人」，要求中國人民正視現實，承認差距，承認落後，並且當機立斷，急起直追。他說：「人家的學問、道德、智識都是現代的，我們實在太古了，還和《

春秋》以前一樣，急起直追，猶恐不及，萬不可再徘徊歧路了。」⑱中國封建統治者一向自視爲「冠裳」之族，而將外國、外族視爲近似於「鱗介」之類的野蠻人；在文化上則强調「華夷之辨」，反對用夷變夏。現在歷史完全顛倒過來了，往日的「鱗介」之類竟成了「急起直追」的對象，而「冠裳」之族倒被認爲有淪落爲野蠻人的危險。這種認識的發生，反映出中國傳統的文化自大主義的進一步崩潰，也反映出近代中國社會文化心理的急速而巨大的變遷。

爲了改變中國的落後面貌，振興中國文化，錢玄同主張「樣樣都該學外國人」，「完全學人家」。他說：

> 凡道理、智識、文學，樣樣都該學外國人，才能生存於20世紀，做一個文明人。⑲

> 我的思想，認定中華民國的一切政治、教育、文藝、科學，都該完全學人家的樣子，斷不可回顧七年前的「死帝國」。⑳

> 適用於現在世界的一切科學，哲學、文學、政治、道德，極〔皆〕是西洋人發明的，我們應該虛心去學他，才是正辦。㉑

1918年 7 月，陳獨秀曾經說：「若是決計更新，一切都應該採用西洋的新法子」。㉒錢玄同的思想和陳獨秀完全一致。儘管當時還沒有「全盤西化」的提法，但實際思想已經有了。

基於對漢字、漢語的不滿，錢玄同曾提出過一項驚世駭俗的主張，這就是以世界語或某種外國語來代替漢字，漢語。他說：

> 至於漢字之代興物，我以爲與其制造羅馬字母的新漢字，遠不若採用將來人類公用的 Esperanto 。即退一步說，亦可採用一種外國語來代漢文、漢語。㉓

語言是民族文化中基本的、最有特色的因素。錢玄同主張以世界語或某一種外國語來代替漢語，這樣，他的「完全學人家」的主張也就發揮到了極致。應該說，這在新文化運動的先驅者中也是少見的。

錢玄同認爲，眞理無國界，一切科學眞理都是世界公有的。因此，他要求人們擺脫狹隘的民族主義和地域觀念的束縛，勇敢地追求眞理和文明。當時周作人在與錢玄同的通信中曾經提出：「將他國的文學藝術運到本國，決不是被別國征服的意思；不過是經過了野蠻階級蛻化出來的文明事物在歐洲先發現，所以便跳了一步，將他拿來，省卻自己的許多力氣。既然拿到本國，便是我的東西，沒有什麼歐化不歐化。」㉔對此，錢玄同極爲贊成。他說：「我們對於一切學問事業，固然不『保存國粹』，也無所謂『輸入歐化』，總之，趨向較合眞理的去學去做，那就不錯。」㉕錢玄同自信，這種爲追求眞理去學外國，不會成爲洋奴。他在提倡學外語的時候曾說：「有了第二外國語，才可以多看『做人的好書』，知道該做『人』了，難道還肯做『洋奴』嗎？」㉖

從17世紀中葉起，歐洲各主要國家陸續完成了從封建主義到資本主義的變革，創造了强大的生產力，並在此基礎上建立了適應大生產需要的現代文化。中國當時還是封建主義和小農經濟占統治地位的國家，因此，以學習西方爲途徑，借以振興中華和中國文化乃是歷史的必然。當然，西方文化並非一切都好，完美無缺。它有精華，也有糟粕；有積極面，也有消極面；有適用於中國的，也有不適用於中國的。因此，只能有選擇地學，有分析地學，有批判地學，錢玄同的「完全學人家」的主張並不正確。這裏，也有應予批評的偏激和偏頗。但是，去掉「完全」二字，他的『學人家』的主張卻正反映出錢玄同對歷史必然的認識，表現著他對民主、科學和現代文明的渴求。事實上，錢玄同所倡導學習的也主要是那些使中國人民自强、獨立、成爲「20世紀人類」的新思想，新文化，並非一切都學，完全照搬的。

三

爲了振興中國文化，「五四」前後，錢玄同曾提出過不少方案，概括起來不外三點，即「輸入」、「新做」、「改革」。

首先是「輸入」，廣泛汲取域外知識。錢玄同認爲：「前此閉關時代，苦於無域外事可參照，識見拘墟，原非得已。今幸五洲變通，學子正宜多求域外知識，以與本國參照。」他說：「其實欲昌明本國學術，當從積極著想，不當從消極著想。旁搜博採域外之知識，與本國學術相發明，此所謂積極著想也；抱殘守闕，深閉固拒，此所謂消極著想也。」⑦他明確指出：「現在的中國文學界，應該完全輸入西洋最新文學，才是正當辦法。」⑱因此，他主張多譯外國書，多讀外國書，豐富「二十世紀之新知識」，「碰著與國人思想不相合的，更該虛心去研究，決不可妄自尊大」。⑲

第二是「新做」。翻譯只是介紹和引進，它不能代替自己的創造。因此，錢玄同要求「新做」，⑳即在借鑒外國文化的基礎上，創造出既不同於外國人，又不同於古人的全新的精神產品來。魯迅的《狂人日記》等小說就是在錢玄同的一再動員下，「新做」出來的。

第三是「改革」。錢玄同認爲，「中國現在沒有一件事情可以不改革」，㉑「不但文章要改革，思想更要改革」，㉒但他的努力主要在語文方面。有成功，也有失敗；有些方案、建議，在他及身之年始終是空中樓閣。

成功的是他和胡適等人一起倡導了白話文運動。1917年1月，胡適發表《文學改良芻議》，錢玄同立即致函陳獨秀，表示肯定和支持。隨後，他又提出應用文改革大綱十三條，將白話的運用從文學推向更廣闊的天地，這十三條的頭條就是「以國語爲之」。㉗1917年7月，他並帶頭實行，致書陳獨秀說：「我們既然絕對主張用白話體做文章，則自己在《新青年》裏面做的，便應該漸漸的改用白話。我從這書信起，以後或撰文，或通信，一概用白話，就和適之先生做《嘗試集》一樣的意思，並且還要請先生、胡適之先生和劉半農先生都來嘗試嘗試。」⑭1918年，他又爲胡適《嘗試集》作序，明確宣布「白話是文學的正宗」。自此，白話文和白話文運動蓬勃發展，從根本上改變了我國書面語言和文學語言的面貌，成爲新文化運動的顯著業績。

爲了與提倡白話文相配合，並使白話文更完善，錢玄同又響應胡適的建議，在應用文改革大綱中提出，「無論何種文章必施句讀及符號」。⑮1918年1月，他總結《新青年》採用西文句讀符號的情況，提出繁式和簡式。⑯其中繁式採用的西文六種符號，已經和我們今天使用的情況大體一致。

從黃遵憲起，近代中國不斷有人提倡白話文。1903年前後。更出現了一批白話報刊。錢玄同自己在辛亥革命前也辦過《湖州白話報》和《教育今語雜誌》。但是，這一時期，提倡白話文都是爲了普及和啓蒙，對象是文化低下的農工和市民，並不認爲白話有資格成爲正規的文學語言。新文化運動中，胡適提倡以白話寫作文學作品，錢玄同提倡以白話寫作各體「應用文」，白話才眞正昂首闊步地走進文學語言的聖殿，建立起對文言的絕對優勢。1922年錢玄同在一次演講中談到：「改古文爲今語，是爲改良，不是求通俗，今語比古文精密，不是比古文淺俗。」⑰這些話，道出了兩個時期白話文運動的不同特點，是早期提倡者不可能具備的認識。

與提倡白話文的成功相反，錢玄同以世界語代替漢書、漢字的企圖遭到了完全的失敗。最初，錢玄同只主張「不廢漢文而提倡世界語」，建議在高等小學加設世界語一課。⑱但他不久即頭腦發熱，認爲世界進化已至20世紀，「去大同開幕之日已不遠」，因而於1918年5月進一步主張廢漢文，代之以世界語。錢玄同估計，此項工作有10年、20年工夫即可完成。⑱但是，他的意見遭到了社會的强烈非難，連不少新文化運動的支持者也表示反對。陶孟和認爲「國民性不可剪除，國語不能廢棄」⑲；任鴻雋批評錢玄同感情用事，「走於極端」；⑳藍公武致函傅斯年，認爲《新青年》中有了錢玄同的文章，「人家信仰革新的熱情遂減去不少」。㉑1919年1月，陳獨秀發表《本志罪案之答辨書》，肯定錢玄同追求民主和科學的熱情，說明他是由於「憤極了才發出這種激切的議論，同時聲明：「錢先生這種用石條壓駝背的醫法，本志同人多半是不大贊成的。」㉒在這一情況下，錢玄同雖然廢除漢字的主張堅持未變，但不得不承認，世界語尚在提倡時代，未至實行時代，漢字一時不能廢去，不得不圖改良，因此轉而致力於「漢字改革」運動。

一切文化都發生於特定的時、空環境中。它既有其時代的普遍性，又有其民族的特殊性；既有其發展的飛躍性，又有其歷史的連續性。强調民族的特殊性和歷史的連續性，反對外來進步文化，反對革故鼎新，當然是錯誤的，同樣，强調時代的普遍性和發展的飛躍性，無視民族的特殊性和歷史的連續性，也是錯誤的。錢玄同的上述成功和失敗表明，重大的文化改革決不能無視民族傳統，更不能脫離民族實際，浮夸、激烈的空想只能使自己失去人們的同情，增加改革的阻力。

錢玄同還有若干改革建議是在1949年之後付諸實施的：

1.漢字左行橫移。還在1917年初，錢玄同就認爲：「文字排列之法橫便於直。」㉓同年5月15日，他致函陳獨秀，論證「漢文右行，其法實拙」，希望今後新教科書從小學起，一律改用橫寫」。㉔7月，他又再次致函陳獨秀，建議《新青年》從4卷1號起，改用橫式，信中說：「《新青年》雜誌拿除舊布新做宗旨，則自己便須實行除舊布新。所有認做『合理』的新法，說了就做得到的，總宜趕緊實行去做，以爲社會先導才是。」㉕

2.數目改用阿拉伯號碼，用算式書寫。錢玄同認爲，「此法既便書寫，且醒眉目」。⑰

3.改用世界通行的公歷紀元。此爲他的「應用文改革大綱」十三條之一。1919年1月，錢玄同爲陳大齊的《恭賀新禧》一文作跋，指出陰歷不便於計算和應用，民國改用陽歷是正確的；同時，他又指出，「民國將來如能改用公歷記年，那就更便利了」。⑱同年10月，錢玄同發表《論中國當用世界公歷紀年》一文，批評中國傳統的以皇帝紀年的方法，也批評戊戌維新以來用孔子紀年、黃帝紀年的主張，認爲「現在以後的中國，是世界的一部份；現在以後的中國人，是世界上人類的一部分」，應該爽爽快快地用世界通用的公歷紀年。⑲

4.簡化漢字筆劃。錢玄同認爲：「文字者不過是一種記號，記號愈簡單，愈統一，則使用之者愈便利。」⑳1920年2月，錢玄同發表專文《減少漢字筆畫底提議》，認爲拼音文字非旦暮之功可以製成，不可粗心浮氣，草率從事，提出以簡體字補救漢字難識、難寫的缺點。他表示，將選取3000常用字進行簡化，其辦法有採用古字、俗字、草字、同音假借字、新擬同音假借字、借義字，減省筆畫等8種。(101)

上述建議的實施過程表明，文化改革需要良好的政治環境，它最終不能脫離政治改革。1909年，錢玄同在東京時，與同學有過一次討論。馬裕藻認爲，文化變革必須借助政治力量，「臨之以帝王之威，始克有濟」。錢玄同不同意，他說：「止須其理正確，則眞理自有明白之一日，故在野講學，效力亦不小也。」(102)錢玄同不了解，個人雖可以發現眞理，宣傳眞理，但要根本改變一個國家、民族的文化面貌，個人的力量仍然是微不足道的，僅僅靠「在野講學」也是不能成事的。

自1918年下半年起，《新青年》同人逐漸分化，李大釗率先歌頌十月革命和社會主義，開始了對比資本主義更高一級的社會形態和文化形態的尋求。次年 1 月27日，錢玄同以無可奈何的心情在他的日記裏寫下了一段話：「《新青年》爲社會主義的問題已經內部有了贊成和反對兩派的意見，現在《每周評論》上也發生了這個爭端了。」⑩1921年初，《新青年》同人之間的矛盾更爲尖銳。陳獨秀主張「介紹勞農，又主張談政」；胡適「反對勞農，又主張不談政」。錢玄同認爲二人之間的分歧「其實是豬頭問題罷了」。⑩他曾與李大釗商量，準備調解，但未成功。⑩此後，錢玄同一面致力於古書辨僞，認爲「打倒僞經，實爲推倒偶像之生力軍，所關極大」，⑩同時企圖以甲骨文和金文爲基礎，推求眞古字、眞古史、眞古制；另一方面，則揹起「漢字革命」的旗幟，努力探索中國文字改革的途徑。他雖然沒有沿著李大釗、陳獨秀的路子走，但繼續在「五四」精神的光照下活動。他的工作仍然是近代中國民主主義文化大潮的一部分。

四

從辛亥到「五四」，錢玄同走過了一段曲折的道路。他在兩個時期的不同尋求代表了近代中國先後出現的兩個文化派別——《國粹學報》派和《新青年》派。前者在不同程度上將「西學」的傳播看作是中國文化的災難，力主保存、發揚並光大中國傳統文化，希冀從中篩選出民族救亡圖存的思想武器，或在它的古老形式中灌注進某些時代內容。後者則激烈地批判中國傳統文化，力主敞開大門，以向西方學習爲途徑創造新一代中國文化。此後近代中國的文化論爭無不和這兩派密切相關，也無不投下這兩派或濃或淡、或密或疏的影子。從「師古」、「復古」、「存古」到主張「輸入」、「新做」、「改革」，錢玄同作出了完全背反的選擇。這種選擇，既反映了他不怕自我否定，勇於追求眞理的不懈熱情，也反映了近代中國的進步文化總流向和近代中國不可逆轉的歷史總趨向。在錢玄同的尋求裏，既有可資借鑒的經驗，也有值得警惕的教訓。錢玄同和他的同事們解決了近代中國文化發展中的若干問題，也留下了若干問題，例如，如何繼承並發揚中國傳統文化的優良部分，並進行創造性的轉換或變革，使之適應現代生活的需要？如何在吸收西方文化長處的同時抵制其腐朽部分？如何立足現實，在會通中西的基礎上創造一種新的文化形態？等等，都是錢玄同等人沒有涉及或很少涉及的。有些問題，當時明確了，似乎解決了，但後來又以新的形式發生，再度成爲問題。例如，在中國人民從西方找到了馬克思主義並且建立了新中國之後，又出現了所謂「頂峰」說，從而形成新的文化封閉主義和文化自大主義，似乎中國人「向人家」學習的過程已經走完，今後的歷史只是「人家」學我們了。結果閉目塞聽，固步自封，使我們遠遠落在世界現代化進程後面。

錢玄同的時代過去了，但是，錢玄同時代提出的任務還沒有全部完成，他那個時代進行的文化論爭還在繼續。這就是20世紀80年代中華大地上再度掀起「文化熱」的原因，也是我們重溫「五四」歷史的主旨所在。

（原載《五四運動與中國文化建設——五四運動70周年學術討論會論文選》，社會科學文獻出版社，1989年10月版）

【註　釋】

① 《錢玄同日記》第1冊，1906年8月29日，未刊稿，以下均同。

② 《錢玄同日記》第3冊，1908年3月5日。

③ 《錢玄同日記》第5冊，1909年1月22日。

④ 《錢玄同日記》第1冊。

⑤ 《錢玄同日記》第2冊，1907年2月27日。

⑥ 《錢玄同日記》第6冊，1909年12月13日。

⑦ 《錢玄同日記》第1冊，1906年3月29日。

⑧ 《錢玄同日記》第6冊。

⑨ 《錢玄同日記》第 6 冊，1909年 9 月24日。

⑩ 《刊行〈教育今語雜誌〉之緣起》，《教育今語雜誌》第 1 冊。

⑪ 《錢玄同日記》第 6 冊，1909年 9 月30日。

⑫ 同前註。

⑬ 《錢玄同日記》第 6 冊，1910年 1 月 8 日。

⑭ 同前註。

⑮ 同註⑬。

⑯ 《錢玄同日記》第 6 冊，1909年10月17日。

⑰ 《教育今語雜誌章程》，《教育今語雜誌》第 1 冊。

⑱ 《錢玄同日記》第 5 冊，1909年 5 月 9 日。

⑲ 《錢玄同日記》第 6 冊，1909年11月10日。

⑳ 《錢玄同日記》第 1 冊，1906年 2 月 7 日。

㉑ 《錢玄同日記》第 5 冊，1909年 3 月15日。

㉒ 同註⑪。

㉓ 《錢玄同日記》第 6 冊，1909年11月10日。

㉔ 《錢玄同日記》第 4 冊。

㉕ 《錢玄同日記》第 9 冊。

㉖ 《錢玄同日記》第 9 冊，1912年 9 月30日。

㉗ 《錢玄同日記》第 9 冊，1912年12月 3 日。

㉘ 《三十年來我對於滿清的態度底變遷》，《語絲》第 8 冊。

㉙ 《錢玄同日記》第11冊，1914年 9 月27日。

㉚ 參閱拙作《論辛亥革命前的國粹主義思潮》，見本書第 300-318 頁。

㉛ 同註㉘。

㉜ 同註㉘。

㉝ 《錢玄同日記》第16冊，1917年 1 月 1 日。

㉞ 同前註。

㉟ 《致陳獨秀書》，《新青年》 3 卷 1 號，《通信》第 7 頁。

㊱ 《新青年》 4 卷 6 號，第 627 頁。

㊲ 《新青年》5卷5號，第542頁。

㊳ 《嘗試集序》，《新青年》4卷2號，第140頁。

㊴ 《致陳獨秀書》，《新青年》，4卷4號，《通信》，第2頁。

㊵ 《致陳獨秀先生書》，《新青年》3卷1號，《通信》，第5頁。

㊶ 同前註。

㊷ 《致陳獨秀先生》，《新青年》3卷1號，《通信》，第6頁。

㊸ 《新青年》4卷6號，第624頁。

㊹ 《致陳獨秀先生書》，《新青年》3卷4號，《通信》，第5頁。

㊺ 同前註。

㊻ 《隨感錄》，《新青年》4卷5號，第464頁。

㊼ 《新青年》4卷4號，第351頁。

㊽ 《中國今後之文字問題》，《新青年》4卷4號，第351頁。

㊾ 《中國今後之文字問題》，《新青年》4卷4號，第354頁。

㊿ 《新青年》5卷5號，第542頁。

51 《新青年》5卷2號，第173頁。

52 《新青年》5卷4號，第543頁。

53 《新青年》3卷5號，《通信》，第13頁。

54 《致錢玄同書》，1910年12月9日，《魯迅研究資料》第19輯，中國文聯出版公司1988年版，第15頁。

55 黎錦熙：《錢玄同先生傳》。

56 《致胡適之先生》，《新青年》3卷6號，《通信》，第19頁。

57 《致獨秀先生書》，《新青年》，3卷4號，《通信》，第5頁。又，當時朱希祖做了篇研究孔子的的文章，認爲「孔子以前是信神時代，孔子之學說不信神而信人，在當時原是進步，但他以信古尊聖爲言，以至二千年來滯於信人的時代，至今尙未走到信我的時代，比之歐洲，瞠乎後矣」。錢玄同認爲「此文極有價値」，爲之圈點一過，並在日記中作了摘錄。於此亦可見錢玄同對孔子思想歷史價値的看法。見《錢玄同日記》第20冊，1919年1月20日。

(58) 《新青年》5卷5號，第531頁。

(59) 《致獨秀先生書》，《新青年》8卷6號，《通信》，第9頁。

(60) 《新青年》5卷5號，第531頁。

(61) 《新青年》5卷1號，第79頁。

(62) 《新青年》6卷2號，第224頁。

(63) 《新青年》6卷6號，第649頁。

(64) 同註㉘。

(65) 《致獨秀先生書》，《新青年》3卷6號，《通信》，第9-10頁。

(66) 同前註。

(67) 《隨感錄》，《新青年》6卷2號，第216頁。

(68) 《新青年》6卷6號，第650頁。

(69) 《對於朱我農君兩信的意見》，《新青年》5卷4號，第425頁。

(70) 《新青年》5卷1號，第81頁。

(71) 《隨感錄》，《新青年》5卷3號，第296頁。

(72) 《今日中國之政治問題》，《新青年》5卷1號，第3頁。

(73) 同註(69)。

(74) 《論中國舊戲之應廢》，《新青年》5卷5號，第527頁。

(75) 《新青年》5卷5號，第528頁。

(76) 《新青年》5卷6號，第634頁。

(77) 《錢玄同日記》第16冊，1917年1月20日。

(78) 《致獨秀先生書》，《新青年》3卷6號，《通信》，第11頁。

(79) 《新青年》4卷2號，第121頁。

(80) 《新青年》4卷1號，第80頁。

(81) 同註(78)。

(82) 《新青年》6卷2號，第242頁。

(83) 《致獨秀先生書》，《新青年》3卷5號，《通信》，第8頁。

(84) 同註(78)。

(85) 《致獨秀先生書》，《新青年》8卷5號，《通信》，第9頁。

⑱ 《新青年》4卷2號，第183頁。

⑰ 《錢玄同日記》第27冊，1922年10月22日。

⑱ 《致獨秀先生書》，《新青年》3卷4號，《通信》，第3頁。

⑲ 《新青年》5卷5號，第543頁。

⑳ 《致獨秀先生書》，《新青年》3卷6號，《通信》，第3頁。

㉑ 《致胡適書》，《新青年》5卷2號，第170頁。

㉒ 《錢玄同日記》第19冊，1919年1月7日。

㉓ 《新青年》6卷1號，第11頁。

㉔ 《錢玄同日記》第16冊，1917年1月6日。

㉕ 《致獨秀先生書》，《新青年》3卷3號，《通信》，第17頁。

㉖ 《致獨秀先生書》，《新青年》3卷6號，《通信》，第6頁。

㉗ 《致獨秀先生書》，《新青年》3卷5號，《通信》，第10頁。

㉘ 《新青年》6卷1號，第4頁。

㉙ 《新青年》6卷6號，第626-627頁。

⑽ 《致陶孟和書》，《新青年》4卷2號，第174頁。

⑽ 《新青年》7卷2號。

⑽ 《錢玄同日記》第5冊，1909年4月16日。

⑽ 《錢玄同日記》第20冊。

⑽ 《錢玄同日記》第23冊，1921年1月18日。

⑽ 《錢玄同日記》第23冊，1921年1月19日。

⑽ 《錢玄同日記》第27冊，1922年12月24日。

儒學在近代中國

儘管孔子一生困頓，命運多蹇，但是，自漢武帝罷黜百家，獨尊儒術之後，儒學成爲占統治地位的官學，孔子的地位就日益提高，以至於達到「嚇人的高度」。①在漫長的近兩千年的歲月中很少有人敢向孔子的這種崇高地位挑戰。這種情況，到了近代，才有明顯改變。隨著中國社會的變遷和進步，在西方文化和日本維新思潮的影響下，逐漸出現了非儒反孔思潮。與之相聯繫，崇儒尊孔的主張也以前所未有的複雜形態多樣化地表現出來。兩種意見互相詆排，各不相下，成爲思想史上引入注目、發入深省的現象。

龔自珍是近代中國第一個對儒學獨尊地位提出挑戰的人。他在一首詩中寫道：

> 蘭台序九流，儒家但居一。諸師自有眞，未肯附儒術。後代儒亦尊，儒者顏亦厚。洋洋朝野間，流亦不止九。不知古九流，存亡今孰多？或言儒先亡，此語又如何？②

九流，指的是班固在「漢書・藝文志」中所分列的九個學術流派。龔自珍認爲，儒家只是九家中的一家，並無特殊之處；儒家以外的其他各家都有其符合眞理的一面，不需要依附儒術；後代，儒家的地位被愈抬愈高，儒者的臉皮也愈來愈厚。這首詩，表現了龔自珍對儒學獨尊地位的强烈不滿以及對其他各家歷史命運的關心。他甚至發出了儒家可能「先亡」的疑問。龔自珍的時代，中國封建社會已經到了暮色蒼茫、悲風四起的「衰世」，龔自珍的疑問反映了一種信仰危機和對一種新的學術派別的憧憬。但是，由於長期儒學獨尊的影響，龔自珍沒有也不可能徹底擺脫儒學的束縛，他只能借助東漢以來長期衰微的今文經學派，利用其「微言大義」以表達自己的觀點。

鴉片戰爭期間，中國人在西方的堅船利炮面前敗下陣來，蒙受了亙古未有的奇恥大辱。先進的知識分子痛定思痛，對儒學的不滿和懷疑增長了。魏源等人開始痛罵「腐儒」、「庸儒」，開始鄙棄程、朱、陸、王的「心性」之學，主張「師夷長技以制夷」，覺得西洋文化在某些方面比中國高明了。後來，這種向西方學習的要求又從「長技」發展到經濟、政治等方面。但是，魏源以下一輩人，如馮桂芬、王韜、薛福成、馬建忠、鄭觀應、陳熾、何啓、胡禮垣等，一般地只敢批判程、朱、陸、王等後儒，而不敢批判先儒；只敢批判漢學和宋學，而不敢直接把矛頭指向孔學。在他們看來，孔子和儒學還是完美無缺的，其崇高地位也是不能動搖的。例如王韜就說過：「蓋萬世不變者，孔子之道也，儒道也。」③這種情況，固然反映出思想家自身的特質，但更多反映出的卻是儒學傳統的強大力量和深厚影響。

正是在這種儒學傳統的重壓下，康有爲等人的維新變法理論不能不包裹在儒學的外衣中，並力圖借助於「孔聖人」的權威。他利用今文經學派的「《公羊》三世說」來闡述自己的以進化論爲核心的社會歷史觀，並利用對古文經的辨僞來動搖人們對傳統的信仰。康有爲力圖說明，西漢經學，根本沒有所謂古文經，所有的古文經書都是劉歆的僞造。劉歆之後，兩千多年，千百萬知識分子，二十個王朝禮樂制度的訂立者都上了劉歆的當。這樣，在龔自珍之後，康有爲就進一步動搖了古文經學派的地位，引起人們對這部分儒學經典的懷疑。當頑固派在祖墳面前叩頭禮拜，表示要「恪守祖訓」的時候，康有爲卻在旁邊大喝，你這個祖墳是假的。這自然具有思想解放的意義。

同時，康有爲又力圖說明，孔子是維新變法的祖師爺。他主張「法後王」，「削封建」，實行「大一統」，反對「男尊女卑」，創立「選舉制」，最高理想是實行民主共和云云。④因此，康有爲稱孔子爲「萬世教主」、「制法之王」、「生民未有之大成至聖」。康有爲建議，清王朝「尊孔聖爲國教」，以孔子紀年，全國設教部，地方設教會，每七日還要公舉懂《六經》、《四書》的人爲「講生」，宣講「聖經」。⑤

近代以來，有不少人，例如曾國藩、張之洞以及清代統治者尊孔，目的是爲了維護舊秩序；戊戌時期的康有爲尊孔，目的是爲了變法。兩種尊孔，迥然不同。但是，康有爲筆下的孔子明顯地不符合孔子的本來面目，它是維新派按照自己的理想和需要改鑄出來的形象。

和康有爲比起來，譚嗣同的思想顯得激烈、深刻、銳利得多。他懷著滿腔悲憤批判儒學所鼓吹的綱常倫理，分析其「慘禍烈毒」，揭露封建統治者以之殘酷迫害人民之事實。當時，一位朝鮮人曾說：「地球上不論何國，但讀宋明腐儒之書，而自命爲禮義之邦者，即是人間地獄。」譚嗣同完全同意這一觀點。⑥他尤爲激烈地批判君主專制主義，認爲君主是人民推舉出來「爲民辦事」的，可以共舉，也可以共廢，其惡劣者，「人人得而戮之」。⑦譚嗣同的思想已經越出改良主義的樊籬，走到革命民主主義的邊緣。但是，譚嗣同仍然要掛上孔學的旗號。在譚嗣同筆下，孔子「廢君統，倡民主，變不平等爲平等」，不僅是維新派，而且簡直就是民主主義者。⑧他認爲，孔門傳人曾子、子思、孟子、子夏等人還是繼承了孔子的民主傳統，只是到了荀子，孔學才被篡改爲「鉗制束縛」的工具，荀學也就因此統治中國兩千餘年。譚嗣同嚴格地區分孔學和儒學，認爲儒使孔子之道愈見狹小，起了惡劣作用。⑨因此，他以馬丁·路德自勵，立志爲恢復「孔教」的本來面目而奮鬥。

在維新派中，嚴復對西學有精深的研究，因此，他的維新思想的理論基礎以及批判儒學的理論武器都不是取自儒學自身，而是取自西方自然科學和社會政治學說。他不僅批判「宋明腐儒」，而且破天荒地提出「《六經》且有不可用者」。⑩出於對儒家學派的强烈不滿，嚴復甚至認爲秦始皇焚書坑儒的行爲也並不過份。他以熱烈的語言讚揚西學的完美與嚴整，認爲中學重三綱，西學重平等；中學親親，西學尙賢；中學以孝治天下，西學以公治天下；中學尊主，西學隆民；中學誇多識，西學尊親知；中學委天數，西學恃人力……這是近代中國思想史上最初也是最鮮明的中西文化比較論，標誌著在「西學」衝擊下，中國人對傳統文化的進一步懷疑和否定。⑪儘管如此，嚴復仍然維護孔子的權威，認爲孔教不談鬼神，不談格致，專明人事，平實易行，千萬不能破壞。⑫他甚至認爲，精通西學之後，才能更好地理解中國聖人的「精意微言」。⑬

戊戌維新是一次政治改革運動，也是一次思想啓蒙運動。它本應對孔子和儒學的獨尊地位有較大的衝擊，但是，歷史展示給人們的情景卻是，孔子的地位還要繼續高上去。這裏，我們再一次看到了傳統的强大力量和歷史纏住現實的痛苦情況。

作爲弟子，梁啓超支持過康有爲的保教論。戊戌政變後，梁啓超流亡日本，於1902年發表《保教非以尊孔論》，開始反對師說。他認爲，孔子是哲學家、經學家、教育家，而非宗教家；保教之說束縛國民思想。他指出，孔子思想中有「通義」和「別義」兩部分，前者萬世不易，後者則「與時推移」，應該博採佛教、耶教以及古代希臘以至「歐美近世諸哲」的學說，進一步光大孔學。⑭儘管梁啓超仍然斷言，孔學將「懸日月，塞天地」，「萬古不能滅」，但他承認孔學中有不適用、不夠用的部分，畢竟是有意義的進步。

眞正動搖了孔子和儒學獨尊地位的是以章太炎爲代表的革命黨人。19世紀末，20世紀初，作爲維新思潮的反映，日本社會出現了一些非儒反孔的著作家，如遠藤隆吉、白河次郎、久保天隨等。在他們的影響和啓迪下，章太炎一方面肯定孔子是中國古代優秀的歷史學家、教育普及家和無神論者，同時，也發表了不少對孔子和儒學的激烈批評。1902年，他在《訄書》修訂本中指出，孔子的名望遠遠超過了實際，其學術也並不十分高明，荀子、孟子都比他强得多。1906年，他在東京中國留學生大會上發表演說，批評孔子「最是膽小」，「不敢去聯合平民，推翻貴族政體」。又說：孔教的最大污點，是使人不脫富貴利祿的思想。他明確表示：「孔教是斷不可用的。」⑮其後，他又根據《莊子》、《墨子》等書的記載，在《諸子學略說》中，批評孔子《嘩衆取寵」、「污邪詐僞」、「熱中競進」，是個道德品質不好的人。由此，他進一步批評歷史上的儒家學派投機善變，議論模糊，認爲無論就道德言，就理想言，儒家均不可用。⑯1908年，日本《東亞月報》刊登孔子像，章太炎就此著文發揮說：孔子已經死了兩千多年了，他的思想已成爲過去，「於此新世界者，形勢禮俗豈有相關」？⑰

章太炎對孔子和儒學的批評並不科學。第一，他的批評根據不少出於《莊子》、《墨子》，莊、墨都是儒家的對立面，所述並不可靠。第二，章太炎的批評矛頭在許多地方實際指向康有爲。在他所描繪的孔子形象中，我們依稀可見康有爲的面影。現實的鬥爭需要常常使人不能嚴謹地對待歷史，雖章太炎這樣的大學問家亦不能免。然而，章太炎將中國封建社會的至聖先師作爲議論、批評的對象，仍然是了不起的大事。在章太炎之後，各種批評孔子的言論就多起來了。

1903年，上海愛國學社的刊物《童子世界》載文認爲：「（孔子）如今看起來，也是很壞」⑱《中國白話報》載文認爲，孔子是個「頂喜歡依賴皇帝的東西」。⑲同盟會員寧調元直呼孔子爲「民賊」。他說：「古之所謂至聖，今之所謂民賊也。」⑳1912年，民國建立，南京臨時政府教育部通令廢除中小學讀經課程。時任教育部長的蔡元培明確宣布：「尊孔與信教自由相違。」㉑同年7月，蔡元培主持臨時教育會議，進一步通過「學校不拜孔子案」。㉒這樣，孔學作爲官學的地位就被否定了。

隨著非儒反孔言論的增加和孔學作爲官學地位是否定，崇儒尊孔的呼籲也日益強烈。辛亥革命前後發表崇儒尊孔言論的人很複雜。一種是革命派，如《國粹學報》的鄧實、黃節等，他們視孔子爲中國文化的代表；一種是康有爲等保皇黨，以孔學作爲反對革命、維護君主制的工具；一種是清朝統治者及袁世凱、張勛等軍閥，利用孔學維護其統治或復辟君主制；一種是某些外國傳教士或來華人士，如林樂知（Y. J. Allen）、李提摩太（ T. Richard）、李佳白(G. Reid)、莊士敦(R. F. Johnston)、蓋沙令(H. Keyserling)、尉禮賢(R. Wilhelm)、有賀長雄等。1906年，清政府頒布《教育宗旨》，宣稱孔子不僅是「中國萬世不祧之宗」，而且是「五洲生民共仰之聖」。㉓1913年6月，袁世凱發布尊孔令，宣稱孔學「反之人心而安，放之四海而準」。㉔8月，孔教會代表陳煥章等上書，請定孔教爲國教。10月，《天壇憲法草案》規定：「國民教育，以孔子之道爲修身大本。」1914年9月，袁世凱在北京舉行了盛大的祭孔典禮。袁世凱復辟帝制失敗後，康有爲於1916年9月再次上書，要求「以孔教爲大教，編入憲法，復祀孔子之拜跪」。㉕他說：「不拜孔子，留此膝何爲？」㉖1917年3月，各省尊孔團體在上海組織全國公民尊孔聯合會，發動所謂「國教請願運動」。同年7月，張勛擁廢帝溥儀復辟。

爲什麼近代的守舊復辟勢力都崇儒尊孔，這不能不引起先進知識分子的思考，於是，一場新的非儒反孔熱潮因而興起。

五四前夜發表批孔文章的先鋒是易白沙，主將則是陳獨秀，吳虞、魯迅、李大釗等人都作出了巨大貢獻。當時對孔子和儒學的批判主要集中在以下幾個方面：

一、孔子和儒學維護尊卑等級制度，是歷代帝王專制的護符。易白沙稱：孔子「尊君權，漫無限制，易演成獨夫專制之弊。」他闡述了歷代帝王以孔子爲傀儡，借以鞏固其統治的情況，說明不能不歸咎於孔子自身。㉗李大釗認爲：「孔子生於專制之社會，專制之時代，自不能不就當時之政治制度而立說，故其說確足以代表專制社會之道德，亦確足爲專制君主所利用資以爲護符也。」㉘陳獨秀提出：「孔教與帝制有不可離散之因緣。」㉙吳虞也說：「孔氏主尊卑貴賤之階級制度，由天尊地卑演而爲君尊臣卑，父尊子卑，夫尊婦卑。尊卑既嚴，貴賤遂別。」因此，「專制之威愈演愈烈」。㉚

二、儒學倫理是片面的、不平等的、人壓迫人的「奴隸道德」。陳獨秀認爲：君爲臣綱，則民於君爲附屬品；父爲子綱，則子於父爲附屬品；夫爲妻綱，則妻於夫爲附屬品；由此產生的忠、孝、節等道德都是不平等的「以己屬人」的「奴隸道德」。㉛於是，「君虐臣，父虐子，姑虐媳，夫虐妻，主虐奴，長虐幼」，種種人壓迫人的現象因而發生。㉜吳虞從分析孝、悌等倫理規範入手，揭示中國古代的宗法家族制度和專制政治之間的關係，說明儒學倫理「專爲君親長上而設」，目的在要人們「不要犯上作亂」把中國弄成一個「製造順民的大工廠」。他說：「麻木不仁的禮教，數千年來不知冤枉害死了多少無辜的人。」㉝魯迅則通過「狂人」之口。以形象的文學語言說明中國歷史一面充塞「仁義道德」的說教，一面充塞著血淋淋的「吃人」現象的殘酷現實。吳虞盛贊魯迅的這一發現，說明「把吃人的內容和仁義道德的表面看得清清楚楚」，「孔二先生的禮教講到極點，就非吃人、殺人不成功」。㉞

三、孔子之道不適用於現代生活。陳獨秀認爲：宇宙間一切物質、精神，無時不在變遷進化之途。一定的學說產生並適應於一定的社會，社會變遷了，學說也應隨之變遷。他說：現代社會以經濟爲命脈，盛行個人獨立主義，經濟上財產獨立，倫理上個人人格獨立，崇尙自由平等，而儒學則以綱常階級（等級）爲教，恰恰與此相反。㉟他們堅決反對在民國憲法上載入以孔子之道爲修身大本一類字眼。在當時，他們尤其著重指出，專制與自由不相容，孔子之道與共和制勢不兩立。吳虞說：「共和之政立，儒教尊卑貴賤不平等之義，當然劣敗而歸於淘汰。」㊱陳獨秀則斬釘截鐵地表示：「孔教與共和乃絕對兩不相容之物」，「主張尊孔，勢必立君」，「勢必復辟」。㊲李大釗在「五四」前就認爲孔子其人「已爲殘骸遺骨，其學說之精神已不適於今日之時代精神」㊳；「五四」後，他又對此作了深層分析，說明孔學是「中國二千餘年來未曾變動的農業經濟組織反映出來的產物」。他說：「不但中國，就是日本、高麗、越南等國，因爲他們的農業經濟組織和中國大體相似，也受了孔門倫理的影響不少。」他並進一步指出，西洋的工業經濟打進東方以後，孔子的學說就「根本動搖」了。㊴

四、孔門缺少民主學風，孔子和儒學的獨尊地位阻礙思想和文化的發展。易白沙認爲：孔子講學，不許問難，易演成思想專制之弊。㊵陳獨秀認爲：九流百家，無非國粹，漢武帝罷黜百家，而且窒息人們的聰明才智，摧殘創造活力和獨立思考精神，爲害較之政治上的君主專制主義還要厲害。㊶李大釗認爲：自孟子闢楊、墨之後，儒學形成了一種排拒異說作風，自以爲包攬天下的一切眞理，完全聽不得不同意見，動輒指斥別人爲「淫詞邪說」。他說：「眞理正義，且或在邪說淫詞之中也。」㊷易白沙、陳獨秀都指出，「人間萬事，以競爭而興，專占而萎敗」，即以孔學本身而論，獨尊的結果是失去競爭、辯難的對象，必然日形衰敗。㊸據此，陳獨秀等聲稱：「無論何種學派，均不能定於一尊」；「各家之學，亦無須定尊於一人」。㊹

「五四」時期，陳獨秀諸人對孔子和儒學的批判大體如上。

經過「五四」，在中國封建社會中長期樹立起來的孔子和儒學的獨尊地位遂轟然倒坍。

眞理是無邊無際的大海。任何人、任何學派對眞理的認識都是有限的、局部的，以爲一個人、一個學派可以究盡全部眞理，以爲在這個人、這個學派的思想學說中不包含任何謬誤，可以適用於一切時代，一切地域，並以之作爲檢驗眞理的標準，都是一種可笑的幻想和迷信。「五四」時期陳獨秀諸人批判這種迷信，推倒了孔子和儒學的獨尊地位，又僅是一次反封建的思想革命，而且是一次思想解放運動，其意義是深遠的。

應該指出的是，陳獨秀等人並不全盤否定孔子和儒學，尤其不否定孔子在當時的歷史地位和價值。一個人，一個學派在當時當地的作用和它在後世的作用常常有所不同。前者可以稱爲當時價值，後者可以稱爲後世價值。由於時代、地域和傳述者的情況不同，一個人、一個學派的後世價值的複雜多變的。陳獨秀等人，包括最偏激的錢玄同在內，都一致認爲孔子「自是當時之偉人」，他們所否定的主要是孔子的後世價值，特別是它在20世紀初年中國的現實價值。陳獨秀說：「吾人討論學術，尙論古人，首當問其學說、教義尙足以實行於今世而有益與否？非謂其於當時之社會毫無價值也。」㊺20世紀初年，中國人的任務是追求民主和科學，建設現代化的國家與社會，康有爲、袁世凱們卻力圖利用尊孔維護舊道德、舊文化，復辟封建專制主義，這自然不能不引起先進知識分子的反擊，所以陳獨秀又說：「愚之非難孔子之動機，非因孔子之道不適於今世，乃以今之妄人强欲以不適今世之孔道支配今世之社會國家，將爲文明進化之大阻力也。」㊻顯然，「五四」時期的非儒反孔思潮乃是一場從屬於現實政治鬥爭的思想鬥爭，而不是嚴格的科學討論。它不可能是全面的、辯證的、充分理智的，而必然帶有片面、絕對和情緒化的特徵。這表現在談孔子和儒學的當時價值少，談現實價值多；談積極面少，談消極面多；談教育學、文獻學方面的貢獻少，談政治學和倫理學方面的缺陷多。至於在工業化的過程中，如何利用孔學作爲調整人際關係的凝聚劑，在高度工業化之後，如何利用孔學作爲現代文明弊病的救正劑，這些問題，更非「五四」時期的思想家所能想見。

在世界文化史上，儒學是一個博大、深刻、有著鮮明特徵的思想體系。它既有保守、落後的封建性一面，曾經長期成爲中國人民的精神枷鎖，今後也將成爲中國人民走向現代化的精神障礙；但是，它也有反映人類社會普遍需要、普遍特點和普遍規律的眞理性一面。有些思想，在新的歷史條件下會產生和過去完全不同的社會作用；有些思想，經過改造和轉換，會成爲有益於現代社會的成分。李大釗曾經說過：「孔子之道有幾分合於此眞理者，我則取之；否者，斥之。」這是一種正確的態度，但是，「五四」時期的人們沒有可能做到這一點。歷史地、科學地、全面地評價孔子和儒學，探討它的當時價值和在今天的現實價值，評估它的未來價值，這是當代中國人的任務，也是一切關心儒學命運的人們的共同任務。在某種意義上說，它也許是一項永遠說不完的話題。

（作於1991年4月）

【附記】本文是作者1991年11月在日本橫濱第二次漢字文化圈國際論壇所作的講演。

【註　釋】

① 魯迅：《在現代中國的孔夫子》，《魯迅全集》第6卷，人民文學出版社1981年版，第316頁。

② 《自春徂秋，偶有所觸，拉雜書之，漫不詮次，得十五首》，《龔自現全集》，上海人民出版社1975年版，第487頁。

③ 《杞憂生〈易言〉跋》，《弢園文錄外編》。

④ 《孔子改制考》卷十一、九、八、三、十二。

⑤ 《請尊孔聖爲國教，立教部、教會，以孔子紀年而廢淫祀摺》。

⑥ 《仁學》。

⑦ 同前註。

⑧ 同註⑥。

⑨ 同註⑥。

⑩ 《辟韓》，《嚴復集》，中華書局1986年版，第35頁。

⑪ 《論世變之亟》，同上書，第3頁。

⑫ 《保教餘義》，同上書，第85頁。

⑬ 《救亡決論》，同上書，第49頁。

⑭ 《新民從報》第2號。

⑮ 《民報》第6號。

⑯ 《國粹學報》丙午（1906）第8、9號。

⑰ 《答夢庵》，《民報》第21號。

⑱ 君衍：《法古》，《童子世界》第31期。

⑲ 林獬：《國民意見書》，《中國白話報》第18期。

⑳ 《寧調元集》，湖南人吔出版社1988年版，第395頁。

㉑ 《對於新教育之意見》，《民立報》，1912年2月10日。

㉒ 《臨時教育會議日記》，《教育雜誌》4卷6號。

㉓ 《學部奏請宣示教育宗旨摺》，《大清教育新法》第1冊第2編。

㉔ 《袁大總統書牘匯編》卷2。

㉕ 《致總統總理書》，《孔教十年大事》卷8。

㉖ 《康南海與中央電》，同上書。

㉗ 《孔子平議》，《青年》1卷6號。

㉘ 《自然的倫理觀與孔子》，《李大釗文集》（上），人民出版社1984年版，第264頁。

㉙ 《駁康有爲致總統總理書》，《新青年》2卷2號。

㉚ 《儒家主張階級制度之害》，《吳虞文錄》，上海亞東圖書館版，第

72-73頁。

㉛　《一九一六年》，《新青年》1卷54號。

㉜　《答傅桂馨》，《新青年》3卷1號。

㉝　《吳虞文錄》，第5-6，17頁。

㉞　《吳虞文錄》，第64、71頁。

㉟　《孔子之道與現代生活》，《新年青》2卷4號。

㊱　《吳虞文錄》，第7頁。

㊲　《復辟與尊孔》，《新青年》3卷6號。

㊳　《自然的倫理觀與孔子》，《李大釗文集》（上），第264頁。

㊴　《由經濟上解釋中國近代思想變動的原因》，《李大釗文集》（下），第178-180頁。

㊵　同註㉗。

㊶　《憲法與孔教》，《新青年》2卷3號。

㊷　《民彝與政治》，《李大釗文集》（上），第169-171頁。

㊸　《答常乃德》，《新青年》2卷6號。

㊹　陳獨秀：《答吳又陸》。《新青年》2卷5號；易白沙：《孔子平議》（下），《新青年》2卷1號。

㊺　《答常乃德》，《新青年》3卷2號。

㊻　同註㊲。

何天炯與孫中山

——宮崎滔天家藏書札研究①

在宮崎滔天的中國友人中，何天炯也許是其關係最密切的一個。今天，宮崎舊居還保存著何天炯的大量信札。它們提供了不少重要史實，是研究中國近代史的重要資料。本文以何天炯和孫中山的曲折關係爲線索，探討這些信件所反映的歷史內容。

何天炯（1877-1925），字曉柳，與宮崎通信時常用的化名爲高山英太郎、廣東興寧人。1903年赴日留學，進入正則預備學校。1905年8月3日加入同盟會，曾任本部會計。1911年參加廣州三・二九起義。武昌起義爆發，至漢陽參加黃興的中華民國戰時總司令部工作。南京臨時政府成立前後，被孫中山、黃興委任爲駐日代表。1913年2月，隨孫中山訪日，3月歸國。同年，二次革命失敗，隨孫中山流亡日本。現存信札，大部分作於此後至宮崎逝世的十年間。

原信僅署月日，封筒與信箋之間時有錯亂，郵戳也有一部分模糊不清，因此，本文對各信所作繫年大部分根據信件所反映的時事，爲避免煩瑣，不一一說明理由。

一、反袁時期

二次革命中，孫中山、黃興之間發生矛盾。流亡日本期間，二人在檢討失敗原因時又發生爭執。何天炯於1913年9月16日抵達日本東京後，立即和宮崎滔天一起調和孫、黃的矛盾。根據日本情報人員的監視報告，9月16日下午，何天炯拜訪孫中山，次日上午，拜訪黃興。此後，至11月1日，共拜訪孫中山24次，黃興 4 次②。最後一次拜訪孫中山時，何天炯填寫《誓約》，加入了中華革命黨③。兩天後，何天炯返國。11月 9 日，在上海致函宮崎，要求隨時報告「高野先生（指孫中山——筆者）近況」。此後，對孫中山的意見就愈來愈多了。

1914年 7 月29日致宮崎滔天函云：「弟非忘情世事者，所以流連滬上者，有不得已之苦衷也。弟本擬於八、九月之間東來賣畫，今聞孫君望弟之來甚切，不知其意何居也？若諫不行，言不聽，則並來無益也。」孫中山迫切希望何天炯再度赴日，但何因爲調和工作沒有取得什麼積極成果，認爲孫中山聽不進勸諫，因此，抱消極態度。儘管如此，何天炯還是於當年 9 月底到了東京。當時，孫中山等人正在起草《中華革命黨革命方略》，在17次討論會中，何天炯曾經參加過 3 次④。12月16日，被委任爲中華革命黨廣東支部長。同月22日，各省支部長在東京舉行特別會議，何天炯擔任主席。1915年 3 月 3 日，孫中山委任何天炯爲南洋各埠特務委員，負責向華僑籌募經費。同年歸滬。 8 月27日致宮崎函云：「弟自南洋回中後，個人經濟已困不堪言，而顧瞻黨事，益憤懣無聊。前月底曾致函於胡漢民。廖仲愷、鄧鏗諸兄，囑其切勸中山公改訂誓約，以維繫人心。鄙函痛哭流涕，指陳得失，質之良心，尙無愧怍。聞三君對於此事，俱太息無法挽回。當時該函爲孫公所見，不獨毫無反悔之心，且責弟爲不明事體，然則民黨前途毫無希望，弟尙何有東來籌謀一切之事乎？」孫中山有鑒於同盟會和國民黨的渙散，因此，在組織中華革命黨時，特別強調黨員應無條件服從黨魁。誓約中規定必須「附從孫先生」，而且必須「捺指模」。這一規定遭到不少革命黨人的非議。本函表明，何天炯對此激烈反對，胡漢民、廖仲愷、鄧鏗等人也不以爲然。同函又云：「東京地方雖小，有中山公一人之請負，不知革命事業可稍有起色否？一笑。」「請負」，日語，意爲承包。誓約過分強調黨魁的個人作用，忽視廣大黨員的積極性和主動性，因此，何天炯以「請負」相識。它顯示孫、何二人之間的關係出現了深刻的危機。

當時，革命黨人呈現四分五裂狀態，在反袁鬥爭上各自爲政。孫中山等曾投入大量金錢，準備在杭州起義，但沒有成功。何天炯則計劃在浙江嘉興、湖州發動，也失敗了。他在致宮寄函中說：「對於嘉興、湖州二府之事，進行極密，同黨中鮮有知者，至其成效之佳良，比之孫公處用全力以謀杭州者，實有天淵之別。唯該件近來誤於廖仲愷氏爲可惜耳。」何天炯陳述經過說：由於缺乏經費，不得不介紹該處代表於廖仲愷，廖仲愷指之「無賴漢」，並稱，此人舊年屢在孫宅乞錢，我已經驅逐過多次，切勿再爲其所騙。該代表聽說之後，忿火中燒，急欲起事以明心跡，因而蒼促行動，遭致失敗。何天炯爲此向廖仲愷提出質問，廖自稱「錯誤」。何天炯在信中向宮崎發牢騷說：「亦足見孫公處辦事人之無聊也！」何天炯因對孫中山不滿而牽連及於廖仲愷等人。

1915年 9 月，何天炯曾到日本一行。10月 5 日返滬。此間，在對「康派」的態度上，何、孫二人又出現了新的分歧。何天炯於 8 日致宮崎等人函云：「黃兄與此地之康氏頗有函件往來，若孫氏之絕對排斥康氏，眞不知其是何用意也。一嘆！」黃興於1914年 6 月離日赴美。他與在上海的康有爲「頗有函件往來」，這是迄今鮮爲人知的事實。在對於共和政體的態度上，黃興與康有爲之間尖銳對立，但在反對袁世凱稱帝上，雙方又有其共同點。後來，李根源曾正式與康有爲磋商合作，取得了暫不考慮其它，先行「戮力倒袁」的協議⑤。從何函可知，孫中山反對黃興與康有爲發生關係，何天炯則支持黃興。1915年11月 1 日函又云：「馮、康聯絡之事，此刻尙在半眞半假之中，然帝政問題如日緊一日，則將來成爲事實，亦未可知也。且康之所圖，範圍頗廣，比之神樣，實有天淵之別。弟恐第三次革命成功，竟在官僚之手，果爾，則自稱神樣者，將變爲泥菩薩，無人香花供養矣。有神樣之頑迷，致使同志四分五裂，爲官僚所輕視，乃出而自樹討賊之旗，雖目的甚同，而吾黨將來不能在政治上獨佔優勢，推原禍始，陳英士等實不能辭其咎也。」馮，指馮國璋。他支持袁世凱對付革命黨人的許多措施，但反對袁稱帝。1915年 6 月，他曾和梁啓超討論帝制問題，並相偕入京力諫。此後，梁啓超曾多次派人動員他贊助反袁起義。何函所言馮康聯絡，指此。神樣，日語，意爲神仙、上帝。宮崎滔天與何天炯都不滿意孫中山神化黨魁的作用，在通信中以此詞代指孫中山⑥。頑迷，指孫中山拒絕許多同志的勸告，堅持中華革命黨誓約一事。在組建中華革命黨過程中，陳其美「力排眾議」，全力支持孫中山，因此，也爲何天炯所不滿。

11月 7 日，何天炯到達香港，企圖運動龍濟光及其部下倒袁。8 日致函宮崎云：「各處情形均甚佳妙。唯龍濟光之爲人頗爲愚蠢，刻雖有與馮、張提攜之事，難保無中變之虞也（雲南、廣西均可靠）。然天下事求其在我，就使龍等俱樹討袁之旗，而純粹民黨不能在軍界上佔有優勢，則其結果亦毫無良善，可斷言也。」龍濟光與馮國璋、張鳴岐在1915年曾一度「提攜」反袁，這也是迄今鮮爲人知的事實。但是，正如何天炯所分析，這一「提攜」很快就出現了「中變之虞」。龍濟光反袁是假，擁袁是眞。同函又云：「神樣方面，亦派人四出籌款，能達到目的，亦屬疑問。就使能得多少，亦杯水輿薪，謂其能包辦粤事，恐亦未必。」從這裏看，何天炯的行動與孫中山的中華革命黨兩轍。信中，何天炯還表示，「若得十萬元，弟敢不辭大言，雖爲南粤霸王可也；若得半數，則粤事亦能中分而執牛耳。」儘管何天炯與孫中山在組黨、聯康等問題上存在分歧，但在靠金錢運動軍閥部隊倒袁上則一致，其結果當然可想而知。11月20日，何天炯返滬。21日，致函宮崎云：「以鄙意視察所及，則兩廣方面情形實較長江一帶爲佳，而廣西則尤覺可恃。廣東之龍濟光雖甚蠻劣，而其部

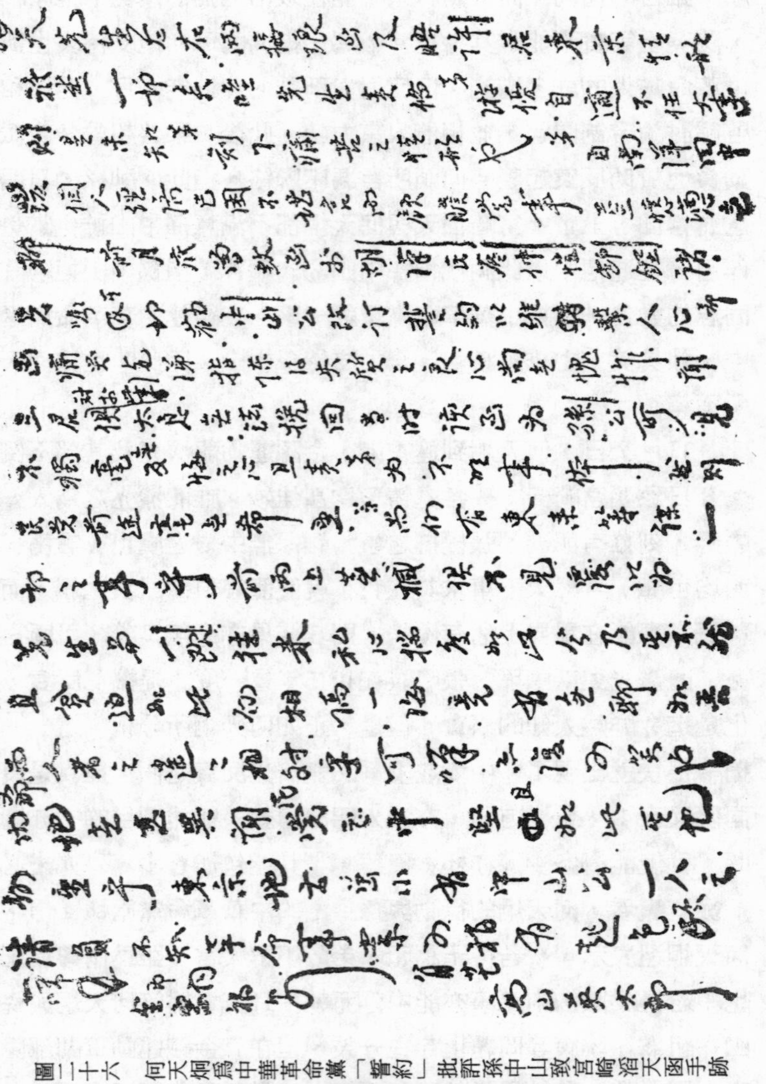

圖二十六　何天炯爲中華革命黨「誓約」批評孫中山致宮崎滔天函手跡
（宮崎滔天故居藏，狹間直樹教授贈）

下實至易動搖，特所欠者，些少之運動費耳。」他表示：「今天團體已難結合，所恃者各人猛進之精神也。」何天炯不了解，如果沒有一個堅强的「大團體」，只靠各人的「猛進」精神是絕難成事的。

袁世凱不顧國內外輿論的强烈反對，於12月12日稱帝。25日，唐繼堯、蔡鍔通電宣告雲南獨立，轟轟烈烈的護國運動興起。1916年1月2日，何天炯致函宮崎云：「今南方風雲已告變矣。以天時、人事推之，袁政府當無所逃罪於天下。可慮者，一般擁兵大員，不知共和爲何物，雖一旦反戈向袁，其結果於民國前途不能放若何之異彩。」只有民主主義的軍隊才能造就民主主義的國家。「不知共和爲何物」的「擁兵大員」們雖然可以參加反袁行列，但決不會成爲民國的柱石。何天炯的看法是很有見地的。信中，何天炯介紹林國光去東京，會見宮崎和頭山滿，有所擘畫。其內容，從此後的信看，仍是爭取經費援助。2月24日函云：「目下此間局面，如慢性淋病，不癢不痛，推其故，實因缺少藥品，所以各方面俱難著手。且同人生活問題亦屬異常辛苦，大有解散團體而爲四方奔走之計。」何天炯雖參加了中華革命黨，但其觀點則和黃興等人的歐事研究會一致。1915年11月，在形勢的推動下，李根源、程潛等人陸續自國外返回上海，籌備武裝討袁。本函所稱爲「生活問題」所窘，「大有解散」之勢的「團體」，當指歐事研究會在上海的機關。何天炯一度居住的法租界寶康里，正是程潛等歐事研究會諸人回上海的聚居之地⑦。信中，何天炯向宮崎表示：「除刻下電達尊處外，再爲函達，實希望一勺水耳。」其拮据狀態可以想見。

4月25日函云：「上海駐在之海軍有五萬元即可得其樹討賊之旗。一周前，陳其美派已與之交涉成熟，唯以中山誓約及須掛青天白日旗（中華革命黨旗也）兩問題致談判破裂，將該五萬元交回陳氏，而在上海之民黨，則無人有五萬元之能力，誠可痛也。」1915年12月6日，陳其美等曾在上海運動肇和艦起義，未成。本函表明，此後，陳其美等仍在海軍中繼續活動，已有成約，但因「誓約」及黨旗兩問題受阻。同函中，何天炯向宮崎提出五個方面的問題：1.對華外交問題；2.有現款能否買軍械；3.貴邦人士對於孫氏問題；4.孫氏在東洋之舉動；5.黃興何日回東京。五個問題中有兩個是關於孫中山的，但這並不表明何對孫的態度好轉。這一時期，何天炯應胡漢民之請，準備回粵調和革命黨人中的糾紛，動身前聽說孫中山向日本借得了一筆款子，於5月4日致函宮崎云：「聞中山處大款告成，惜弟兀傲性成，爲保全人格計，亦不能再與彼接洽耳。」表現了不願合作的態度。

5月25日函又云：「滬事現歸鈕永建君主持，唯苦於經濟，不克進行，殊可痛也。久原款事，此後想仍有希望，請先生與克强兄商酌進行，此款如告成功，則袁必多一致命傷，可斷言耳。」鈕永建是歐事研究會的主幹，他回國後，即積極推進和中華革命黨的合作。4月20日，雙方決定，上海方面的討袁活動由陳其美統一負責，鈕永建協助。5月1日，兩廣護國軍在肇慶成立都司令部，鈕永建被任命爲駐滬軍事代表。本函所言「滬事現歸鈕永建君主持」，當即指此。久原，當指日本財閥久原房之助。何天炯不願分用孫中山的借款，力圖通過宮寄另謀財源，他與孫的隔閡愈來愈深了。

經過革命黨人的運動，駐滬海軍司令李鼎新、第一艦隊司令林葆懌、練習艦隊司令曾兆麟等表示願意獨立，加入護國軍。6月19日，何天炯致宮崎函云：「海軍刻告獨立，一切生機從而醞釀。報載克强行將返滬，炯頗爲盼望。孫先生之中華革命黨暗中仍極力進行。此回海軍獨立，純是唐、鈕運動而成，而中山派見之，頗生嫉妒。哀哀孫公，權利之心老而彌篤。蚩蚩信徒，衣缽相傳，民國之禍，正未有已也。」唐，指唐紹儀，鈕，指鈕永建。儘管歐事研究會與中華革命黨已經在反袁中攜手，但何函顯示，兩派仍存在嚴重的成見和摩擦。「權利之心老而彌篤」，這是何天炯信函中對於孫中山最嚴厲的指責。

二、護法戰爭及其失敗以後

袁世凱倒台後，何天炯對孫中山的態度有所轉變，但仍然不信任。1916年 9 月10日致宮崎函云：「孫先生近來態度甚爲謹慎，外界非難之聲尙少。惜其行事，忽然積極，忽然消極，如生龍活虎，無從捉摸，則欲四萬萬人有依賴之信用也，恐不易矣。」同時，他對黃興也不滿，同函云：「黃先生對於政界，暗中十分熱心，然此刻決無出頭之望。以黃先生之資格地位，將來本爲有用之人物，惜其人好作虛言，老同志中甚爲解體，且其自身之氣欲，日見發展，是亦無良好之結果也。」但是，反袁鬥爭的勝利畢竟使何天炯看到了希望。他說：「支那雖日見墮落，然世界必日進文明，請先生勿悲觀可也。」此後，何、孫關係逐漸好轉。

1917年 6 月15日，何天炯曾至北京一行，可能是動員議員南下護法。7 月，孫中山等由上海啓程赴廣州。8 月，南下議員在廣州召開國會非常會議，決定成立中華民國軍政府。9 月，孫中山就任軍政府大元帥。10月，孫中山頒布討伐段祺瑞令，號召全國人民「討滅僞政府，還我約法，還我國會」，「還我人民主權」⑧。同月，護法戰爭開始。11月，何天炯到達廣州，孫中山命他走日爭取財政援助，但何天炯則認爲時機未到。12月 8 日致函宮崎云：「刻下支那全局，自湖北獨立，重慶收復後，形勢又復一變矣。粵中軍政府此刻惟有取穩健態度，以觀時機之變耳。中山公屢欲遣弟東來，爲經濟之運動，弟以爲此刻尙非其時，故局促於此也。」當月初，滇、黔、川護法聯軍占領重慶。接著，黎天才等組織湖北靖國軍，在襄陽宣告「自主」。但何天炯並不樂觀，主張以「穩健態度」，觀察時勢。同函又云：「陳君炯明現得督軍之允許，編練軍隊二十營（約五千人左右）。若能取漸進主義，不招當局者之大忌，則純民黨方面未始無活動之餘地。刻下此軍擬向福建出發，惜餉械不十分充足，不知先生有何良策以救助之否？」當時，孫中山受桂系軍閥威逼，感到必須有一支自己的軍隊，他爭得粵督陳炳焜的支持，以省長公署的二十營警衛軍爲基礎，建立了一支以陳炯明爲總司令的粵軍，並以護法援閩名義開入閩南。本函所述史事指此。函中，何天炯要求宮崎設去「救助」餉械，說明和孫中山新的合作關係的建立。但是，何天炯仍不同意孫中山這時的「用人」政策。10月20日函云：「刻下粵省大局，混沌中尚含危險性質，結果如何，雖神仙不能逆睹也。其原因雖由陸氏派之野蠻無識，而第一著由孫公做壞，其後種種辦法，背道而馳，如作繭自縛，使一切民黨毫無活動之餘地，則不能不咎孫公之用人不當耳。可悲可慚，民黨其從此已矣乎！」此次護法，孫中山所依靠的是唐繼堯和陸榮廷等軍閥，他們對孫中山多方掣肘，軍政府任命的六個部長，除個別人外大多不肯就職，軍政府成了空架子。何天炯批評孫中山「第一著」就「做壞」了是有道理的。果然，由於軍閥的排擠和破壞，孫中山憤而辭去大元帥職務，於1918年5月離粵經日本返滬，第一次護法戰爭宣告失敗。

爲了籌措革命經費，孫中山曾準備和日本資本家聯合開採汕頭附近的鐵礦。1917年9月，孫中山電召日人塚原嘉一郎到廣州洽談。當時，日本軍方正準備解決缺鐵問題，對此異常積極。同年末，何天炯陪山田純三郎到汕頭調查鐵礦，結果發現儲量相當豐富⑨。1918年4月間何天炯受孫中山之命赴日，進一步談判開採事宜。6月歸國，居留於上海。護法的失敗使他消沉。但1919年的「五四」運動又使他振奮起來。5月10日，他和張繼戴季陶聯名發表《告日本國民書》，揭露日本的侵略政策，呼籲日本人民從根本上改造政治組織，愛和平，重信義與世界民主文明的潮流一起前進⑩。同月15日致宮崎函云：「中日兩國人民本有親善之要素，徒爲少數握權力者迷誤其方向。日本以國家主義爲前提，故以侵略爲天職；北京則以權利爲生命，故至萬不得已時，則雖賣棄其國家而不惜。一買一賣，而東亞從此多事。爲人民者，宜如何發憤，起而糾正其迷夢，爲人道前途放一絕大光明也！」生活是最好的教師，何天炯終於認識到中日兩國反動派「一買一賣」，相互勾結的事實，這是一個重大的進步。但是，把希望建立在糾正反動派的「迷夢」上，又仍是一種幻想。信中，何天炯又說：「孫公現甚平安。唯南北和議，現又停頓，其前途安危如何，殊難逆料耳。中日風潮，影響於兩國國民自由提攜之實業者頗爲重大，眞不堪憂慮之至也。」當年2月20日，南北「和平會議」開始。5月21日，宣告最終破裂。本函作於此前，當時孫中山仍在上海。函中向宮崎傳達了孫中山的「平安」消息，顯示了何孫關係的進一步好轉。

6月7日函云：「自昨日起，滬上情形暫暫不穩，大有買賣停止之勢，民情之激昂亦可想見。不知北京、東京間之大買賣肯停止否？」6月5日，上海商界全體罷市，要求北京政府懲辦曹汝霖、章宗祥、陸宗輿等賣國賊。6日，銳利機器廠、求新機器廠、華商電車公司等工人舉行罷工。何天炯希望這種激昂的民情能夠阻止北京政府和日本政府之間的勾結。當時何天炯正繼續通過宮崎與日本資本家聯繫，除企圖開發汕頭附近的鐵礦外，又準備開發蕪湖附近的煤礦。他自稱：「拋卻政治運動，而從事於實業，，全副精神，俱注於此。」函中所言「兩國國民自由提攜之實業」，指此。在此後的通信中，大多談開礦，較少涉及時局，也就更少談到孫中山。這種情況，持續到1920年才有改變。當年4月7日，何天炯致函宮崎云：「目下滇、桂之風雲急矣。孫、唐繼堯、李烈鈞、陳炯明、王文華俱聯爲一氣，勢力亦頗不小。福建方面，則陳炯明與方聲濤正在交戰中（聞方氏既完全敗卻云）。陳氏之言曰：方氏受岑、莫之密命，特來福建監視我等之行動，若不先行剿滅，則方氏爲後顧之憂，我兵何能直入廣東耶！此亦不得已之苦衷也。陸、莫在粵，人心既去，但強盜團體，頗爲堅固，且其所處地勢，指揮亦頗敏捷，反觀孫、唐之氣焰，亦頗不小，且其兵力亦頗足包圍廣東，惜運用殊欠聯絡。總之，今日之事，尙未知鹿死誰手。若長此『沉悶』、『混沌』、『欺詐』、『分贓』、『僞和』，誠不如大破壞、大殺戮，爲少快人心也。」函中所指岑、莫，係岑春煊與廣東督軍莫榮新。自孫中山1918年離粵返滬後，廣州的護法軍政府即爲桂系把持，1920年，孫中山和唐繼堯、李烈鈞、陳炯明以及貴州將領王文華等人組成了討伐桂系的同盟。3月27日，孫中山復王文華函，指出桂系是「革新的障礙」，「若不排除而廓清之，則其進步之難，難於塡海。」⑪同時，孫中山並積極圖謀收復廣州，重建廣東革命根據地。本函所反映的正是這一形勢。何天炯支持孫中山討桂，但批評其「運用殊欠聯絡」，他對前途仍然悲觀。同年，直皖矛盾日益尖銳，戰爭有一觸即發之勢。7月9日，何天炯致函宮崎云：「敝國時局，日趨混亂。皖直兩派，終有破裂之日，而吾黨行動，自有前輩主持，弟不敢過問。然以鄙意度之，則日趨墮落，可斷言也。」這裏的前輩，雖然不單指孫中山，但顯然包括他。何天炯對孫中山的態度雖然好轉，但對孫的領導則並不放心。同月14日函云：「弟坐守此間，終覺無聊。加之直皖風雲，急轉直下，與民國前途關係至鉅，我輩已不能強，又不能弱，虛生人世，終夜思之，汗淚交流。」中國革命屢遭挫折，失敗多而成功少。本函反映了當時相當多的革命黨人的鬱悶情緒。

在不懂得革命「必須換起民眾」之前，孫中山長期縱橫捭闔於軍閥之間，依靠一派軍閥以反對另一派軍閥。1920年，爲了反對直系，孫中山力圖與皖系建立反直同盟。4月，他致函周善培，囑其與段祺瑞協商推倒徐世昌的問題。但是，段祺瑞早已成爲曹錕、張作霖等各路軍閥的眾矢之的。7月11日，直皖戰爭爆發

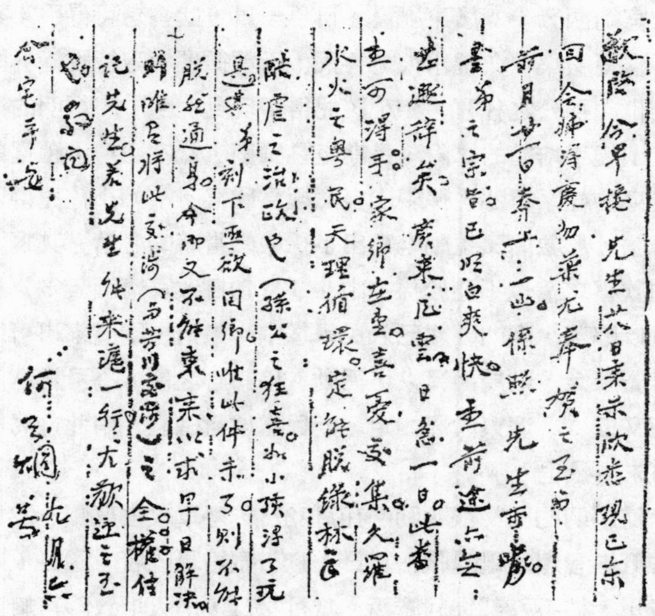

圖二十七　「孫公之狂喜，如小孩得了玩具。」——何天炯致宮崎滔天函手跡
（宮崎滔天故居藏）

，皖系旋即失敗。8月2日，何天炯致函宮崎云：「段派失敗，當然之結果也，倘不失敗，則所謂與孫聯絡者，亦表面之事耳，與民國前途無關係也。今失敗至此，民國多一革命黨，殊可喜之事也。」孫中山認爲段祺瑞「近日大有覺悟」，因此，決定與之攜手「共圖國事」⑫。但是，何天炯卻看出了段祺瑞的聯孫，不過是「表面文章」，顯然高明一些。不過，他以爲段祺瑞失敗後會成爲「革命黨」，也還是相當糊塗。

但是，就在皖系一敗塗地的時候，局勢卻突然發生了戲劇性的變化。1920年7月，桂系頭目陸榮廷在龍州召集會議，以討伐福州北軍爲名，進攻在福建的粵軍陳炯明部。8月11日，爲桂系把持的軍政府發出進攻福建的動員令。12日，陳炯明在漳州誓師，決定打回廣東。下旬，粵軍大勝，桂軍大敗。9月6日，何天炯致宮崎函云：「廣東風雲，日急一日，此番想可得手，家鄉在望，喜憂交集。久罹水火之粵民，天理循環，定能脫綠林酷虐之政治也（孫公之狂喜，如小孩兒得了玩具）。」陳炯明的粵軍是孫中山親手培植的軍隊，長期屯駐閩南，此次回粵，驅逐多年統治廣東的桂系軍閥，孫中山自然極爲欣喜。「如小孩兒得了玩具」一語，形象而又生動地寫出了孫中山當時的心情。其實，何天炯的欣喜之情也不亞於孫中山。9月19日致宮崎函云：「惠州即時可以陷落，虎門要塞已入民軍掌中。果爾，則廣東事可以大定矣；廣東定，則局面又大可活動。弟歸心之急，不可言狀。」30日函又云：「廣東大局如定，則民黨地盤確立，南北之局成，天下事未可量也。」

陳炯明的回師很順利。10月22日，粵軍攻占惠州。23日，桂系官僚岑春煊通電退職。24日，宣布撤銷軍政府。29日，粵軍攻克廣州，桂系殘部逃回廣西。11月14日，何天炯致函宮崎云：「本日晤中山先生，據云，前有兩函奉詢足下（即先生），唯至今未見復音，特囑弟順便轉詢，有無收到。茲廣東局面，已暫次歸入吾黨範圍。中山先生擬二周內即偕唐、伍兩君返粵，擬將舊日軍府維持現狀，然後逐漸改良，以圖發展，此實辛亥以來未有之機會。」唐，指唐紹儀，伍，指伍廷芳。陳炯明的勝利給了孫中山以希望，他準備回廣東重組軍政府，本函即作於此時，同函又云：「中山先生之意，擬俟返粵後，組織稍有頭緒，即遣弟東渡，與貴國朝野人士共商東亞大局之前途。弟維國家之事，先有內政，然後有外交，吾黨如果有堅固正大之團體，則世界之外交皆可轉移，豈獨日本！故弟擬即日返粵，觀察各方面之情形，或補救，或開展，然後再定行止。中山先生亦甚以爲然。」可以看出，孫中山能傾聽何天炯的意見，因此，何天炯也就積極起來了。

三、第二次護法戰爭期間

桂系被逐，國民黨人在廣東取得了立足之地。1920年11月25日，孫中山應粤軍許崇智的要求，偕唐紹儀、伍廷芳返粤。29日，恢復軍政府，宣言繼續護法。其間，何天炯也跟著到了廣州。他於12月21日致宮崎函云：「日來軍府極力整頓內政，國會重開，當必選孫公爲正式總統，貫徹主張。外間所傳孫、陳暗鬥等事，純是謠言。陳炯明亦極有覺悟，已宣誓服從孫公。湖南趙總司令恒惕及林省長支宇均完全加入盟約。唐、伍均聽指揮。滇、貴相聯，爲〔惟〕軍府之馬首是瞻。四川事亦大有希望。廣西陸榮廷則不成問題，粤軍一到，彼內部必倒戈逐之矣。如此則西南聯爲一氣，然後進窺長江，福建、浙江必首先響應，陳光遠（江西）、吳佩孚又必聯翩加入，則北方不足平也。萬歲！萬歲！」孫中山重組軍政府後，即與唐紹儀、伍廷芳、唐繼堯等聯名發表通告，宣布將以原「護法諸省爲基礎，厲行地方自治，普及平民教育，利便交通，發展實業，統籌民食，刷新吏治，整理財政，廢督裁兵」⑬。同時宣布廢除桂系在廣州假托軍政府政務會議名義所發的各種僞令。12月4日，續開政務會議，研究刷新吏治，實行建設問題。函中所言「軍府極力整頓內政」，指此。當時軍政府已與貴陽代總司令盧燾、湖南總司令趙恒惕等取得了聯繫。因此，何天炯對形勢的估計極爲樂觀，認爲進軍廣西，驅逐陸榮廷，然後揮師北伐等都已不成問題，情不自禁地連呼「萬歲」！同函中，何天炯又告訴宮崎，軍政府已決定向英、法、美各國派出代表一人。他自己大約在明年正月，出使日本。何天炯表示：「孫公視此問題極爲重大，故弟亦不能不勉爲其難，其望先生等助吾一臂。頭山、犬養兩翁均請先爲致意請安。」

孫中山急欲得到日本政府的承認和幫助，因此，多次催促何天炯啓程，但何卻認爲出行之期不宜過急。1921年1月5日函云

：「弟東來之期，現仍未有一定。中山公雖時時催弟速行，唯弟個人之愚見，實未敢驟然贊同。蓋歷觀今昔前後之外交，而不能出之冒昧者也。以弟愚見，至少程度須俟總統選舉告成之後，然後有外交之可言。」此函發出後，孫中山又接到和田的電報，催促孫中山迅速派出駐日代表。1月25日，何天炯致函宮崎云：「孫公接到和田二十二日來電云，須速派代表私語，但同人僉以此次民黨再興，對內對外均須謹慎將事，刻下貴國政府，實有危害民黨之存心，故主張不能亂派代表，以啓人輕侮之心。孫公當囑弟回復此電，弟即復以『接和田電，甚感，但派遣代表，須與各國一並發表，請轉達。』想先生早日接到此電矣。」和田，可能指和田三郎。他是日本社會黨黨員，辛亥革命前參加同盟會，與孫中山早有關係。從信中看，孫中山再一次接受了何天炯的意見，暫不宣布派遣駐日代表。同函又云：「年來貴我兩國民之感情，惡劣極矣。弟與先生雖有中日聯盟之主張，不知何日可能實現？念之不勝憤慨。然刻下則時機已到，倘貴政府仍恃强爲生，則人類幸福，必無可希望也。」從孫中山開始革命之日起，就一直期望得到日本政府的幫助，然而得到的總是失望。他們逐漸對日本政府的政策有了認識。何天炯此函就是這一覺悟的表現。

軍政府成立後，形勢逐漸穩定。2月6日，孫中山授意何天炯發電邀請宮崎訪粵。3月12日，宮崎到達廣州，萱野長知同行。13日，何天炯陪宮崎拜謁史堅如墓，參加孫中山主持的歡迎宴會。14日，何天炯送宮崎到香港。第二天，宮崎又送何天炯回廣州。二人依依難捨。18日，宮崎到達上海。3月20日，何天炯致宮崎及萱野長知函云：「先生此回來去之匆忙，中日人士諸多誤解，甚有不勝驚訝者，眞不堪一笑也。東亞之風雲眞迫切矣。此回吾黨能否活動，全靠兩先生之力，敬候好音。」看來，孫中山邀請宮崎訪粵，並不是爲了敘舊，而是有所委託，希望他代爲向日本資本家借款，以解決財政困難。

4月7日，國會非常會議選舉孫中山爲非常大總統。4月9日，何天炯致函宮崎云：「此間各界人心，完全一致。唐繼堯氏當時雖甚贊成，然時爲政學會人極力煽惑，故時持兩可之說。今則爲其部下諸將領力勸其附從孫氏，始有回復勢力與名譽之望。故唐氏至今日，對於孫氏，極其信仰，毫無問題發生也。」對孫中山，唐繼堯一直首鼠兩端。1921年2月，唐繼堯被第一軍軍長顧品珍驅逐，蟄居香港。孫中山派人邀請來粵，給以禮遇。這時唐繼堯正處於困境，自然力圖利用孫中山。何函稱：「其部下諸將領力勸其附從孫氏，始有回復勢力與名譽之望」，這是事實。但是以爲他對中山已經「極其信仰，毫無問題」，則是被其假象騙住了。函中，何天炯還提到了唐紹儀：「唐氏以要求內閣總理一席爲條件，此事非獨孫氏不承認，我輩亦不之許，現已敬鬼神而遠之矣。」5月6日，孫中山任命唐爲財政總長，唐不就職。過去，人們通常認爲，唐紹儀不贊成孫中山的政治主張，所以不應就職。本函透露的情況爲研究者提供了內幕。

除了孫、唐矛盾之外，還有孫中山和陳炯明之間的矛盾。4月18日，何天炯致宮崎函云：「粵中自選出大總統後，人心甚爲踴躍。惟困於經濟，未定何日就職（大約五月初頭可就職），因此反生出許多謠言，謂孫、陳不和云云，其實皆爲北京偵探利用此等難局而施其手段耳。然則財政問題，誠粵中今日生死問題也。」4月7日，孫中山被選爲非常大總統，但是，卻未能立即就職，其原因，固在於經濟，也在於陳炯明的反對。最初，陳炯明反對選舉孫中山爲大總統，後來又主張暫不就職。何天炯以爲孫、陳不和是「北京偵探」製造的「謠言」，這是不了解內情的結果。但他認爲「財政問題」爲粵中「生死問題」，則是道出了部分實情的。

宮崎返日後，即積極向日本資本家活動，爲此，何天炯於7月8日致函宮崎表示感謝，函中云：「先生所示各函，鄙俱轉達孫公，深以先生熱誠宏願，比之歲寒松柏，其人格尤蒼健無匹云云，此誠吾黨臨風感激無已者也。」當時，正值日輪小川丸運輸接濟桂系軍閥槍械一事被發現，廣州各界掀起抗議和抵制日貨運動。此事給予孫中山的外交政策以很大影響，何天炯在信中告訴宮崎：「唯此間自小川丸事件發＜生＞以來，對於貴國外交，甚抱悲觀即如孫公對於東亞大局有偉大之計劃者，亦云日本外交，不求其助，只希望不爲我害，即大成功也。」在很長時期內，孫中山一直對日本政府存有不切實際的幻想，至此，算是覺悟了。

爲了徹底消滅桂系軍閥，孫中山於6月18日下達討伐陸榮廷令。李烈鈞響應號召，於桂西北成立滇黔贛討陸聯軍總司令部，準備進軍桂林、柳州等地。7月19日，何天炯致函宮崎云：「此間諸情，尙稱順手。唯李烈鈞氏所部，因軍餉缺乏，行動遲緩，不能即日前來援桂，友人多爲之扼腕者。然李氏在今日之時局實有重大之關係。蓋將來湖南、武漢之先鋒隊，不能不賴於此君。且李氏歷年飽嘗憂患，故對於孫公，頗能改其平日冷淡之態度，而極其誠服，而孫公亦傾誠相結，此眞可爲吾黨前途欣幸者。」反袁鬥爭時期，李烈鈞與黃興的觀點接近，因而也沒有參加中華革命黨。自此，即與孫中山疏遠。但是，共同的革命目標終於使二人再度結合。何天炯爲之慶幸，並盛贊孫中山的「傾誠相結」，說明何天炯對孫中山的態度也有了根本的變化。

宮崎一直希望何天炯儘早訪日，和資本家直接洽談，但何則由於經濟困難，遲遲不能成行。7月19日，何天炯致函宮崎云：「目下小弟之境遇，有種種之障礙（以經濟爲絕大之原因，慚愧慚愧），實未能即日東行，雖中山公亦無如此問題何耳。」信中，何天炯表示，希望宮崎偕日本企業家到廣東遊歷調查，親自來看看「此間之眞象」。何天炯透露，日本台灣總督府參事官池田正在與廣東財政廳接洽，願出「民間資本」3000萬元作爲開發海南島事業之用。同函，何天炯提出海南島開發、廣州大沙頭商場以及士敏土廠改良等三項事業供宮崎考慮。

同日，何天炯接宮崎 7 月10日函，即持函見孫中山。孫中山讀後，很高興，對天炯的東行任務作了明確的交代：「汝東行之事，余無日不希望早日實現之者，唯此番正式政府成立，汝須以代表政府之名義往，方爲鄭重。因此，汝之任務，固不在實業，尤不在借款。汝之任務，在宣傳新政府光明正大之宗旨於日本朝野上下，告於今後貴政府不可對於東方有侵略及包辦之野心。非獨不可有此野心之進行，即如從前二十一條之不當要挾，亦須一律取消。如此，則彼我兩國，方有經濟提攜及種種親善之可言。若一部分之小小實業問題，固無須政府特派代表以爲之。且日本若不改變侵略政策，則小小實業亦不易成功，雖或能進行於初，其後亦必有困難之日。且以目下之情形而論，若政府貿然與日本生特別之關係（即經濟及借款），則政府必受人民之攻擊，或宣告死刑焉。蓋以段祺瑞之强，其倒斃即在向敵人乞款以殺同胞，此皆可爲殷鑒之事。」孫中山指示何天炯，東行的任務「不在實業，尤不在借款」，要他轉告日本政府，從此不可「對於東方有侵略及包辦之野心」，只有在這種條件下，中日才有「經濟提攜及種種親善之可能」。這段標誌著孫中山外交政策和外交思想的重大轉折和進步。孫中山又對何天炯說：你此次東行，至少須有一萬元才能出發，刻下總統府財政頗爲困難，你外間有無友人或商人可以借貸？若有，可由政府出名，或擔保。何在信中對宮崎稱「鄙人聞孫公之言，乃有三種感觸：一、甚佩孫公之言；二、甚憐孫公之遇；三、甚惜今之人借公爲私，公款不用於公事。想先生亦有此感慨耳。」

不僅何天炯的訪日經費無法解決，連他打一封電報給宮崎的錢都沒有。上函兩天後，何天炯再致宮崎一函，仍然敦促他陪同日本資本家南來。當時，粵軍正在勝利地進行討伐陸榮廷的戰爭。函中說：「弟意廣西問題，總可早日解決，因此資本家之熱度必又增高一番。故弟意先生處如有確實可靠之資本家，則總以促其早日南來爲是。然非與先生同來，則弟等亦頗難相信。」對何天炯的囑托，宮崎曾努力進行，並且找到了一個願意投資的資本家。8月5日，何天炯致宮崎函云：「昨日接奉手示，當經轉呈孫先生閱悉，深感先生熱心毅力。此刻極盼先生攜該有力者欣然來粵。」

討桂戰爭進展迅速。8月13日，滇、粵、贛各軍攻克桂林。21日，何天炯致宮崎函云：「廣西問題完全解決，兩湖之風雲又急，孫公之焦心，蓋可知也。」當年7月，湖北紳商發動「驅王運動」，反對軍閥王占元的統治。21日，湖南總司令趙恒惕以「援鄂」爲名，調集軍隊向湖北進軍。25日，直系軍閥在保定開會，決定「出死力」支援王占元。8月9日，徐世昌任命吳佩孚爲兩湖巡閱使，湘鄂之戰發展爲湘直之戰。17日，兩軍在咸寧、汀泗橋等地發生激戰，湘軍失利。函中所稱「兩湖之風雲又急」，指此。「孫公之焦心，蓋可知也。」何天炯已經與孫中山憂樂與共了。但「援鄂」戰爭很快結束，何天炯的興奮中心再次轉到外交及北伐等問題上。9月15日致函宮崎云：「粵政府雖日見發達强固，而對於日本外交則甚爲冷淡。受欺詐迫害之結果，無論若何之外交能者，恐亦不能疏通此鴻溝也。」9月21日函云：「出兵長江問題，本年內必見諸事實。今日雖盛倡中山出馬之說，但事機成熟之時，則陳炯明氏必自告奮勇，而使中山坐守兩粵。此雖弟今日推切之辭，然十必中八、九也。（反面言之，若事機而未成熟，則不許中山出馬，此又陳氏自信之計劃也。）」

關於日本資本家來粵問題，何天炯表示：「蓋今日之大問題，在中日間之惡感未除，粵政府爲維持人心計，決不敢公然向日本生若何之關係。反之，日本資本家則必向安全有擔保處，然後投資，此爲不能溝通一氣之大原因也，」何天炯要求，宮崎前談之資本家，能早日來粵。

9月28日函云：「近來米國方面，對於粵政府多有優禮之表示，倘兵力能及武漢，則先承認新政府者，必此君也。弟東行之期雖未定，然局面日開展，則出發之期亦不遠矣。」孫中山當選為非常大總統後，駐粵美領事曾於6月28日拜會孫中山，隨後又到處交部拜會伍廷芳、伍朝樞。這些舉動，給了何天炯以錯覺，認為是美國政府對於「粵政府」的「優禮」，並且真地設想到北伐占領武漢後美國首先承認的問題。何天炯的這種樂觀情緒一直維持到1922年上半年。當年5月29日函云：「粵中政局，甚為平安，決不致如外間新聞電報等之妄為猜度者。今江西軍事，又日有進步。陳炯明氏亦覺悟自身前途，若長與孫公分離，則為取敗之道。且廣西匪亂頗亟，足使一般人心浮動，故陳氏已翻然允諾，擔任剿匪事宜。孫公亦披誠相結。大約二、三日內，陳氏當由惠州回省任事矣。如此，則前方討賊軍，更可安心直進。此為吾黨一大事件之解決，請寬錦念可也。」4月16日，孫中心在梧州召開擴大軍事會議，決定出師江西，各軍集中韶州，即以韶州為大本營。但陳炯明拒不參加梧州會議，並電辭本兼各職。4月21日，孫中山下令免除陳炯明的廣東省長、粵軍總司令、內務部長等職務，僅保留陸軍部長一職。當晚，陳炯明偕粵軍總部人員退居惠州。為了爭取陳炯明參加北伐，孫中山於4月23日親返廣州，並派員勸告陳炯明回省。5月6日，孫中山親赴韶關督師。24日，致電陳炯明的部屬葉舉等，告以對陳，「始終動以至誠」。29日，任命陳「辦理兩廣軍務」。函中所稱：「孫公亦披誠相結」，指此。同函中，何天炯表示，休對時局，「再抱一積極奮鬥之願」，準備在兩廣鹽務或廣東財政方面，擔任一項職務。他要宮崎向日本資本家運動借款時，說明粵中情況，打消顧慮。

也許是何天炯不了解情況，也許是他為了爭取日本資本家投資而有意隱瞞。事實是，陳炯明並沒有「覺悟」，而是在本函發出的半個月之後，就發動了叛亂。它碾碎了孫中山的北伐夢，也碾碎了何天炯「積極奮鬥」的願望。不久，何天炯「攜眷歸里，養親讀書」⑭。同年12月6日，宮崎滔天逝世。

何天炯的隱居生活並沒有持續多久。1923年，孫中山第三次開府廣州。次年，何天炯出任大本營參議。1925年，再次被孫中山派赴日本。不久，孫中山逝世，何天炯「頓觸山頹梁壞之感」⑮，同年病逝。

綜觀何天炯的一生，可以看出，他和孫中山的關係經歷了一個曲折的過程。最初，他是孫中山革命事業的積極支持者和參加者；中間，因觀點分歧而對孫中山持激烈批評態度；最後，拋棄嫌隙，分歧消融，再次共同奮鬥。這一過程，表現了何天炯對孫中山認識的深化，也表現了孫中山思想作風的改進和提高。如果說，中華革命黨時期，孫中山處事有時不免失之於片面和偏激，那末，到了廣州時期，歷經磨練之後，就日益恢宏大度了。革命同志之間，貴在能顧全大局，在堅持革命的長途中消融矛盾，共同提高。這一方面，何天炯與孫中山的關係是一個很好的範例。

（原載《歷史研究》，1987年第5期）

【註 釋】

① 本文與狹間直樹合作。1985年6月，楊天石訪問東京宮崎舊居時，承宮崎智雄、宮崎蕗苳夫婦等盛情接待，得以見到這批信札。與此同時，狹間直樹從已故《宮崎滔天全集》的編者小野川秀美、近藤秀樹的遺物中，發現了這批信札的復印件，並蒙宮崎夫婦惠允利用。現值本文發表之際，謹致謝忱。

② 日本外務省案，MT16141, 2037-2503。

③ 《黨員誓約書》第28號，見萱野長知：《中華民國革命秘笈·附錄》。

④ 《中華革命黨革命方略討論會議紀錄》，《革命文獻》第45輯，台北版，第9、15頁。

⑤ 《雪生年錄》。

⑥ 還在1913年10月17日致宮崎民藏函中，滔天就曾以「神樣」一詞諷刺孫中山，見《宮崎滔天全集》第 5 卷，第 393-394 頁。參見狹間直樹：《孫文思想中的民主與獨裁》，《東方學報》第58冊，第 334 頁。

⑦ 程潛：《護國之役前後回憶》，《文史資料選輯》，第48頁，第15頁。

⑧ 《明正段祺瑞亂國盜權罪通令》，《孫中山全集》第 4 卷，中華書局版，第 209 頁。

⑨ 參見櫻井眞清：《秋山眞之》第263-264頁，秋山眞之會，1933年 2 月刊。

⑩ 藤本博生：《日本帝國主義與五四運動》，同朋舍版。

⑪ 《孫中山全集》第 5 卷，第 236 頁。

⑫ 《批姚畏青函》，《孫中山全集》第 5 卷，第 264 頁。

⑬ 《建設方針宣言》，《孫中山全集》第 5 卷，第 441 頁。

⑭ 《何天炯事略》，中國第二歷史當案館藏，三十四，726 。

⑮ 同前註。

中山艦事件之謎

1926年3月20日在廣州發生的中山艦事件，撲朔迷離，它的許多疑團至今尚未解開。本文擬探討這一事件發生前後的眞實過程，以進一步揭開中山艦事件之謎。

一、「三·二〇」之前蔣介石的心理狀態

中山艦事件後，蔣介石曾多次談到有關經過，但是，他吞吞吐吐，欲言又止。6月28日，他在孫中山紀念周上演說稱：「若要三月二十日這事情完全明白的時候，要等到我死了，拿我的日記和給各位同志答復質問的信，才可以公開出來。那時一切公案，自然可以大白於天下了。」①現在，該是對這樁公案徹底清理的時候了。下面，就我們所能見到的蔣介石這一時期的部分日記及有關信件、資料，對它進行一次考察。

根據日記、信件等資料，自1926年1月起，蔣介石和蘇俄軍事顧問團團長季山嘉以及汪精衛之間的矛盾急劇尖銳。先是表現在北伐問題上，後又表現在黃埔軍校和王懋功第二師的經費增減問題上。

1925年末，蔣介石從汕頭啓程回廣州，參加國民黨第二次全國代表大會，主張立即北伐。12月28日日記云：「預定明年8月克復武漢」②。1926年1月4日，他在國民政府春酌中發表演說：「從敵人內部情形看去，崩潰一天快似一天。本黨今年再加努力，可以將軍閥一概打倒，直到北京」③。兩天後，他在向大會所作的軍事報告中又聲稱：「再用些精神，積極整頓，本黨的力量就不難統一中國」，「我們的政府已經確實有了力量來向外發

展了」④。季山嘉反對蔣介石立即北伐的主張。他在黃埔軍校會議上以及在和蔣介石的個別談話中，都明確表示過自己的意見。這些意見，從顧問團寫給蘇聯駐華使館的報告中可以知其梗概。該報告認爲：「國民黨中央缺乏團結和穩定。它的成員中包含著各種各樣的成份，經常搖擺不定」；又說：「軍隊缺乏完善的政治組織，將領們個人仍然擁有很大的權力。在有利的情況下，他們中的部分人可能反叛政府，並且在國民黨右翼的政治口號下，聯合人口中的不滿成份。另一方面，國民革命軍何時才能對北軍保持技術上的優勢還很難說。當然，革命軍的失敗將給予廣州內部的反革命以良機。」⑤文件未署名，但季山嘉身爲顧問團團長，報告顯然代表了他的意見。據此可知，季山嘉和顧問們認爲，由於政治、軍事等方面的條件還不成熟，因此，北伐應該從緩。然而，蔣介石容不得反對意見，二人的裂痕由此肇端。

但是，這一時期，蔣介石與季山嘉之間的關係還未徹底破裂。1月中旬奉、直軍閥在華北夾攻馮玉祥的國民軍。爲此，季山嘉提出兩項建議：1.由海道出兵往天津，援助國民軍；2.蔣介石親赴北方練兵。其地點，據說是在海參崴⑥。對於這兩項建議，汪精衛贊成，蔣介石最初也同意。1月20日日記云：「往訪季山嘉將軍，商運兵往天津援助事。」28日日記又云：「往訪季山嘉顧問，研究北方軍事、政治進行。余實決心在北方覓得一革命根據，其發展效力必大於南方十倍也。」然而，蔣介石很快就改變了態度。2月6日，軍事委員會會議議決黃埔軍校經費30萬元，王懋功第二師經費12萬元。7日，軍校經費減至27萬元，王懋功第二師經費則增至15萬元。此事引起蔣介石的疑忌，懷疑是季山嘉起了作用⑦。當日，蔣介石和季山嘉進行了一次談話。從有關資料看，季山嘉擔心中國革命重蹈土耳其的覆轍，對國民革命軍軍官的素質表示不滿，對蔣介石也有委婉的批評。蔣介石「意頗鬱鬱」，抱怨蘇俄顧問「傾信不專」，在日記中說：「往訪季山嘉顧問，談政局與軍隊組織，語多規諷，而其疑懼我之心，亦昭然若揭。」季山嘉覺察到了蔣介石的不滿，曾於事後立即向汪精衛表示：「我等俄國同志，若非十二分信服蔣校長，則我等斷不致不遠萬里而來，既來之後，除了幫助蔣校長，再無別種希望。」又稱：「至於其他一切商榷，我等既意存幫助，則當知無不言，言無不盡，此正由十二分信服，故如此直言不隱。若蔣校長以爲照此即是傾信不專，則無異禁我等不可直言矣。」⑧季山嘉的這一態度，柔中有剛，一方面表示「信服」蔣校長，「幫助」蔣校長，另一方面又毫不妥協地聲明，在有不同意見時應該「直言不隱」。汪精衛隨即於8日致函蔣介石，將季山嘉的上述表態源源本本地告訴了他。蔣介石的直接反應是，決定辭去一切軍職。8日，蔣介石表示不就軍事總監一職；9日，呈請辭去軍事委員會委員及廣州衛戍司令職務，並草擬通電稿。11日日記提出有兩條路可走，一條是「積極進行，衝破難關」，一條是「消極下去，減輕責任，以爲下野地步」，並云：「蘇俄同事，疑忌我，侮弄我，或非其本懷，然亦何爲而然？」13日，日記中突然有了準備赴俄的記載：「如求進步，必須積極，否則往莫斯科一遊，觀察蘇聯情況，以資借鏡。」

在蔣介石與季山嘉的矛盾中，汪精衛支持季山嘉。國民黨第二次全國代表大會期間，蔣介石提出北伐問題，汪精衛曾表示同意，並開始準備經費，但不久轉而贊同季山嘉的意見。二大未就北伐問題作出任何決定。2月8日，汪精衛在向蔣介石轉述季山嘉態度的信函中，又盛贊季山嘉「說話時，一種光明誠懇之態度，令銘十分感動」，要蔣介石創造條件，使季山嘉等能夠「暢所欲言，了無忌諱，了無隔閡」⑨。對於蔣介石的辭職，汪精衛則一再挽留，2月9日函云：「廣州衛戍司令職，弟實不宜辭，是否因經費無著？此層銘昨夜曾想及，故今晨致弟一電，請開預算單。」⑩12日再致一函云：「以後弟無論辭何職，乞先明以告我。如因兄糊塗，致弟辦事困難，則兄必不吝改過。」⑪14日，汪精衛並親訪蔣介石，從上午一直談到晚上，勸他打銷辭意⑫。但是，蔣介石毫不動心。19日，蔣介石向汪精衛正式提出「赴俄休養」一事。當日日記云：「余決意赴俄休養，研究革命政理，以近來環境惡劣，有加無已，而各方懷疑漸集，積怨叢生，部下思想不能一致，個人意向亦難確定，而安樂非可與共，劬勞訖（？）可小休。綜此數因，不得不離粵遠遊也。」同日，季山嘉到蔣介石寓所訪問，談話中，蔣介石透露了「赴俄」的意圖，並且觀察季山嘉的反應，於日記中寫下了「狀似不安」四字。大約在此期間，蔣介石擬派邵力子赴北京，請鮑羅廷回粵。隨後又致電鮑羅廷，要求撤換季山嘉。

2月24日，國民政府成立兩廣統一委員會，任命汪精衛、蔣介石、譚延闓、朱培德、李濟深、白崇禧爲委員，將廣西軍隊改編爲第八軍、第九軍，以李宗仁、黃紹竑爲軍長。此事進一步引起蔣介石的疑忌，他認爲廣東有六個軍，照次序，廣西軍隊應爲第七、第八軍。但是，現在卻將第七軍的建制空下來，必然是季山嘉企圖動員王懋功背叛自己，然後任命他爲第七軍軍長⑬。於是，蔣介石於26日以迅雷不及掩耳的手段將王懋功扣留，任命自己的親信劉峙爲第二師師長。當日日記云：「此人（指王——筆者）狡悍惡劣，惟利是視」，「其用心險惡不可問，外人不察，思利用以倒我」，「故決心驅除之」。次日，將王抽送赴滬。

王懋功政治上接近汪精衛，王部是汪可以掌握的一支武裝力量。蔣介石驅王之後，覺得心頭一塊石頭落了地。當日在日記中得意地寫道：「凡事應認明其原因與要點。要點一破，則一切糾紛不解自決。一月以來，心境時刻戰兢，至此稍獲安定，然而險危極矣。」他找到汪精衛，聲言季山嘉「專橫矛盾，如不免除，不惟黨國有害，且必牽動中俄邦交。」又稱：「如不準我辭職，就應令季山嘉回俄。」下午，季山嘉在和汪精衛議事時，表示將辭去顧問職務。蔣介石在日記中對此稱：「不知其尙有何作用也？」

儘管蔣介石在驅除王懋功問題上取得了勝利，但仍然疑慮重重，覺得自己處於極爲危險的境地。3月5日日記云：「單槍片馬，前虎後狼，孤孽顚危，此吾今日之環境也。」3月7日，劉峙、鄧演達二人告訴蔣介石，有人以油印傳單分送各處，企圖掀起「反蔣」運動，這更增加了蔣介石的危險感，覺得有人在陷害他，企圖把他搞掉。3月10日日記云：「近日反蔣運動傳單不一，疑我、謗我、忌我、誣我、排我、害我者亦漸明顯，遇此拂逆精神打劫，而心志益堅矣。」這時，蔣介石和季山嘉的矛盾更形尖銳，以致於公然「反臉」⑭。12日，季山嘉和他討論北伐問題，他居然「力闢其謬妄」⑮。蔣介石曾同意季山嘉由海路運兵往天津的計劃，此時卻認爲這是「打消北伐根本之計」，與孫中山的「北伐」之志完全「相反」⑯。對於季山嘉勸他往北方練兵的建議，更認爲是心懷叵測，是有意設法使他離開廣東，「以失軍中之重心，減少吾黨之勢力」⑰。「赴俄休養」本來是蔣介石自己提出的，而當汪精衛爲了緩解他和季山嘉的矛盾，同意這一要求，催其「速行」⑱時，蔣介石卻又恐懼起來。3月14日，蔣介石和汪精衛談話後，在日記中寫道：「頃聆季新言，有諷余離粵意，其受讒已深，無法自解，可奈何！」3月15日日記云：「憂患疑懼已極，自悔用人不能察言觀色，竟困於垓心〔下〕，天下事不可爲矣！」這一時期，他和秘書陳立夫的赴俄護照也得到批准⑲，就使他更加惶惶然了。

正是在這種狀態下，右派乘虛而入，利用蔣介石多疑的心理，制造謠言和事端，以進一步挑起蔣介石和汪精衛、季山嘉以及共產黨人之間的矛盾。

二、中山艦調動經過

要揭開中山艦事件之謎，還必須查清中山艦調動經過。

根據黃埔軍校管理科交通股股員黎時雍的報告，事件的開始是這樣的：「18日午后6時半，孔主任因外洋定安火輪被匪搶劫，飭趙科長速派巡艦一隻，運衛兵16名前往保護。職奉令後，時因本校無船可開，即由電話請駐省辦事處派船以應急需，其電話係由王股員學臣接。」⑳孔主任，指黃埔軍校校長辦公廳主任孔慶叡。趙科長，指黃埔軍校管理科科長趙錦雯。定安輪是由上海開到廣州的商輪，因船員與匪串通，在海上被劫，停泊於黃埔上游㉑。根據黎時雍的上述報告，可知當時調艦的目的在於保護商輪，最初並沒有打算向李之龍管轄的海軍局要艦，更沒有指定中山艦開動，所求者不過「巡艦」（巡邏艇）一隻，衛兵16名而已。只是由於黃埔軍校「無船可開」，才由黎時雍自作主張，向黃埔軍校駐省辦事處，請求「速派船來，以應急需」。

駐省辦事處接電話的是交通股股員王學臣。他事後的陳述是：「3月18日午後6時30分，接駐校交通股黎股員時雍電話云：因本晚由上海開來定安商輪已被土匪搶劫。現泊黃埔魚珠上游。奉孔主任諭，派衛兵16名，巡艦一隻，前往該輪附近保護，以免再被土匪搶劫。職因此時接電話聽不明了，係奉何人之諭，但有飭趙科長限本夜調巡洋艦一二艘以備巡查之用。職當即報告歐陽股長……想情係教育長之諭，故此請歐陽股長向海軍局交涉。」㉒歐陽股長，指黃埔軍校管理科交通股股長兼駐省辦事處主任歐陽鐘。根據上述報告可知，向海軍局要艦的是王學臣，所謂鄧演達「教育長之諭」則是是因爲電話聽不清，「想情」之故。至於艦隻規模，也因「想情」之故，由「巡艦」而上升爲「巡洋艦一二艘」了。

歐陽鐘得到王學臣的報告後，即親赴海軍局交涉。當時，海軍局代局長李之龍因公外出，由作戰科科長鄒毅面允即派艦隻一二艘前往黃埔，聽候差遣。此後，據歐陽鍾自稱，他「於是即返辦事處」㉓。而據海軍局的《值日官日記》則稱：「因李代局長電話不通，無從請示辦法，故即著傳令帶同該員面見李代局長，面商一切」㉔。又據李之龍夫人報告：當夜，有三人到李之龍家，因李仍不在，由李之龍夫人接待，「中有一身肥大者」聲稱：「奉蔣校長命令，有緊急之事，派戰鬥艦兩艘開赴黃埔，聽候蔣校長調遣」，同時又交下作戰科鄒科長一函，中稱：已通知寶壁艦預備前往，其餘一艘，只有中山、自由兩艦可派，請由此兩艦決定一艘。李之龍歸來閱信後，即去對門和自由艦艦長謝崇堅商量，因自由艦新從海南回省，機件稍有損壞，李之龍決定派中山艦前往。當即一令給該艦代理艦長章臣桐㉕。同夜10時餘，黃埔軍校校長辦公廳秘書季方接到歐陽鐘電話，據稱：向海軍局交涉之兵艦，本晚可先來一艘（即寶壁艦），約夜12時到埔，請囑各步哨不要誤會。季方當即詢問因何事故調艦，抑奉何人之命交涉，答稱：係由本校黎股員時雍電話囑咐，請保護商輪之用。㉖

19日晨6時，寶壁艦出口。7時，中山艦出口。同日晨，梅軍局參謀廳作戰科科長鄒毅要求歐陽鐘補辦調艦公函，歐陽鐘照辦。此函現存，內稱：「頃接黎股員電話云：奉教育長諭，轉奉校長命，著即通知海軍局迅速派兵艦兩艘開赴黃埔，聽候差遣等因，奉此，相應通知貴局迅速派兵艦兩艘爲要。」㉗中山艦於上午9時開抵黃埔後，代理艦長章臣桐即到軍校報到，由季方委派副官黃珍吾代見。章出示李之龍命令，略稱：派中山艦火急開往黃埔，歸蔣校長調遣。該艦長來校，乃爲請示任務。並稱：若無十分重要事情，則給其回省，另換一小艦來候用。黃珍吾當即報告鄧演達，鄧謂並無調艦來黃埔之事，但他「公事頗忙」，命黃轉知該艦長聽候命令㉘。

當時，以聯共（布）中央委員布勃諾夫爲團長的蘇聯使團正在廣州考察。中山艦停泊黃埔期間，海軍局作戰科鄒科長告訴李之龍，因俄團考查團要參觀中山艦，俄顧問詢問中山艦在省河否？李之龍即用電話請示蔣介石，告以俄國考查團參觀，可否調中山艦返省，得到蔣介石同意，然後李之龍便電調中山艦回省㉙。

中山艦的調動經過大體如上。這一經過至少可以說明以下幾點：

1.中山艦駛往黃埔並非李之龍「矯令」，它與汪精衛、季山嘉無關，也與共產黨無關。多年來，蔣介石和國民黨部分人士一直大肆宣傳的；所謂「陰謀」說顯然不能成立。

2.蔣介石沒有直接給海軍局或李之龍下達過調艦命令。因此，所謂蔣介石下令調艦而又反誣李之龍「矯令」說也不能成立。

3.中途加碼，「矯」蔣介石之令的是歐陽鐘。他明明去了李之龍家裏，卻在事後隱匿有關情節；他在海軍局和李之龍夫人面前聲稱「奉蔣校長命令」調艦，而在給作爲校長辦公廳秘書的季方的電話裏，卻只能如實陳述；在給海軍局的公函裏，他清楚地寫著要求「迅速派兵艦兩艘」，而在事後所寫的報告和供詞中，又謊稱只是「請其速派巡艦一、二艘」㉚，有意含糊其詞。因此，歐陽鐘是中山艦事件的一個重要干係人物。此人是江西宜黃人，1925年5月任軍校代理輜重隊長，不久改任少校教官，其後又改任管理科交通股股長兼軍校駐省辦事處主任。他是孫文主義學會骨幹、海軍軍官學校副校長歐陽格之侄㉛。了解了他的這一身份，將有助於揭開中山艦事件之謎。

三、蔣介石的最初反應和「三·二〇」之後的日記

據蔣介石自述：3月19日上午，「有一同志」在和蔣介石見面時曾問：「你今天黃埔去不去？」蔣答：「今天我要去的。」二人分別之後，到九點、十點，「那同志」又打電來問：「黃埔

什麼時候去？」如此一連問過三次。蔣介石覺得有點「稀奇」了：「為什麼那同志，今天總是急急的來問我去不去呢？」便答復道：「我今天去不去還不一定。」蔣介石所說的「有一同志」，他當時表示名字「不能宣布」，但實際上指的是汪精衛。到下午一點鐘的時候，蔣介石又接到李之龍的電話，請求將中山艦調回省城，預備給俄國參觀團參觀。蔣介石當即表示：「我沒有要你開去，你要開回來，就開回來好了，何必問我做什麼呢？」此後，蔣介石愈益感到事情蹊蹺：「為什麼既沒有我的命令要中山艦開去，而他要開回來為什麼又要來問我？」「中山艦到了黃埔，因為我不在黃埔，在省裏，他就開回來省城。這究竟是什麼一回事。」㉜當日，蔣介石有這樣一段日記：「上午，準備回汕休養，而乃對方設法陷害，必欲使我無地容身，思之怒髮衝冠。下午五時，行至半途，自忖為何必欲微行，予人以口實，氣骨安在？故決回東山，犧牲個人一切以救黨國也，否則國魂銷盡矣。終夜議事。四時詣經理處，下令鎮壓中山艦陰謀，以其欲擺布陷我也。」蔣介石的這一段日記提出了一個重要事實，就是，他在判斷所謂「擺布陷我」的陰謀之後，最初的反應是離開廣州退到他所掌握的東征軍總指揮部所在地汕頭。已經行至半途了，才決定返回，對中山艦採取鎮壓措施。蔣介石這一段記載，證以陳肇英、陳立夫、王柏齡等人的回憶，當是事實。陳肇英時任虎門要塞司令，他在《八十自述》中回憶說：3月19日，蔣介石專使密邀陳肇英、徐桴（第一軍經理處處長）、歐陽格三人籌商對策。「當時蔣校長顧慮共產黨在黃埔軍校內，擁有相當勢力，且駐省城滇軍朱培德部，又有共黨朱德統率之大隊兵力，㉝且獲有海軍的支持，頗非易與，主張先退潮、汕，徐圖規復。我則主張出其不意，先發制人，並請命令可靠海軍，集中廣九東站待變，以防萬一。初時蔣校長頗為躊躇，且已購妥開往汕頭之輪『廬山丸』艙位。迨車抵長堤附近，蔣校長考慮至再後，終覺放棄行動，後果殊難把握，亟命原車馳回東山官邸，重行商討，終於採納我的建議，布置反擊」㉞。陳立夫則稱：「汪先生謀害蔣先生」，「蔣先生發覺了這個陰謀，很灰心，要辭職，要出亡」。19日那天，檢點行李，帶他坐了汽車到天字碼頭，預備乘船走上海。在車上，他勸蔣先生幹，「有兵在手上爲什麼不幹？」㉟又稱：「昔秦始皇不惜焚書坑儒，以成帝業。當機立斷，時不可失。退讓與妥協，必貽後悔」㊱。汽車到了碼頭，「蔣先生幡然下決心，重復回到家中發動三月二十日之變。」㊲陳肇英和陳立夫的回憶在回汕頭或去上海上雖有差異，但在蔣介石一度準備離開廣州這一點上卻和蔣介石的日記完全一致。這說明蔣介石當時確實相信有一個「擺布」、「陷害」他的陰謀，否則，他是不必在自己的親信面前演出這一場戲的。

關於此，還可以在蔣介石「三・二〇」之後的日記和其他資料中到證明。

20日晨，根據蔣介石命令，採取了一系列措施：全城戒嚴；逮捕李之龍等共產黨員50餘人；佔領中山艦；包圍省港罷工委員會，收繳工人糾察隊的槍械。與此同時，蘇俄顧問也受到監視，衛隊槍械被繳。21日，汪精衛致函國民黨中央委員會請病假，聲稱「甫一起坐，則眩暈不支，迫不得已，只得請假療治」，所有各項職務均請暫時派人署理㊳。當日傍晚，蔣介石去探視汪精衛，日記云：「傍晚，訪季新兄病。觀其怒氣勃然，感情衝動，不可一世。甚矣，政治勢力之惡劣，使人無道義之可言也。」

22日，國民黨中央委員會在汪精衛寓所召集臨時特別會議。會議上，汪精衛對蔣介石擅自行動表示了不滿，會議決定：「工作上意見不同之蘇俄同志暫行離去」；「汪主席患病，應予暫時休假」；「李之龍受特種嫌疑，應即查辦」㊴。會後，汪精衛即隱居不知去向。25日，蔣介石日記云：「4時後回省，與子文兄商議覓精衛行蹤不可得。後得其致靜江兄一書，謂余疑他、厭他，是以不再負政治之責任。彼之心蹟可以知矣。爲人不可有虧心事也。」此後數日內，蔣介石日記充斥了對汪精衛的指責。

3月26日日記云：「政治生活全是權謀，至於道義則不可復問矣。精衛如果避而不出，則其陷害之計，昭然若揭矣，可不寒心！」

3月28日日記云：「某兄始以利用王懋功背叛不成，繼以利用教育長陷害又不成，毀壞余之名節，離間各軍感情，鼓動空氣，謂余欲滅某黨，欲叛政府。嗚呼！抹煞余之事業，余所不計，而其抹煞總理人格，消滅總理系統，叛黨賣國，一至於此，可不痛乎？」

4月7日日記云：「接精衛兄函，似有急急出來之意，乃知其尚欲爲某派所利用，不惜斷送黨國也。嗚呼！是何居心歟！」

蔣介石的這些日記表明，他當時確實認爲，「擺布」、「陷害」他的陰謀的核心人物是汪精衛。4月20日，蔣介石在演說中聲稱：「有人說，季山嘉陰謀，預定是日待我由省城乘船回黃埔途中，想要劫我到中山艦上，强逼我去海參崴的話，我也不能完全相信，不過有這樣一回事就是了。」㊵話雖然說得有點游移，但卻道出了他的心病。

汪精衛於政治委員會臨時特別會議之後隱居不出，據陳璧君說，一是爲了「療病」，一是爲了讓蔣介石「反省一切」㊶。但蔣介石除了裝模作樣地給軍事委員會寫過一個呈子，自請處分外，並無什麼像樣的「反省」行爲。其間，汪精衛讀到了蔣介石致朱培德的一封信，信中，蔣介石毫不掩飾地表露了他對汪精衛的疑忌，於是汪精衛決定出國。3月31日汪精衛致函蔣介石，內稱：「今弟既厭銘，不願與共事，銘當引去。銘之引去，出於自願，非强迫也。」㊷蔣介石於4月9日復函云：「譬有人欲去弟以爲快者，或有陷弟以爲得計者，而兄將如之何？」又稱：「以弟之心推之，知兄必無負弟之意，然以上述之事實證之，其果弟爲人間乎？抑兄早爲人間乎？其果弟疑兄而厭兄乎？抑吾兄疑弟而厭弟乎？㊸這封信也說明了蔣介石當時認爲，汪精衛受人離間，懷疑並厭棄自己，和其日記是一致的。

此外，還可以考察一下蔣介石這一時期的精神狀態。3月20日下午，何香凝曾去見蔣介石，質問他究竟想幹什麼，派軍隊到處戒嚴，並且包圍罷工委員會，是不是發了瘋，還是想投降帝國主義？據記載，蔣介石「竟像小孩子般伏在寫字台上哭了」㊹。陽翰笙也回憶說，當他代表入伍生部到黃埔開會，見蔣介石「形容憔悴，面色枯黃」，作報告時講到「情況複雜，本校長處境困難時，竟然哭起來了」㊺。鄧演達也因爲蔣介石「神色沮喪」，甚至關照季方：「要當心校長，怕他自殺」㊻。這種精神狀態，從蔣介石認爲自己處於被「擺布」、「陷害」的角度去分析，也

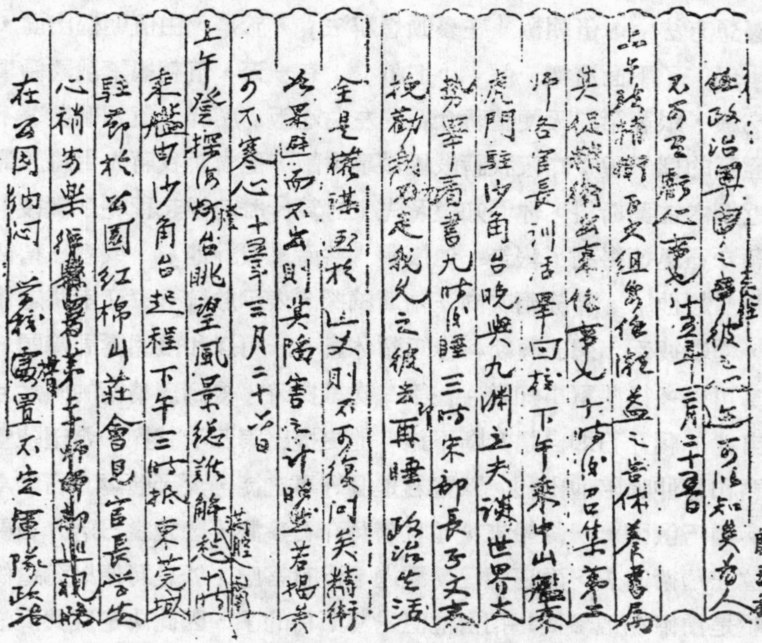
[illegible]政治軍[illegible]之爭彼已[illegible]可怕知吳為人
兄受靜江之言矣。十五年三月二十日
上午訪精衛[illegible]組織[illegible]之旨休養書局
其促精衛出來任事矣。十時召集第二師各官長訓話畢，回校。下午乘中山艦赴
虎門駐沙角台，晚與九淵立夫談世界大勢。畢，看書。九時睡，三時宋部長子文來
晚勸我[illegible]我去之彼去再睡。政治生活
全是權謀，至於此又則不可復問矣。精衛
如果避而不出，則其陷害之計曉然若揭矣
可不寒心。十五年三月二十六日
上午登[illegible]炮台眺望風景[illegible]解[illegible]
乘艦由沙角台起程，下午三時抵東莞城
駐節於公園紅棉山莊，會見官長，告
心稍安樂[illegible]
在公園納涼[illegible]處置不定，軍隊政治

圖二十八　蔣介石日記（毛思誠分類摘錄本）之一
（採自中國第二歷史檔案館）

許易於理解。

儘管蔣介石內心對汪精衛恨之入骨，但是，汪精衛當時是國民政府主席國民革命軍總黨代表，公認的孫中山事業的繼承人，蔣介石這時還不具備徹底倒汪的條件。於是，一方面，他不得不在公眾面前透露某些情節，以說明有人企圖陷害他；另一方面，卻又不能全盤托出他的懷疑。其所以吞吞吐吐，欲言又止，要人們在他死後看日記者，蓋爲此也。

四、西山會議派與廣州孫文主義學會的「把戲」

據陳公博說，鄒魯在1930年曾告訴他：當時，西山會議派謀劃「拆散廣州的局面」，「使共產黨和蔣分家」，鄒魯等「在外邊想方法」，伍朝樞「在裏頭想辦法」，於是，由伍朝樞出面，「玩」了下面這樣一個「小把戲」：有一天，伍朝樞請俄國領事吃飯，跟著第二天便請蔣介石的左右吃飯。席間，伍朝樞裝著不經意的樣子說：昨夜我請俄國領事食飯，他告訴我蔣先生將於最近期內往莫斯科，你們知道蔣先生打算什麼時候起程呢？事後，蔣介石迅速得到了報告，他懷疑「共產黨要幹他」，或者汪精衛要「趕他」，曾經兩次向汪精衛試探，表示於統一東江南路之後，極端疲乏，想去莫斯科作短暫休息。一可以和俄國當局接頭，二可以多得些軍事知識。在第二次試探時，得到汪精衛的同意。自此，蔣介石即自信判斷不錯。他更提出第三步試探，希望陳璧君和曾仲鳴陪他出國。陳璧君是個好事之徒，天天催蔣介石動身。碰巧俄國有一條船來，並且請蔣介石參觀，聽說當日蔣介石要拉汪精衛同去，而汪因已參觀過，沒有答應，於是蔣便以爲這條船是預備在他參觀時扣留他直送莫斯科的了。因此決定反共反汪。「這是三月二十日之變的眞相」㊼。

這段記載說明了伍朝樞在挑起蔣介石疑懼心理過程中的作用

。應該說，陳公博沒有揑造鄒魯談話的必要。但是，我們還必須結合其他材料加以驗證。

1.這一段話的核心是蔣介石懷疑共產黨和汪精衛要「幹他」或「趕他」，以自請「赴俄休養」作試探，得到汪精衛同意，便進一步增强了他的懷疑。此點和前引蔣介石日記大體一致。

2.陳孚木在《國民黨三大秘案》一文中說：其時，伍朝樞知道有一艘裝載軍械送給黃埔軍校的俄國商船，不久會到廣州，便編造「故事」說：「蘇聯從蔣介石與俄顧問季山嘉的不和諧，判定蔣是反革命分子，已得汪精衛的同意，不日以運贈軍械爲名，派遣一隻商船來廣州，即將强擄蔣介石去莫斯科受訓。」「他把這『故事』作爲很機要秘密的消息，通傳給在上海西山會議派中央的許崇智、鄒魯等幾個廣東人，很快便傳到蔣介石在滬的親密朋友如戴季陶、張靜江、陳果夫等幾個人耳朵裏了」㊽。陳孚木的這一段記載認定伍朝樞是編造謠言的主要人物，謠言的核心情節是利用俄船强擄蔣介石去莫斯科，陳並將這一謠言通傳給在上海的西山會議派。凡此種種，均可與鄒魯對陳公博所述相印證。陳孚木當時是國民政府監察委員，曾任《廣州民國日報》的總編輯，和國民黨上層人物廣有聯繫。他看過中山艦事件製造者歐陽格1927年寫的有關回憶稿㊾，所述自然具有相當的可靠性。

3.1926年 4 月 1 日，柳亞子致柳無忌函云：「反動派陷害共產派是確實的，李之龍是一個共產派的軍人（屬於青年軍人聯合會的），而蔣部下很有孫文主義學會的人在那裏搗鬼，他們製造一個假命令，叫李把中山艦開到黃埔去，一方面對蔣說，李要請你到莫斯科去了，蔣大怒，即下令捕李。」柳亞子所述的核心情節是，有人造謠，以李之龍將劫蔣「去莫斯科」，煽動蔣介石反共，此點和鄒魯、陳孚木所述基本一致。柳亞子是國民黨元老，各方面交遊頗廣，他的這一段話不會沒有來歷。同函中，柳亞子又說：「在兩星期前，沈玄廬（定一）告訴陳望道，廣州不出十日，必有大變，所以反動派的陰謀是和上海通氣的。」㊿沈定一是西山會議派的重大人物，當時在上海。如果他不了解伍朝樞「玩的小把戲」，是不會作出「廣州不出十日，必有大變」的判斷的。6月4日，陳獨秀在給蔣介石的一封信裏也說：「先生要知道當時右派正在上海召集全國大會，和廣東孫會互相策應，聲勢赫赫。三月二十日前，他們已得意揚言，廣州即有大變發生。先生試想他們要做什麼？」51這些材料，都可以反證陳孚木所述：伍朝樞曾將他編造的故事，通傳給在上海的西山會議派中央。

4.鄧演達曾告訴季方，蔣介石之所以「倉皇失措」，是因爲「得到密報」：「共產黨利用其海軍局長李之龍的關係，將中山艦露械升火，與黃埔鄧演達聯合行動，圖謀不軌。」52此說雖未提到伍朝樞，但在指出蔣介石「得到密報」這一點上，仍有可資參證之處。

從1926年1月起，西山會議派的鄒魯等人就在廣州和香港散布謠言。第一次說李濟深陰謀倒蔣，廣州並發現以四軍名義指蔣爲吳佩孚第二，想做大軍閥的傳單53；第二次說第一軍要繳四軍的械；第三次說，二、三、四、五各軍與海軍聯合倒蔣；第四次說，蔣介石對俄械分配於各軍不滿，將驅逐俄顧問全體回國；第五次說，蔣介石倒汪。如此等等。很顯然，散布這些謠言的目的在於製造廣東國民政府內部的不和，煽起蔣介石心中疑忌的火焰。事實上，它們也確實起了作用。這一點，前引蔣介石日記已有充分的證明。蔣介石之所以在那樣一個特定時刻對中山艦採取鎮壓措施，應該說，西山會議派和伍朝的謠言起了重要作用。

當然，鄒魯把中山艦事件完全說成是西山會議派和伍朝樞的「功勞」也並不全面。其中還有柳亞子、陳獨秀所指出的廣州孫文主義學會的作用。廣州孫文主義學會發端於1925年6月的中山學會，其核心人物爲王柏齡，賀衷寒，潘佑强。這一組織成立後，即與西山會議派相勾結，陰謀反對國共合作。其間的聯絡人就是時任國府委員，兼任廣州市市政委員會委員長的伍朝樞。李之龍說：「這種組織（指廣州孫文主義學會——筆者）在廣州的主要工作，最初是對抗青年軍人聯合會，其後經伍朝樞、吳鐵城之介紹，遂與西山會議派結合，遂受其利用而擴大爲倒汪、排共、仇俄之陰謀。他們在廣州發難，領過了上海僞第二次全國代表大會數萬元之運動費，陳肇英領了一萬五千元，歐陽格領了五千元。」㊹中山艦事件發生前，廣州孫文主義學會分子異常活躍。王柏齡很早就到處散布汪精衛反蔣㊺。2月22日，蔣介石日記中有王柏齡進讒的記載。3月17日早晨，王柏齡在黃埔軍校內又散布說：「共產黨在製造叛亂，陰謀策動海軍局武裝政變。」㊻王柏齡並在他的部隊內，對連以上軍官訓話，要他們「枕戈待旦」，消滅共產黨的陰謀㊼。當日，蔣介石在日記中寫道：「上午議事。所受苦痛，至不能說，不忍說，是非夢想所能及者。政治生活至此，何異以佛入地獄耶！」顯然，蔣介石的這段日記和王柏齡的謠言之間有著某種聯繫。正是在這一狀況下，作爲孫文主義學會成員之一的歐陽鐘出面假傳蔣介石命令，誘使李之龍出動艦隻，以便和王柏齡的謠言相印證。他的活動是整個陰謀的組成部分。關於此點，如果我們將幾個有關回憶錄綜合起來考察，就可以眞相大白。陳孚木寫道：「那時伍朝樞所說的俄國商船已經到達，起卸軍械之後，停在黃埔江面。一連幾天，沒有什麼動靜。於是，王柏齡便與歐陽格商量，決定『設計誘使中山艦異動』。」㊽章臣桐寫道：「在三月十八那一天，歐陽格打電話給黃埔軍校駐省辦事處的副官歐陽鐘（歐陽格之侄），叫他用辦事處的名義向海軍局要一隻得力兵艦開往黃埔，說是校長要的。所謂得力的兵艦，即暗指中山艦而言。」在章臣桐接到李之龍命令，上艦升火試笛之後，「歐陽格就在蔣的面前報告說：『中山艦已出動，正在開往黃埔，聽說共產黨要搶黃埔的軍火』。」㊾自由艦艦長謝崇堅也有類似回憶。他說：「三月十八日歐陽格偵知中山艦上發生混亂，戒備不嚴，有機可乘，密令歐陽鐘僞稱接到校本部電話，通知海軍局立派一艘得力軍艦，駛往黃埔聽用。據說十九日上午中山艦在東場起錨後，孫文主義學會分子立即向蔣介石控告，說海軍李之龍異動，已出動中山艦要逮捕校長，奪取軍火」⑥〇。這就很清楚了：歐陽格與王柏齡定計之後，一面唆使歐陽鐘矯令，一面向蔣介石謊報，其結果便演出了震驚中外的「三・二〇」的一幕。

多年以後，王柏齡曾得意地說：「中山艦云者，煙幕也，非眞歷史也，而其收功之總樞，我敢說，是孫文主義學會。」⑥①這不啻是自我招供。

五、偶然中的必然

就蔣介石誤信伍朝樞、歐陽格等人的謠言來說，「三・二〇」事件有其偶然性；但是，就當時國民黨內左、右派的激烈鬥爭和蔣介石的思想狀況來說，又有其必然性。

孫中山逝世後，國民黨內的左、右派力量都有所發展。1926年1月召開的國民黨第二次全國代表大會是左派的勝利。會議代表228人，共產黨員和國民黨左派168人，中派65人，右派僅佔45人。吳玉章任大會秘書長，實際上主持會議。會議通過的宣言進一步闡明了聯俄、聯共、扶助農工的三大政策，堅持了「一大」的革命精神。會議選出的中央執監委員中，共產黨員佔7人，國民黨左派佔15人。在隨後建立的國民黨中央秘書處、組織部、宣傳部、農民部中，都由共產黨員擔任領導工作。與此同時，國民革命軍中大約已有一千餘名共產黨員。一軍、二軍、三軍、四軍、六軍的政治部主任都由共產黨人擔任。一軍三個師的黨代表，有兩個是共產黨員。九個團的黨代表中，七個是共產黨員。此外，中國共產黨在廣東的群衆基礎也大爲加强。當時，有組織的工人隊伍約10餘萬，農會會員約60餘萬，其中工人武裝糾察隊2

千餘人，農民自衛軍 3 萬餘人。

蘇俄顧問團這一時期也加强了自己的地位的影響。顧問團向蘇俄駐華使館報告說：「總參謀部是軍事委員會的專門組織。羅加喬夫，我們的軍事指揮者（團長助理）實際上擔當總參謀長」；又說：「我們的顧問事實上是所有這些部門的頭頭，只不過在職務上被稱爲這些部門首領的顧問。〔1925〕12月末，我們的顧問甚至佔有海軍局長（斯米諾夫）和空軍局長（列米）的官方位置。」該報告又稱：「現存的國民黨是我們建立起來的。它的計劃、章程、工作都是在我們的政治指導下按照俄國共產黨的標準製訂的，只不過使它適合中國國情罷了。直到最近，黨和政府一直得到我們的政治指導者的周密的指導，到目前爲止，還不曾有過這樣的情況，當我們提出一項建議時，不爲政府所接受和實行」㊷。

汪精衛也表現爲前所未有的左傾。據張國燾回憶：他「一切事多與鮑羅廷商談」㊸。第二次全國代表大會舉行前夕，莫斯科來了一個很長的報告，內容爲反對帝國主義，汪精衛還沒有讀完就說內容很好，可作大會宣言的資料。在會議召開期間，汪精衛多次强調共產派與非共產派在歷次戰役中，熱血流在一起，凝結成一塊，早已不分彼此。既能爲同一目的而死，更可爲同一目的而生存下去㊹。在選舉中央委員以前，他預擬了一份名單和中共商量，其中左派以及和汪有關係的人佔多數㊺。1926年 2 月 1 日，他在中執會常委會會議上，提議任命周恩來爲第一軍副黨代表，李富春爲第二軍副黨代表，朱克靖爲第三軍副黨代表㊻。5 日，又提議請毛澤東代理宣傳部長㊼。2 月22日，他在紀念蘇俄紅軍成立八周年聯歡會上，繼季山嘉之後發表演說，聲稱：「吾人對於如師如友而助我的俄同志，眞不知如何表示其感激之情，惟有鐫之中心而已」㊽。對於孫文主義學會和青年軍人聯合會之間的衝突，他也鮮明地左袒，曾命令王懋功「嚴厲制止」孫文主義學會的遊行⑲。3月初旬，他又召集兩會會員訓話，激烈地批判孫文主義學會的反共傾向，曾稱，「土耳其革命成功，乃殺共產黨；中國革命未成，又欲殺共產黨乎？」⑳

國民黨右派不能容忍共產黨力量的發展和蘇俄顧問影響的增强，不能容忍汪精衛的左傾。西山會議派稱：「現在的國民政府，名義上是本黨統治的，事實上是被共產黨利用的。」又稱：「俄人鮑羅廷操縱一切」，「軍政大權已完全在俄人掌握之中。」蔣介石雖然因依靠蘇俄供應軍械而仍然主張聯俄，對共產黨也時而表現出願意合作的姿態，但在內心裏，卻早已滋生出强烈的不滿。3月8日日記云：「上午與季新兄商決大方針。余以爲中國國民革命未成以前，一切實權皆不宜旁落，而與第三國際必能一致行動，但須不失自動地位也。」9日日記云：「吾辭職，已認我軍事處置失其自動能力，而陷於被動地位者一也；又共產分子在黨內活動不能公開，即不能相見以誠，辦世界革命之大事而內部分子貌合神離，則未有能成者二也。」4月9日，蔣介石在復汪精衛函中也說：「自第二次全國代表大會以來，黨務、政治事事陷於被動，弟無時不抱悲觀，軍事且無絲毫自動之餘地。」這一切都說明了蔣介石和左派力量爭奪領導權的鬥爭必不可免，即使沒有右派的造謠和挑撥，蔣介石遲早也會製造出另一個事件來的。

（原載《歷史研究》，1988年第2期）

【註　釋】

① 《黃埔潮》第2期。

② 本文所引蔣介石日記，均爲毛思誠的分類摘鈔本，一部分經修改後收入《民國十五年以前之蔣介石先生》一書，一部分未刊，現藏於中國第二歷史檔案館，以下不再一一注明。

③ 《廣州民國日報》，1926年1月7日。

④ 《中國國民黨第二次全國代表大會日刊》第18號，1926年1月9日。

⑤ Document 22, Wilbur and How: Document on Communism Nationalism and Soviet Advisers in China (1918-1927), Columbia University, New York, 1956, p. 246.

⑥ 參見《包惠僧回憶錄》，人民出版社1983年版，第202頁。

⑦ 蔣介石：《復汪精衛書》，稿本，1926年4月9日，中國第二歷史檔案館藏，下同。

⑧ 汪精衛：《致蔣介石書》，原件，1926年2月8日。

⑨ 《致蔣介石書》，原件，1926年2月8日。

⑩ 《致蔣介石書》，原件，1926年2月9日。

⑪ 《致蔣介石書》，原件，1926年2月12日。

⑫ 《蔣介石日記類抄》。

⑬ 蔣介石：《復汪精衛書》，1926年4月9日；參見《晚宴退出第一軍黨代表及CP官長並講經過情形》，《民國十五年以前之蔣介石先生》，第八編二，第40-42頁。

⑭ 蔣介石：《復汪精衛書》，1926年4月9日。

⑮ 《蔣介石日記類抄》。

⑯ 同前註。

⑰ 蔣介石：《復汪精衛書》，1926年4月9日。

⑱ 同前註。

⑲ 蔣介石對曾擴情等人口述。見曾擴情:〈蔣介石盜取政權和蓄謀反共的內幕〉，全國政協文史資料未刊稿；參見陳肇英：《八十自述》，《中華民國史事紀要》，1926年3月20日，台北版。

⑳ 《交通股員黎時雍報告》，原件，1926年3月24日，中國第二歷史檔案館藏，以下所引各原件，均同。

㉑ 參見《廣州民國日報》，1926年4月12日、19日。

㉒ 《交通股王學臣報告》，原件，1926年3月26日。

㉓ 《歐陽鐘報告》，原件，1926年3月23日。

㉔ 抄件，中國第二歷史檔案館藏。

㉕ 《李之龍夫人報告》，原件，1926年3月31日。

㉖ 《季方報告》，原件1926年3月24日。

㉗ 《辦事處交通股長歐陽鐘致海軍局函》。

㉘ 《黃珍吾報告》，原件，1926年3月24日。

㉙ 《李之龍供詞》，原件。

㉚ 《邵歐陽鐘報告》；又《歐陽鐘供詞》，原件，1926年3月31日。

㉛ 季方在關於「中山艦事件」一文中回憶說：「在那年3月18日夜晚，有一艘來自上海的商輪，於虎門駛過來遭到水盜的劫持後，即駛來軍校要求緝查保護。當時由管理處（軍校的後勤機構）的歐陽格（科長級幹部，孫文主義學會分子）用校長的名義打電話給海軍局要調兩艘炮艦到黃埔軍校來。」見《黃埔軍校回憶錄專輯》，廣東人民出版社1982年版，第34-35頁。這裏所說的管理處的科長級幹部歐陽格系管理科交通股股長歐陽鐘的誤記。此點筆者曾函詢季方同志，蒙季方同志之女季明相告，可以訂正。

㉜ 蔣介石：《晚宴退出第一軍黨代表及CP官長並講經過情形》，《民國十五年以前之蔣介石先生》第八編二，第45-46頁。

㉝ 此說誤，當時朱德尚在莫斯科。

㉞ 轉引自《中華民國史事紀要》，1926年3月20日。

㉟ 陳公博：《苦笑錄》，香港大學亞洲研究中心，1980年版，第75頁，參閱陳立夫：《北伐前余曾協助蔣公作了一次歷史性的重要決定》，台灣《傳記文學》第41卷，第3期。

㊱ 文心玨：《國共合作與國共分離的回憶》，湖南政協文史資料未刊稿。作者在「三・二〇」事件後，曾親自聽陳立夫講述有關經過。

㊲ 同註㉟。

㊳ 《時報》，1926年3月30日。

㊴ 《中國國民黨第二屆中央執行委員會政治委員會會議記錄》。

㊵ 《晚宴退出第一軍黨代表及CP官長並講經過情形》，《民國十五年以前

之蔣介石先生》第八編二，第46頁。

㊶ 陳璧君：《致介兄同志書》，原件，1926年4月1日。

㊷ 《致蔣介石書》，原件，1926年3月31日。

㊸ 《復汪精衛書》，1926年4月9日。

㊹ 陳孚木：《國民黨三大秘案之一》，連載之七，《熱風》第74期，香港創墾出版社1956年10月1日出版，發表時署名浮海。

㊺ 《風兩五十年》，人民文學出版社1986年版，第105頁。

㊻ 季方：《我所接觸到的蔣介石》，《文史資料選輯》第73輯，第98頁。

㊼ 陳公博：《苦笑錄》，第77-78頁。

㊽ 《國民黨三大秘案》，連載之三，《熱風》第70期。

㊾ 據陳孚木敍述，歐陽格的回憶寫於1927年「四·一二」政變之後，想乘「清黨」之機出版表功，曾請陳看過。後來送呈蔣介石，蔣約略一翻閱，臉色一沉，罵他道：「嚇！你懂什麼？有許多問題你哪裏知道，這種小冊子可以出版的嗎？把稿子留下來！」說著把稿本向抽屜內一丟，硬把這稿子沒收了。見《國民黨三大秘案》，連載之十八，《熱風》第85期。

㊿ 《柳亞子文集·書信輯錄》，上海人民出版社1985年版，第70頁。

51 《給蔣介石的一封信》，《向導周報》第155期。

52 季方：《白首憶當年》，《縱橫》，1985年第2期。原文未說明消息來源，承季明同志相告，系季方直接得之鄧演達者。當時，中山艦事件的製造者們確曾企圖將鄧演達牽連在內。季方回憶說，3月20日晚，新任中山艦艦長歐陽格曾將中山艦開到黃埔，要求鄧到艦上去商議要事。季方、嚴重、張治中等怕有陰謀，勸鄧不要上當，鄧因此托故未去（見上文）。關於此，陳肇英回憶說：當時曾由他和歐陽格「具函請軍校的重要共產黨分子來艦談話，而後多以扣押或驅逐出校」。見其所著《八十自述》。

53 李之龍：《汪主席被迫離職之原因、經過與影響》，漢口中央人民俱樂部印發；參見《鄒魯、胡毅生秘密到港》，《廣州民國日報》，1926年

3 月16日。

(54) 《汪主席被迫離職的原因、經過與影響》。

(55) 《包惠僧回憶錄》，人民出版社1983年版，第 204 頁。

(56) 馬文車：《中山艦事件的內幕》，《文史資料選輯》第45輯。

(57) 茅盾：《我走過的道路》，人民文學出版社1981年版，第 305 頁。

(58) 《國民黨三大秘案》連載之十八，《熱風》第85期。

(59) 《中山艦事件》，《上海文史資料》第 8 輯。

(60) 《中山艦事件親歷記》，《上海文史資料》第19輯，關於歐陽格謊報共產黨要「搶黃埔的軍火」一事，還可以從蔣介石當時的活動中得到佐證，據民生艦艦長舒宗鎏及黃埔軍校軍械處長鄧士章回憶，3 月19日（原文誤記爲 3 月18日），他們曾接到「緊急通知」，要把黃埔庫存的軍火迅速裝上民生艦，計三八式步槍一萬支，俄式重機關槍二百挺，裝好後停泊於新洲海面。事後，蔣介石並登艦檢查，對舒宗鎏說：「沒有我的命令，不許把軍火交給任何人。」見覃異之《記舒宗鎏等談中山艦事件》，《文史資料匯輯》第 2 輯。如果沒有歐陽格的謊報，蔣介石是不會這樣將軍火搬來搬去，折騰一氣的。

(61) 《黃埔創始之回憶》，《黃埔季刊》第 1 卷第 3 期。

(62) Document 22, Wilbur and How: Document on Communism Nationalism and Soviet Advisers in China (1918-1927), pp. 245-247。

(63) 《張國燾回憶錄》第 2 冊，現代史料編刊社1980年版，第82頁。

(64) 《張國燾回憶錄》第 2 冊，第 82-83 、85頁。

(65) 同前註。

(66) 《中國國民黨中執會常委會會議錄》，《中國國民黨第一次全國代表大會會議史料》，江蘇古籍出版社1986年版，第 464-465 、571頁。

(67) 同前註。

(68) 《廣州民國日報》，1926年 2 月24日。

(69) 王懋功：《致張靜江書》，原件，1926年 3 月 7 日。

(70) 轉引自蔣介石：《復汪精衛書》，1926年 4 月 9 日。

中山艦事件之後

本文是拙作《中山艦事件之謎》的續篇。

中山艦事件之後，汪精衛爲何突然隱匿，既而悄然出走？蔣介石爲何一路順風，掌握了國民黨和軍隊的最高權力？在制訂對蔣妥協、退讓的過程中，蘇聯顧問的意見如何？中共中央起了何種作用？凡此等等，史學界都還不完全清楚。本文將企圖回答這些問題。

一、「反蔣聯盟」的流產與汪精衛負氣出走

1926年6月3日，蘇聯駐華使館武官處代理武官謝福林（Сейфулин）①有一份寫給莫斯科的報告，匯報中山艦事件之後的廣州形勢。該報告一開始就說明，它以鮑羅廷同年5月底的一份報告爲基礎，因此，這是一份極爲重要的文件。該報告在敍述蔣介石要求限制共產黨的情況後說：

> 這樣，我們面臨著兩種選擇：1.接受蔣的要求，以避免一場災難，否則，它將必然來到。2.採取類似汪精衛在三・二〇期間爲應付局勢，而已爲我們認爲是不適當的措施，即組成反蔣聯盟，依靠聯盟的壓力，迫使蔣不屈服於國民黨中反共派的要求。（古比雪夫同志支持這一理論。）

據此可知，「三・二〇」期間，汪精衛曾組成反蔣聯盟，企圖採取措施，對蔣施加壓力。汪精衛的這一做法得到蘇聯顧問古比雪夫（按即季山嘉）的支持，但遭到「我們」——蘇方的反對，被認爲「不適當」。

該報告又說：

> 許多人相信，關於國共關係的決議並不能促使右派轉變，蔣將被迫反對右派。例如，鮑羅廷發現，儘管蔣知道汪在「三・二〇」及其後參加了反蔣聯盟，但他仍然能使蔣相信，有必要讓汪參加5月29日的會議，討論北伐問題。汪已去巴黎的說法純係謠傳。①

這裏，再次提到「反蔣聯盟」，並明確指出，蔣知道這一事實。看來，研究中山艦事件以後的歷史，首先要揭示「反蔣聯盟」的眞相。

在「三・二〇」事件期間，蔣介石擅自行動，宣布戒嚴，逮捕李之龍等共產黨人，包圍蘇聯顧問住宅等做法引起了普遍不滿；作爲黨政軍領袖的汪精衛更爲憤慨。據陳公博回憶，20日晨，第二軍軍長潭延闓和第三軍軍長朱培德二人見汪，汪稱：「我是國府立席，又是軍事委員會主席，介石這樣舉動，事前一點也不通知我，這不是造反嗎？」並稱：「我在黨有我的地位和歷史，並不是蔣介石能反對掉的。」②當時，譚、朱決定見蔣，問他想什麼和要什麼。他們要求陳公博通知第二軍副軍長魯滌平和第三軍參謀長黃實，「囑咐軍人準備，以備萬一之變」。其後，汪又詢問來訪的第四軍軍長李濟深：「你們能立刻到軍隊去嗎？」汪提這一問題，說明他有了調動軍隊的念頭。

譚延闓、朱培德會見蔣介石的情況，據謝華回憶，譚曾經說了下面一段話：

> 總理逝世才一年，骨頭還沒有冷，你幹什麼呢？國共合作是總理生前的主張，遺囑也說要聯俄、聯共、扶助農工，你現在的行動，總理的在天之靈能允許嗎？

譚的原話未必是這樣說的，但謝華當時是譚部政治工作人員，此段話必有一定根據。綜合考察譚延闓當時的態度，他對蔣提出質問是可能的。

同日，宋子文、李濟深、鄧演達先後來到蘇聯顧問團住址，表示對蔣介石的不滿；譚延闓、朱培德繼至，稱蔣介石爲「反革命」，提議「嚴厲反蔣之法」。蘇聯顧問團並得知，汪精衛雖正抱病昏臥，但也稱蔣的舉動爲「反革命」。顧問團的印象是：「全體皆對蔣表示反對。」⑥

譚延闓、朱培德提議的「嚴厲反蔣之法」，有關文獻沒有說明內容，但是，在蔣介石已經動用武力的情況下，只能是以武力對付武力。據親歷者的回憶，譚延闓曾飭令準備專車，擬赴韶關調兵（當時第二軍駐扎北江一帶）。⑦周恩來也回憶說：「這時，譚延闓、程潛、李濟深都對蔣不滿」，「各軍都想同蔣介石幹一下」⑧。還有人回憶，聽說汪精衛當時曾主張，「二、三、四、五、六軍聯合起來，給我打這未經黨代表副署、擅調軍隊、自由行動的反革命蔣介石」。⑨譚延闓處事一向以沉穩圓滑著稱，他跑到蘇聯顧問團去提議「嚴厲反蔣之法」，並準備去韶關調兵，如果不是出於汪精衛的授意或同意，這是不能想像的。

3月20日這天，中共廣東區委負責人陳延年以及毛澤東、周恩來等人也曾到蘇聯顧問住址，提議對蔣介石採取强硬態度。毛澤東並提出，依靠駐防當地的葉挺獨立團的力量，爭取第二、第三、第四、第五、第六各軍的力量，開會通電討蔣，指責他違反黨紀國法，必須嚴辦，削其兵權，開除黨籍⑩。有關資料說明，譚延闓曾經找過毛澤東，向他提出反擊蔣介石的主張⑪。譚延闓此舉，也可能出於汪精衛的授意或同意。

至此，謝福林報告所稱汪精衛組織的「反蔣聯盟」的輪廓就大體清晰了——它是在蔣介石已經動作的情況下，爲「應付局勢」，企圖聯絡第二、第三、第四等軍的力量（也許還包括共產黨人），進行反擊。

然而，「反蔣聯盟」很快就胎死腹中。儘管專車已經備就，譚延闓卻突然中止了韶關之行。

21日傍晚，蔣介石以探病爲名訪問汪精衛，只見汪「怒氣勃勃，感情衝動，不可一世。」⑫但是，23日，汪精衛就像洩了氣的皮球一樣，「遷地就醫」，不知所去。

這些情況之所以發生，就在於蘇方認爲汪精衛的「反蔣聯盟」及其措施「不適當」，主張並實行妥協、退讓。盡管季山嘉支持汪精衛，但是，他對於用兵和與蔣介石破裂都還有顧慮，而且，當時在廣州，有比季山嘉地位更高的聯共中央委員、紅軍政治部主任、蘇聯考察團團長布勃諾夫在。

20日下午，蔣介石根據季山嘉的要求，撤去了對顧問團的包圍。隨後，季山嘉派助手鄂利金(Ольгин)⑬去蔣介石處。鄂利金對蔣「稍加責言」，蔣則「百方道歉」⑭。這以後，布勃諾夫親自出馬，偕鄂利金再赴蔣介石處，商談以後問題。蔣提出俄國顧問「許多錯誤」⑮，應允次日至布勃諾夫處再議。21日，蔣介石爽約未至。顧問團得到消息稱：蔣介石堅持要求「驅逐俄人及共產黨人」⑯。當日，蘇方在廣州人員會議，認爲情勢嚴重，決定撤去季山嘉的軍事顧問團團長職務，派索洛維也夫以蘇聯駐廣州領事館參議名義與蔣介石磋商。22日，索洛維也夫會見蔣介石，詢問：係對人問題，抑對俄問題？蔣答：對人。索洛維也夫稱：只得此語，此心大安，今日可令季山嘉、羅加喬夫各重要顧問回國⑰。同日上午10時，國民黨中央政治委員會開會，索洛維也夫列席。會上，汪精衛雖仍對蔣介石擅自行動表示不滿，但由於蘇方已經作撤換季山嘉等人的決定，退讓、妥協的局面已經形成，汪精衛已無可奈何。因此，會議決定：1.工作上意見不同的蘇聯同志暫行離去，另聘其他爲顧問；2.汪主席病應予暫時休假；2.李之龍受特種嫌疑，應即查辦。⑱這樣，蔣介石的行動就得到了承認，政治上又贏了一個回合。會後，汪精衛就隱匿不見，失蹤了。

王若飛在作黨史報告時曾經指出過：「三・二〇」事件後否定反擊蔣介石計劃是布勃諾夫⑲；顯然，主持蘇方人員會議，決定撤換季山嘉、羅加喬夫等重要顧問職務並令其回國的也只能是布勃諾夫。他於當年2月率領考察團來中國，負責調查並研究中國革命的有關問題，顯然只有他，才能作出上述重大決定。

汪精衛當時以蘇聯爲靠山，和季山嘉又一直保持著密切的關係。現在，面對蔣介石的進攻，蘇方不僅不支持自己反擊，反而向蔣介石低頭，撤換季山嘉等人，汪精衛如何不生氣？失去靠山，他就無所作爲。於是，先之以決定隱匿，繼之以決定出走。值得指出的是，儘管他於5月9日已經離開廣州，轉赴法國，但鮑羅廷對此卻毫無所知，還在期望爭取他和蔣介石一起會談，討論北伐問題。這只能說明，他對蘇方既失望，又憤懣，心頭有一口難平之氣，因此，不告而別了。

二、蘇方的妥協邏輯及其「利用蔣介石」的政策

布勃諾夫決定對蔣介石妥協、退讓有他自己的邏輯。在他看來，「三・二〇」事件是由「軍事工作和總的政治領導方面的嚴重錯誤引起的」，這表現在：1.不善於預見國民政府內部的衝突及其在軍隊中的反映。2.過高地估計了廣州領導的力量和團結一致。3.未能及早揭露和消除軍事工作中重大的冒進做法。4.參謀部、軍需部、政治的集中管理進行得太快，沒有考慮到中國將領們的心理和習慣。5.將領們受到過分的監督。他說：「中國將軍們脖子上戴著五個套，這就是參謀部、軍需部、政治部、黨代表和顧問。」⑳他提出，顧問們在任何情況下都不應該越權，不應該承擔任何直接領導軍隊的職責，任何過火行爲都將嚇跑大資產階級，引起小資產階級動搖、復活軍閥主義、加劇左右翼矛盾等嚴重後果，從而激起反共浪潮。

不能認爲布勃諾夫的分析完全沒有道理。蘇聯顧問們在幫助中國革命的過程中確實有缺點。例如，顧問們將中國共產黨、共

青團以至於國民黨一概視爲自己的「政治領導」之下的組織，經常包辦代替國民黨和國民政府的工作。1925年7月1日，鮑羅廷、加倫、羅加喬夫、切列潘諾夫、斯切播諾夫、列米等顧問召開軍事會議，除決定向國民革命軍各軍派出顧問外，居然決定由顧問直接出任軍職。例如，由羅加喬夫任軍務處長兼總參謀長，由切列薩多夫任軍務處副處長兼副總參謀長，楚巴廖瓦任軍務處通信調查部主任，郭密任總司令部政務處處長，馬瑪也夫任軍務處情報科科長等㉑。顧問團的一份報告說：

參謀團是軍事委員會的專門機構。我們的軍事指揮者（團

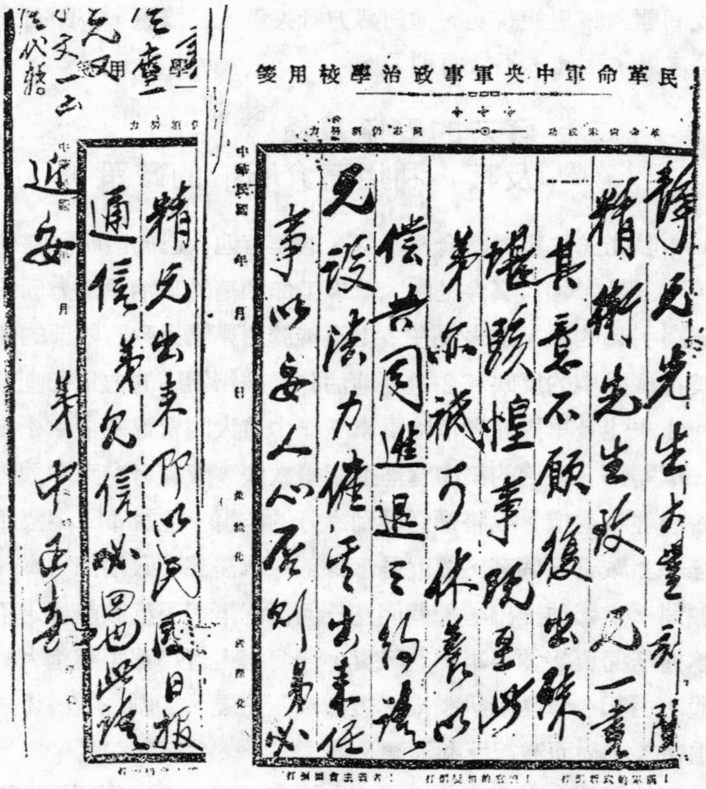

圖二十九　蔣介石致張靜江書手跡（1926年，局部）
（採自中國第二歷史檔案館）

長助理，按，指羅加喬夫——筆者）的正式位置是總參謀長顧問，但他實際上擔任總參謀長……當時下列部門屬於參謀團：作戰與情報局（包括通訊服務）、管理與檢查局、軍需局、海軍局……我們作指導者被稱爲這些部門首長的顧問，但事實上是這些部門的頭頭。12月末，我們甚至佔有海軍局局長（按，指斯米諾夫）和航空局長（按，指列米）的官方位置。不過，一有機會，他們必須再次成爲顧問。因爲我們作爲指導者佔有官方位置政治上不方便，再次成爲顧問不會絲毫有損於我們的影響。㉒

顯然，越俎代庖，或顧問權勢過大都會引起國民黨人，特別是軍官們的反感。

1925年11月1日，季山嘉代替加倫出任華南軍事顧問團團長。季山嘉的作風、性格和鮑羅廷、加倫都有明顯的不同。他上任之後，大刀闊斧地致力於加强軍隊的集中管理。顧問切列潘諾夫回憶說：

接替加倫任南方政府總顧問的季山嘉（古比雪夫）就比較直來直去，他錯誤地認爲，南方軍隊中的轉折時期已經過去，現在該是轉向嚴格集中，並使軍隊具有明確任務、劃一組織和統一紀律，服從於中央軍事機構的時候了。㉓

軍隊必須有統一的指揮和高度的組織性、紀律性，季山嘉的做法本無可非議，但是，急於求成，方式簡單粗暴也必將引起國民黨人和軍官的反感。在這一過程中，和力圖掌握軍權的蔣介石之間的矛盾也必將加劇。王若飛說：季山嘉「不以同志態度對待國民黨，以自己爲統帥，引起了國民黨很多不滿」㉔。，指的就是這方面的問題。

糾正缺點、錯誤以及某些急躁、冒進的做法都是必要的，但是，蔣介石在中山艦事件中的作爲，主要是爲了打擊蘇聯顧問和中國共產黨人，打擊汪精衛，和左派力量爭奪領導權，布勃諾夫看不到這一點，其決策的錯誤就是必然的了。

季山嘉被撤職後，於3月24日隨同布勃諾夫等一起回國，接替他的職務的是斯切潘諾夫，蔣介石稱之為史顧問。

「史顧問」同意布勃諾夫對中山艦事件的分析，但他又增加了兩條：1.關於帝國主義問題、農民問題、共產主義問題，在軍隊中的激烈宣傳不盡適當。2.中國共產黨在黨務及軍隊宣傳中，「不知盡力於組織國民黨，默為轉移，只知以鮮明的擴充共產黨為工作之總方針，欲在各處完全把持一切指揮之權」㉖。中山艦事件後，蔣介石於3月23日以「事前未及報告，專擅之罪，誠不敢辭」為理由，自請從嚴處分。4月2日，拘留在事件中起了惡劣作用的歐陽格㉗。這些，又使得斯切潘諾夫感到，蔣介石「似又略向左派演進」㉘。他對蔣介石的思想和性格進行了分析，認為「蔣氏具有革命思想，遠在其他軍閥之上」，又認為蔣「喜尊榮，好權力，幻想為中國英雄」㉙。因此，他決定「利用蔣介石」，其策略是：1.對蔣灌注一小部分之革命主義，並以左派之勇敢勢力包圍之，使蔣擺脫右派的影響，成為左派。2.滿足蔣的喜尊榮的欲望，協助其取得「比較現時更為偉大之權力與實力」㉚，其具體位置為國民革命軍總司令。他說：「就喜歡權勢而論，蔣氏將來或就總司令之職，足以滿足其尊榮欲望。」㉛為此，他指示顧問們要「處處迎合其意，與以讓步」㉜。

在對中共的批評上，尼洛夫㉝比斯切潘諾夫更為激烈。他說：「當初共產黨人於工作時只知利用國民黨，在其覆翼之下擴大己黨之力量，公然攫取國民黨之最高管理機關及軍隊中之政治機關，包辦工農運動，以此引起國民黨大多數之不滿。」㉞基於上述認識，他主張召開國共兩黨中央委員聯席會議，規定相互工作的程序；在現時，應先開預備會，「以安慰蔣介石為最近之目的」。他並提出，將共產黨名單送交各高級長官，共產黨在軍隊中完全公開。㉟。

布勃諾夫的妥協、退讓還只涉及蘇聯顧問，而斯切潘諾夫等人的妥協、退讓則涉及到中國共產黨的全部工作；後來陳獨秀提出，在對國民黨的關係上，要「辦而不包，退而不出」，顯然受到斯切潘諾夫等人意見的影響。至於「處處迎合其意」，協助蔣取得「更爲偉大之權力與實力」等做法，乃是一種愚蠢的權術。

4月16日，在國民黨中央黨部和國民政府聯席會上，蔣介石被選爲軍事委員會主席，隨即採取行動反對右派。17日，與孫文主義學會幹部談話，要求取消學會。23日，與張靜江、譚延闓、李濟深、宋子文及斯切潘諾夫等密議，決定免去吳鐵城的廣州公安局局長職務。次日，命左派李章達帶兵就任公安局長。蔣介石的這些做法使蘇聯顧問們感到，他們「利用蔣介石」的策略是正確的。

在相當長的時期內，斯大林和共產國際對蔣介石都缺乏正確的了解和分析。中山艦事件前不久，共產國際第六次執委會將蔣介石選爲主席團的名譽委員㊱；中山艦事件之後，聯共（布）中央決定對蔣介石作「有條件的妥協」㊲；一直到「四・一二」政變前夕，斯大林還主張對蔣介石「利用到底」㊳。顯然布勃諾夫、斯切潘諾夫及其後的鮑羅廷都不過是這一政策的執行者而已。

三、中共中央試圖改變對蔣策略與鮑羅廷的否決

中山艦事件的發生，不僅對在廣州的蘇聯顧問們是晴天霹靂，對在上海的以陳獨秀爲代表的中共中央來說，也同樣如此。

中共中央曾企圖從莫斯科得到指導，但是，莫斯科方面遲遲沒有消息。3月末，布勃諾夫等在歸國途中經過上海。這樣，中共中央才從布勃諾夫處得知詳細情況。4月3日，《向導》所發表的伊文諾夫斯基對該刊記者的談話實際上就是布勃諾夫對中共中央的談話。自然，在他的影響下，只能根據既定方針依樣畫葫

蘆。同日，陳獨秀發表文章，認爲由於帝國主義和軍閥的强大，中國的革命勢力必須統一起來，文章宣稱：「蔣介石是中國民族運動中的一塊柱石」，共產黨人決不會陰謀去推翻他㊴。這篇文章是中山艦事件後中共黨人的一個權威性的表態，反映出中共中央當時對形勢的認識與對策。中共中央隨即決定，「維持汪蔣合作的局面，繼續對蔣採取友好的態度，並糾正廣州同志們的一些拖延未解決的左傾錯誤」。同時，又決定派張國燾趕赴廣州，查明事實眞相，執行這一妥協政策㊵。張國燾到廣州後，即召開廣東區委緊急會議，傳達中共中央的妥協政策，要求一致遵行。他完全同意蘇聯顧問對蔣介石思想性格的分析以及「利用蔣介石」的策略。斯切潘諾夫在報告中曾說：「關於蔣介石之個性，余與中國共產黨及中央委員會會長等觀察略同。」又說：「中國共產黨亦同具此眼光，而完全贊成此種根本政策。中國共產黨中央委員會主席謂彼離去上海之前，中央委員會亦有此種決議，以爲無論如何，必須利用蔣介石」㊶。這裏所說的從上海來的中國共產黨的「會長」或「主席」，當均指張國燾。

然而，在張國燾離開上海之後，中共中央於4月中旬收到陳延年的報告，決定改變妥協、退讓政策，採取一項新的政策，其要點爲：1.盡力團結國民黨左派，以便對抗蔣介石，並孤立他。2.在物質上和人力上加强國民革命軍二、六兩軍及其他左派隊伍，以便於必要時打擊蔣介石。3.儘可能擴充葉挺的部隊、省港罷工委員會指揮下的收察隊和各地的農民武裝，使其成爲革命的基本隊伍㊷。中共中央並決定在廣州成立特別委員會，其人選爲彭述之、張國燾、譚平山、陳延年、周恩來、張太雷，以彭述之爲書記。4月末，彭述之受命前往廣州，和鮑羅廷面商上述計劃。前引謝福林報告所稱兩種選擇之一：「採取類似汪精衛在三・二〇期間爲應付局勢，而已爲我們認爲是不適當的措施，即組成反蔣聯盟，依靠聯盟的壓力，迫使蔣不屈服於國民黨中反共派的要求」云云，顯指中共中央的這一新的政策。

彭述之到達廣州後，即成立特委機關，召開會議，傳達中共中央的新政策，結果，遭到剛剛回到廣州的鮑羅廷的强烈反對。

1926年2月，鮑羅廷以「奉召回國述職」爲由，向廣州國民政府請假，離開中國南方。同月15日，鮑羅廷在北京向布勃諾夫等匯報了廣東革命根據地的情況。中山艦事件發生後，他取消返國計劃，經張家口、庫倫，轉道海參威，在那裏和自莫斯科來的胡漢民等會合，於4月29日一起回到廣州。

鮑羅廷回到廣州之後，即面臨著所謂「右派政變」問題。

據謝福林向莫斯科的報告：三・二〇之後，右派認爲蔣介石向右轉了，企圖靠近蔣。但是，在4月20日蔣解除了吳鐵城的職務之後，右派認爲，蔣不可能投入自己的懷抱，因此，開始接近李濟深和其他各色廣州將軍們。李濟深曾有可能被爭取過去，但在胡漢民回國之後，右派便將胡看作自己的頭目和組織者。報告說：

> 右派利用汪精衛不在的機會，沒有通知國民政府，計劃爲胡漢民的到來舉行精心安排的慶祝典禮向其致敬。他們甚至準備爲他建立一座凱旋門，並且舉行示威以支持胡漢民成爲政府首領。胡在報紙上發表了一項宣言，同時向國民政府提出了一份報告。他的報告和宣言表明，他不想和我們合作。他秘密地會見了伍朝樞、孫科、吳鐵城、古應芬等和其他反動派，並且使李濟深、陳銘樞和其他廣州將軍們站到自己一邊。他告訴蔣，鮑羅廷將開始解決三・二〇事件，慫恿蔣逮捕鮑羅廷，試圖在左派内部製造分裂。㊸

謝福林的報告並稱：右派正在散布共產黨即將「共產」的謠言，並且正在煽動銀行家和商人罷市，結果，很多人到銀行提款、擠兌，極大地擾亂了政府的財政。報告特別提到，5月7日，青年軍人聯合會和孫文主義學會兩派分別組織示威，孫文主義學會的潘佑强和楊引之被打得半死。最後，黃埔軍校的指揮官們要求蔣介石採取行動，從國民黨中清除共產黨成員。5月16日，第一軍第二師和黃埔學生舉行了反共示威。謝福林的報告系根據鮑羅廷的報告寫成，顯然，上述內容反映的是鮑羅廷對廣州形勢的了解和分析。

鮑羅廷回到廣州之際，蔣介石頗爲惴惴，擔心在汪精衛問題上產生「糾葛」，㊹4月30日，蔣介石開始與鮑羅廷「商議黨爭，交換意見」，發現鮑尙有「猜忌之點」㊺。但是，在最初的試探之後，蔣介石就迅速提出，要求限制共產黨人在國民黨內的職務。鮑羅廷由於感到一場右派政變迫在眉睫，決心以向蔣介石讓步爲代價，換取他對右派的鎮壓。他對彭述之說：「在當前局勢異常危險的威脅下，只有成立一個革命的獨裁，像法蘭西大革命中的羅貝斯比爾的革命獨裁一樣，才能打破右派反革命的陰謀，替革命開闢一條出路。」㊻鮑羅廷認爲，蔣介石有很嚴重的缺點，但在現時的國民黨人中，沒有人能像他有力量、有決心，足以打擊右派的反革命陰謀。爲了打開當前極度危險的僵局，不得不對蔣作最大限度的讓步。前引謝福林報告所稱：「接受蔣的要求，以避免一場災難」，與鮑羅廷對彭述之所說的話，精神完全一致。當時，中國共產黨還處在幼年時期，還不懂得也無力實行獨立自主的原則，時在廣州的趙世炎表示：「我們應當信任鮑羅廷同志，接受他的主張，由他負責去實行。」㊼隨後鮑羅廷指示陳延年召開幹部特別會議。會上，鮑羅廷一再强調維持國共合作的必要，爲了合作，必須向蔣介石妥協。會議在沒有進行討論的情況下表決接受了鮑羅廷的主張㊽。三年以後，陳獨秀回憶說：「我們主張準備獨立的軍事勢力和蔣介石對抗，特派彭述之同志代表中央到廣州和國際代表面商計劃，國際代表不贊成，並且還繼續極力武裝蔣介石，極力主張我們應將所有的力量擁護蔣介石的軍事獨裁來鞏固廣州國民政府和進行北伐。我們要求把供應蔣介石、李濟深等的槍械勻出五千支武裝廣東農民，國際代表說：『武裝農民不能去打陳炯明和北伐，而且要惹起國民黨的疑忌及農民反抗國民黨。』」㊾以上所云，應是事實。陳、彭二人由於意見被否定，便轉而主張退出國民黨，改取黨外合作。

可以看出，中山艦事件之後，在制訂和執行對蔣妥協、退讓政策的過程中，起決定作用的是共產國際和蘇聯方面，以陳獨秀為代表的中共中央不應該是主要的責任者

四、「黨務整理案」的通過與蔣介石掌握最高權力

從 5 月12日起，蔣介石即與鮑羅廷商談「黨務整理辦法」。鮑羅廷表示過不同意見，但「態度極為緩和」，凡蔣介石所提主張，都接受了㊿。14日，蔣對鮑說：「對共產黨提出條件雖苛，然大黨允許小黨在黨內活動無異自取滅亡，余心實不願提此亡黨條件，但總理策略既在聯合各階級，故余不願違教分裂也。」這段話，表面上聲稱遵從孫中山遺教，而實際上認為孫中山的「容共」將導致國民黨「亡黨」。對於這一段本應反駁的話，鮑羅廷「默然」51。15日，國民黨召開二屆二中全會，蔣介石提出旨在限制共產黨的《國民黨與共產黨協定事項》。會上，委員們「相顧驚惶」，蔣介石也自覺「言之太過，終日不安，精神恍惚異常」52。蔣介石再晤鮑羅廷，聲稱：「余甚以兩黨革命，小黨勝於大黨為憂；又以革命不專制不能成功為憂；又以本黨黨員消極抵制共產而不能積極奮發自強為憂。」53據說，鮑羅廷「頗感動」云。17日，《國民黨與共產黨協定事項》作為《整理黨務第二決議案》通過。至20日，會議共通過《整理黨務決議案》四件。

國民黨二屆二中全會期間，中共黨團曾討論對「黨務整理辦法」的態度。彭述之引經據典地說明不能接受，但提不出具體辦法。反復討論，毫無結果，最後，張國燾「用了非常不正派的辦

法要大家接受」㊴。

根據謝福林的報告，鮑羅廷對蔣介石的讓步共三條：1.共產黨員不能擔任國民黨中央黨部的部長；2.將在國民黨中的共產黨員名單交給國民黨中央執行委員會主席；3.不允許國民黨員參加共產黨㊵。在二屆二中全會通過的整理黨務決議案中，這些內容都包括進去了。此外還增加了共產黨員在國民黨高級黨部任執行委員時，其人數不得超過總數的三分之一等規定。至此，蔣介石的限共要求全部得到滿足。會議並根據孫科的提議，規定以後國民黨完全信任蔣介石「革命重心」㊶。從中山艦事件以來，蔣介石步步進攻，至此可謂贏得了全盤勝利。

鮑羅廷指望以讓步換取對右派的鎮壓，蔣介石在這方面給了鮑羅廷以某種滿足。5月8日，蔣介石拒絕和胡漢民會談，迫使胡於次日離開廣州㊷。30日，逮捕吳鐵城。同日，通過張靜江和孫科、伍朝樞商量，希望孫科充當黨政代表赴俄與共產國際接洽，伍朝樞暫時離粵㊸。鮑羅廷覺得自己的策略成功了，興致勃勃地向莫斯科報告：「右派受到了嚴重的打擊，不得不放棄他們的陰謀」，「城市變得很平靜，所有的商會都在以很大的努力向國民黨政府表達忠誠」㊹。作爲對蔣介石的回報，鮑羅廷又竭力動員蔣介石出任國民革命軍總司令一職。在蔣「惶愧力辭」的時候，鮑羅廷居然以去就力爭，聲言如蔣不就總司令一職，他自己就要辭去總顧問一職㊺。

6月4日，國民黨中央黨部任命蔣介石爲總司令。在此前後，他還被任命爲國民黨中央組織部長、軍人部長、國民政府委員和中央常務委員會主席等職。鮑羅廷終於使斯切潘諾夫的策略成爲現實——滿足蔣的「喜尊榮心」，協助蔣取得「比較現時更爲偉大之權力與實力」。可以說，沒有蘇聯方面的「利用」政策，蔣介石在取得最高權力的過程中不會那樣順利。

1926年4、5月間，廣州的形勢確實相當嚴峻。謝福林報告

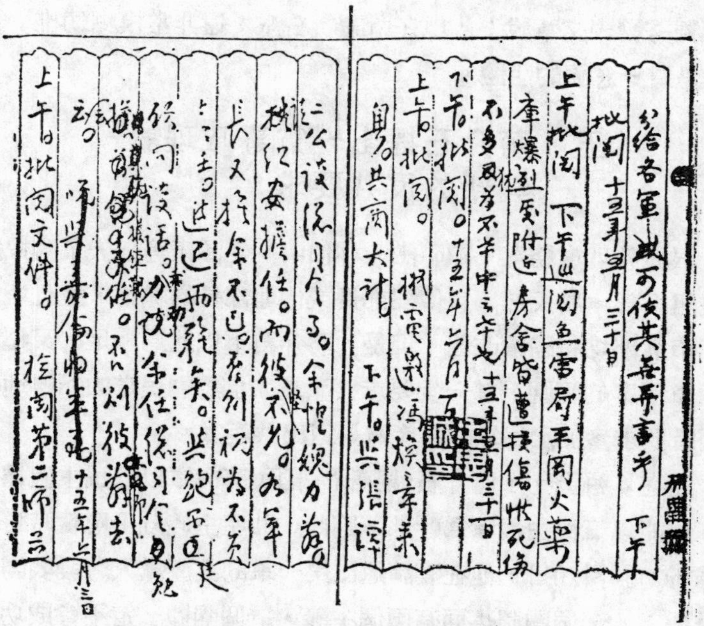

圖三十　蔣介石日記（毛思誠分類摘錄本）之二
（採自中國第二歷史檔案館）

所述胡漢民企圖離間蔣介石和鮑羅廷之間的關係[61]，右派準備舉行歡迎胡漢民的游行[62]，要求胡漢民出任國民政府主席[63]，謠言蜂起，金融緊張，左右派公開衝突等情況，都是事實。吳鐵城、馬超俊、古應芬等人並曾有一個計劃，準備以突擊檢查的辦法逮捕在廣州的全部共產黨人[64]。吳鐵城的被捕使這一計劃破產，從而消弭了危險，但是，通過旨在限共的「整理黨務決議案」，將蔣介石奉上總司令和中央常務委員會主席的寶座，使他掌握至關緊要的軍權和黨權，中國革命就陷入更大的危險中了。

自鄒魯、林森等於1925年 1 月在北京召開西山會議，隨後又在上海另立中央，召開對立的第二次全國代表大會後，共產國際、蘇聯顧問、中共中央都把和這一個右派集團作鬥爭看成主要任務，完全忽視了革命陣營中正在發展的新右派。1926年 4 月 3 日，陳獨秀發表文章說：「現在所謂新右派，還非常模糊幼稚」⑥⑤，正是這一忽視的明證。

五、蔣介石提出一黨專政理論與新的反共要求

根據整理黨務案，譚平山、林伯渠、毛澤東等辭去了國民黨中央組織部、農民部、宣傳部部長或代理部長的職務，並且，各省、市黨部均將陸續改組，但是，蔣介石不以此爲滿足，又超出整理黨務案的範圍，進一步要求共產黨人承認國民黨的領導地位，同時要求參加國民黨的共產黨員退出共產黨。

還在4月上旬，蔣介石就聲稱，國民革命軍以三民主義爲主義，只能以三民主義者爲幹部，因此，共產主義分子應暫時退出軍隊⑥⑥。同月20日，他在宴請退出第一軍的共產黨人時發表講話，聲稱：「一個團體裏面有兩個主義，這個團體一定不會成功」，企圖進一步提出反共要求⑥⑦。不過，限於時機，他的話講得比較含蓄。二屆二中全會後，他覺得時機成熟，便直言不諱了。5月27日，他對由退出軍隊的共產黨人組成的高級訓練班講話，宣稱「領導中國國民革命的是中國國民黨」，「革命是非專政不行的，一定要一個主義、一個黨來專政的」⑥⑧。6月7日，他在黃埔軍校發表演講稱：「一國有兩個革命黨，這個革命也一定不能成功」；「中國要革命，也要一切勢力集中，學俄國革命的辦法，革命非由一黨來專政和專制是不行的。」他並稱：「如果一黨中間，有另外的一個小黨的黨員在裏面活動，一班黨員便起了猜忌懷疑之心，由這猜忌懷疑便發生一種恐慌，由這恐慌便生出衝突，由這衝突使自己的勢力互相殘殺，同歸於盡。」因此，他要求共產黨作出「暫時犧牲」，以便輔助國民黨强大起來。他說：「一方面主張世界革命統一，中國革命要受第三國際的指導；一方面，中國革命是中國國民黨來領導中國各階級革命，要請中國

國民黨裏的共產黨同志，暫時退出共產黨，純粹做一個中國國民黨的黨員。」⑲次日，他向鮑羅廷明確提出：「共產分子在本黨應不跨黨。」⑳同年8月，他派邵力子代表國民黨赴莫斯科參加共產國際執委第七次全會，要求國際接納國民黨，同時命邵轉達：承認共產國際是世界革命的領導，但共產國際應承認國民黨是中國革命的領導，共產黨實際上是不需要的㉑。

聯合共產黨共同致力於中國革命是孫中山經過深思熟慮之後的決策，採取共產黨人加人國民黨的「黨內合作」形式更是孫中山的選擇。蔣介石關於共產黨人退出國民黨的要求完全違背孫中山的決策，他的「由一黨來專政和專制」的理論更明確地暴露了他反對以至取消共產黨的用心。但是，這一切都未能引起鮑羅廷的重視。相反，他卻繼續鼓吹「絕對團結」。6月16日，他在黃埔軍校演講稱：「絕對團結，於革命方有希望。現在四面八方都是敵人，各派一定要聯合起來，共同去打倒敵。敵人既推倒之後，方再討論革命的原理。」㉒7月20日，他又在蔣介石就任國民革命軍總司令的宴會上發表演講，號召「在蔣同志之下，共同前進，打倒敵人。」㉓結果是，敵人尚未打倒，蔣介石就動手打倒共產黨了。

中共中央注意到了蔣介石「一個主義」之類的言論。6月4日，陳獨秀發表致蔣介石的公開信，說明國民黨是各階級合作的黨，而不單純一階級的黨，所以「共信」之外，也應該有各階級的「別信」；除了共同主義之外，也還有各階級各別需要所構成的各別主義之存在㉔。7月12日至18日，中共中央在上海召開擴大會議，提出「與資產階級爭國民運動的指導」，「保證無產階級政黨採取國民革命的領導權」，表示出和蔣介石抗爭的意味㉕。但是，這一時期，中共中央也製訂不出正確對待蔣介石的方針。在陳獨秀等人心目中，蔣介石還是中派，還要「愛護」、「扶助」，「使之左傾」。自然，基於這種認識，只能響應鮑羅廷的號召，「在蔣同志之下，共同前進」了。

六、共產黨人失去了最好的一次機會

中山艦事件後，蔣介石道義上處於劣勢，軍事上只掌握第一軍的部分力量，實力處於下風。如果在這個時候組成反蔣聯盟，對蔣介石的進攻採取堅決的回擊，那麼，勝利者顯然是左派。然而，蘇聯考察團和蘇聯顧問計不出此，一再對蔣妥協、退讓，並幫助蔣達到了他當時可能達到的權力高峰。及至蔣介石率領重兵開始北伐後，鮑羅廷等才慢慢感覺失策，於是先有迎汪運動，後有提高黨權運動，目的都在於奪回蔣介石已經取得的權力。但是，文鬥敵不過武鬥，黨權敵不過軍權。直到1927年「四·一二」政變前夕，武漢政府才下決心利用程潛第六軍的力量逮捕蔣介石，然而，那時候，蔣介石重兵在握，豈是輕易能夠就範的呢！

在中山艦事件之後，共產黨人失去了最好的一次機會。

（原載《歷史研究》，1992年第5期）

【註　釋】

① 謝福林，眞名阿利別爾特·拉賓（Алъберт Лапин），1916年參加俄國共產黨，1917年-1921年參加紅軍，其後畢業於軍事學院。1925年來華，先後在張家口、開封兩地的馮玉祥軍中任顧問。1926年4月調任蘇聯駐華使館武官處代理武官。

② Document 52, Wilbur and How: Missionaries of Revolution, Harvard Press, 1989, pp. 718-719.

③ 陳公博：《苦笑錄》，現代史料編刊社1981年版，第37-38頁。

④ 同前註。

⑤ 《中革命的一點經歷》，《謝華集》，湖南人民出版社，1989年版，第302頁。

⑥ 斯切潘諾夫報告，《蘇聯陰謀文證匯編·廣東事項類》，第34頁。

⑦ 方鼎英：《補敘中山艦事件》，全國政協文史資料未刊稿；文心玨：《國共合作與國共分離的回憶》，湖南政協文史資料未刊稿。

⑧ 《關於1924至26年黨對國民黨的關係》，《周恩來選集》（上），人民出版社1980年版，第 120 頁。

⑨ 同註⑦。

⑩ 茅盾：《我走過的道路》，人民文學出版社1981年版，第 307 頁。

⑪ 王若飛：《關於大革命時期的中國共產黨》，《中共黨史革命史論集》，中共中央黨校出版社1982年版，第 112 頁。

⑫ 《蔣介石日記類抄・黨政》，1926年 3 月21日，未刊稿。

⑬ 鄂利金，眞名拉茲貢（И.Я.Разгон），來華之前曾任軍事學院副院長。

⑭ 同註⑥。

⑮ 同註⑥。

⑯ 《關於斯切潘諾夫報告之問題及批評》，《蘇聯陰謀文證匯編・廣東事項類》，第42頁。

⑰ 《民國十五年以前之蔣介石先生》第八編一，第83頁。羅加喬夫(B. Ⅱ. Porah)1921年來華，1925年 7 月任參謀團主任。同時決定調回蘇聯的還有拉茲貢。

⑱ 《中國國民黨第二屆中央執行委員會政治委員會會議錄》。

⑲ 《中共黨史革命史論集》。

⑳ 切列潘諾夫：《中國國民革命軍的北伐》，中國社會科學出版庄1981年版，第 374 頁。

㉑ 《蘇聯陰謀文證匯編》卷首影印俄文原件及譯件。

㉒ Document 26, Wilbur and How: Missionaries of Revolution, pp. 602-603。

㉓ 切列潘諾夫：《中國國民革命軍的北伐》，第 306 頁。

㉔ 《中共黨史革命史論集》，第 112 頁。

㉕ 斯切潘諾夫（ B.A.Степанов ），參加過第一次世界大戰和俄國國內戰爭。工農紅軍軍事學院畢業。1924年10月來華，在黃埔軍校工作，曾任蔣

介石及第一軍顧問，參加過兩次東征之役。

㉖ 斯切潘諾夫報告，《蘇聯陰謀文征匯編·廣東事項類》，第 35-36 頁

㉗ 《蔣介石日記類抄，黨政》（1926年 4 月 2 日）云：「靜江、子文兄來談，適值歐陽格艦隊司令被拘留，以歐陽聯合右派，不利於其黨也。」

㉘ 斯切潘諾夫報告，《蘇聯陰謀文證匯編·廣東事項類》，第38頁。

㉙ 斯切潘諾夫報告，《蘇聯陰謀文證匯編·廣東事項類》，第 36-38 頁。

㉚ 同前註。

㉛ 同註㉙。

㉜ 同註㉙。

㉝ 尼洛夫，眞名薩赫洛夫斯基（Сахновский），參加過俄國國內戰爭、工農紅軍軍事學院畢業。1924年來華，先後在第四軍及第一軍中任顧問。1926年曾北上向布勃諾夫考察團報告。

㉞ 斯切潘諾夫報告，《蘇聯陰謀文證匯編·廣東事項類》，第 40-41 頁。

㉟ 同前註。

㊱ 費爾南多，克勞丁：《共產國際·斯大林中國革命》，求實出版社，1982年版，第 2 頁。

㊲ 格魯寧：《論三·二〇事件後中國共產黨的策略問題》，轉引自賈比才等《中國革命與蘇聯顧問》，中國社會科學出版社1981年版，第 146 頁

㊳ 伊羅生：《中國革命史》，上海向導書局，1947年版，第84頁。

㊴ 《中國革命勢力的統一政策與廣州事變》，《向導》第 148 期。

㊵ 張國燾：《我的回憶》，第 2 冊，現代史料編刊社，1980年版，第 99-105頁。

㊶ 《蘇聯陰謀文證匯編·廣東事項類》，第36、38頁。

㊷ 彭述之：《評張國燾〈我的回憶〉》，香港前衛出版社1957年版，第 5-6頁；參見《彭述之選集》第 1 卷，香港十月書屋版，第72頁。

㊸ Wilbur and How: Missionaries of Revolution, pp. 717-718.

㊹ 《蔣介石日記類抄·黨政》，1926年 4 月26日。

㊺ 同上，1926年 4 月30日。

㊻ 彭述之《評張國燾〈我的回憶〉》，第 8 頁。

㊼ 彭述之《評張國燾〈我的回憶〉》，第9-10頁。

㊽ 同前註。

㊾ 《告全黨同志書》。

㊿ 蔣介石：《蘇俄在中國》，第三節。

51 《蔣介石日記類抄・黨政》，1926年 5 月14日。

52 同上，1926年 5 月15日。

53 同上，1926年 5 月16日。

54 周恩來《關於1924年至26年黨對國民黨的關係》，《周恩來選集》（上），第 123 頁。

55 Wilbur and How: Missionaries of revolution, p. 719.

56 同前註。

57 同註55。

58 《蔣介石日記類抄・黨政》，1926年 5 月17日。

59 《邵元冲日記》，1926年 5 月30日，上海人民出版社1990年版。

60 《蔣介石日記類抄・軍務》，1926年 6 月 3 日。

61 《蔣介石日記類抄・黨政》（1926年 4 月30日）云：「下午與展堂兄談天，其言近挑撥，多不實，心甚疑之。」

62 《各界歡迎胡展堂先生大會籌備會啓事》，《廣州民國日報》，1926年 5 月10日、11日。

63 《胡漢民抵粵後情形》，《申報》，1926年5月12日。

64 郭廷以等：《馬超俊第六次訪問談話記錄》，1961年 8 月29日，未刊，美國可倫比亞大學珍本和手稿圖書館藏；參見馬超俊：《吳鐵城先生和我》，《吳鐵城回憶錄》，台灣三民書局1971年版，第 172 頁。

65 《國民黨左派之過去、現在及將來》，《向導》，第 148 期。

66 《民國十五年以前之蔣介石先生》第八編二，第 8 頁。

67 同上書，第44頁。

68 同上書，第 74-75 頁。

⑲ 《廣州民國日報》，1926年 6 月26日-30日。

⑳ 《民國十五年以前之蔣介石先生》，第八編二，第79頁。

㉑ A.B.列茲尼科夫：《共產國際與中國共產黨》，《國外中國近代史研究》⑾，中國社會科學出版社，1988年版，第 339-340 頁；邵力子《出使蘇聯的回憶》，《文史資料選集》第60輯， 184-185 頁。

㉒ 《鮑顧問演詞》，《廣州民國日報》，1926年 6 月17日。

㉓ 《蔣總司令就職後宴會盛況》，上海《民國日報》，1926年 7 月20日。

㉔ 《向導》，第 157 期。

㉕ 《中國共產黨與國民黨關係決議案》，《中共中央文件選集》（1926）
，中共中央黨校出版社1989年版，第 176 頁。

蔣介石與北伐時期的江西戰場

江西戰場是北伐時期的三大戰場之一。它由作爲國民革命軍總司令的蔣介石親自指揮，其對手是直系軍閥的後起頭目孫傳芳。研究這一戰場上的兩軍作戰史，不僅有助於了解蔣介石其人及其軍事活動，而且也有助於了解北伐戰爭，獲得軍事史上的某些經驗。

一、孫傳芳出師援贛

江蘇、浙江、安徽、江西、福建向爲富庶之區，孫傳芳於1925年11月成爲五省聯軍總司令後，便提出「保境安民」口號，一以杜外人覬覦，保住到口的肥肉，二以迎合東南資產階級的願望。還在北伐軍入湘前，孫傳芳就聲明：「人不犯我，我絕不犯人」，「如貪婪竊發，抉我藩籬」，「亦惟有率我五省之師旅，以遏制之而已」①。1926年北伐軍入湘後，孫傳芳又於6月12日召開軍事會議，宣布「無論何方軍事，均主以消極眼光應付之」，「不加入任何漩渦」②。吳佩孚曾派人到寧，要求孫傳芳援湘，但孫不願意爲吳火中取栗，他企圖坐山觀虎鬥，在兩敗俱傷後佔領兩湖，坐收漁人之利。7月27日，孫傳芳接見國聞社記者時，以一副悲天憫人的姿態說：「循環無已之戰爭，國人孰不痛心？天下無可以殺盡百姓之英雄，是以平日持論，治軍必先愛民。「又說：「目下情形，南方實嚴重於北方」，「最好將北方之事，完全交奉方主持」，吳佩孚「尅日南來，對付湘粵」③。28日，孫傳芳命親信，時任北洋政府農商總長的楊文愷赴長辛店，向吳佩孚進言。但吳佩孚正忙於指揮南口之戰，完成包圍國民軍的計劃，無意立即南下。他要求孫「特別設法」，使「討赤軍內部之團結」臻於「圓滿」，對湖南戰事，則請孫「多爲幫忙」，「量力予以相當之接濟」④。對此，孫傳芳的答覆是，「無力遙顧湘戰」⑤，他仍然要求吳佩孚「督飭各軍，迅掃西北之敵」，然後「回師南下，坐鎮長江」⑥。當北伐軍節節前進之際，孫傳芳卻在南京悠哉游哉地修明禮樂。8月6日，舉行投壺新儀，聲稱：「吾國以禮樂爲文化之精神，今欲發揚文化，非以修明禮樂不可。」⑦同時，又組織修訂禮制會，聘請章太炎、沈彭年、姚文枏、汪東等一批名流爲會員，以章太炎爲會長。孫傳芳稱：「此次舉行投壺典禮，看似迂闊，實則君子禮讓之爭，足以感人心而易末俗。」⑧

當時，江浙地區正在掀起和平運動。參加這一運動的社會成分很複雜。部分紳商既害怕國民革命軍進入東南，也反對孫傳芳出師援助吳佩孚。中國國民黨、中國共產黨在江浙地區的組織及其影響下的進步力量則企圖以此牽制孫傳芳出兵，爭取民眾同情⑨。8月初，蘇州，無錫、武進、鎮江、淮陰以及上海縣的商會會長聯名致電孫傳芳，對所謂「援湘」準備表示驚疑。電文稱：「興無名之師，何如以不戰服人？懲異端之攻，何如以自強不息！」電文要求孫傳芳「熟籌全局，慎於一發」⑩。隨後，南京部分紳士和法團領袖聯袂會見孫傳芳，要求他「力顧五省保境安民宣言，勿牽入湘、粵戰爭漩渦」⑪。11日，上海全蘇公會召開特別大會，議決七項，其要者爲：1.電致孫傳芳，贊成「消極的增防」；2.警告北伐軍總司令部，請其嚴飭所部，絕對不得越閩、贛省境一步；3.通電本省及浙、閩、皖、贛、四省各團體，一致運動和平；4.聯絡上海各法團，共作和平運動；5.通電全國軍事當局，請停止戰爭，共謀國是；6.發表和平宣言⑫。9月8日，全浙公會常務董事會召開緊急會議，公推蔣尊簋、殷汝驪、沈田莘三人赴寧，向孫傳芳請願⑬。13日，又決定派蔣尊簋、魏炯（

伯楨）二人赴漢口，和蔣介石接洽⑭。其後，江蘇派出袁觀瀾、黃炎培、趙正平，福建派出方聲濤、史家麟，安徽派出許世英、王龍亭，江西派出徐鶴仙等人，參加和平運動。一時間，各種名目的和平組織紛紛湧現。有一個名爲「五省和平祈禱會」的組織，甚至致電張天師，邀請他蒞滬「設壇禳醮」⑮。

進步力量企圖以和平運動牽制孫傳芳出兵，乖巧的孫傳芳則將和平的口號接過來，作爲阻擋北伐軍的口實。8月11日，他復電各商會，聲稱：「逞能肆態，馳騁角逐，以較一日之勝負，殘民、蠹財、溺國，芳雖愚，絕不爲也。」他表示：「金革之聲頻驚，不能不稍事整備，俾固疆圉。」⑯9月10日，他在會見全浙公會代表時說：「破壞和平，在蔣不在我」，「我始終以和平爲懷，只須蔣中正將入贛境之部隊完全退出，我決不追趕一步」⑰。20日，孫傳芳會見江蘇、上海和平代表時又進一步提出三項條件：1.撤退入贛黨軍，停止湘鄂戰爭；2.組織內閣，各方自由推戴人選，取決多數；3.召集南北和平會議，劃分軍區，勻配財權⑱。

儘管孫傳芳故作從容，高談和平，但是，北伐軍的進軍腳步畢竟不能使他平靜，特別使他繫念的是勢力範圍之內的江西。早在7月上旬，就傳出他要派安徽混成旅長王普率部援贛。不過，由於江西總司令鄧如琢拒絕，王普迄未接到動員命令⑲。鄧雖然是五省聯軍成員，但始終依違於吳佩孚、孫傳芳之間，並非孫的嫡系，不願輕易讓別人插足境內。7月31日，孫傳芳在南京召開五省軍事會議，決定合力對粵。會後，孫傳芳即調兵遣將，部署援贛。自8月17日起，謝鴻勛的第四師、楊震東的第七混成旅、孟昭月的第十混成旅陸續出發。19日，孫傳芳通電本省各部隊各機關：此舉純系防禦性質，「我軍此後行動，仍本素日宗旨，堅守疆界，禁暴息爭」⑳。20日，謝鴻勛部抵達九江，由鄧如琢指定，以贛北修水、銅鼓兩縣爲駐紮地點。其後，陸續到達贛境的孫軍有盧香亭第二師、周鳳岐第三師、鄭俊彥第十師、彭德銓第六混成旅等，共五師八旅約10餘萬人。月底，孫傳芳任命原浙江總司令、第二師師長盧香亭爲援贛軍總司令，同時下達援贛進攻計劃：以皖軍王普部爲第一軍，進攻通山、岳州；以蘇軍爲第二、第三軍，進攻平江、瀏陽；以鄧如琢部進攻醴陵、株州；同時命閩南周蔭人部進攻廣東潮州、梅縣㉑。9月2日，吳佩孚所派告急使者趙恒惕到寧，孫傳芳爽快地表示：「即日電令各軍火速出發，實行進攻湘、粵。唇亡齒寒，智者皆知。」㉒由於兩湖軍事節節失利，吳佩孚心急火燎地盼望孫傳芳出兵，至此算是得到了一個滿意的答覆。

二、孫蔣談判與孫張結盟

孫傳芳的援贛部隊雖然出發了，但他仍然在觀察風色，一面和蔣介石的代表頻頻談判，一面和張作霖、張宗昌結盟。

孫傳芳和廣東國民政府之間早有聯繫。1925年12月，孫傳芳曾派王季文爲代表到粵會見蔣介石㉓。次年2月、5月，孫兩次派人赴粵與廣東國民政府「修好」。7月，孫傳芳派人赴滬，和粵方代表商洽，並致電蔣介石，希望不用北伐字樣，不侵犯閩贛㉔。8月12日，蔣介石致電孫傳芳，要求他不受吳佩孚「僞命」，並稱：「對於全國軍人，力求團結」，「志同道合，直可聯爲一體」，倘孫傳芳能「順應革命潮流」，則可代爲向政府請求，承認孫傳芳爲五省總司令㉕。8月，孫傳芳派人到湘，和蔣介石聯繫，同時運動唐生智，以湖南地盤爲條件，誘使唐「拒絕革命軍」㉖。蔣介石估計孫傳芳的內部發生變化，指令駐滬代表何成濬和孫傳芳接洽，「於此倒吳之時，須要孫有確切表示，或加入國民政府應有其具體條件也」㉗。何成濬與孫傳芳原係日本陸軍士官學校的同學，二人於8月下旬在南京進行了兩次會談。第一次，何成濬提出：1.由廣州政府委派孫傳芳爲東南五省首領，保持五省治安；2.孫傳芳與革命軍一致動作，革命軍自湖南北上，孫軍自江西西進，雙方夾擊湖北，會師武漢。孫傳芳提出：國民革命軍應停戰並退出湖南，「湘交湘人自理，作緩衝地」。對此，何成濬表示：「停戰未始不可，但必須吳軍退出鄂境，以兩湖作緩衝地方能商議。」㉘第二次，孫傳芳要求國民革命軍在岳州停止前進，「以和平手段處置國事」。何成濬則要求孫傳芳先促吳佩孚下野，「擔保吳不復在政治上活動；在岳停止一節，亦可商議」㉙。會談中，孫傳芳只表示，「國民黨之三民主義，亦表贊同，惟共產主義深所反對」㉚。對何成濬的具體意見則始終不答覆。9月初，張群再次赴寧。孫傳芳強烈地表示，不能接受國民政府任命，但又同時聲稱：「保持和平，不投入漩渦」㉛。孫的左右手楊文愷則提出辦法三條，要求張群轉達蔣介石，其內容爲：在現下不犯入其轄境，將來與廣東國民政府立於對等地位，「商量收拾全局」；粵方「須表明非共產」等㉜。

除派代表磋商外，孫傳芳、蔣介石等人之間的函電聯繫也很頻繁，彼此都要求對方撤退。9月6日，孫傳芳致電譚延闓、蔣介石等，聲稱粵軍進攻江西萍鄉，「傳芳已命我軍後退百里，請粵軍亦迅速撤退，以免誤會」㉝。7日。再電限24小時退回粵境㉞，蔣介石則於9月10復電孫傳芳，建議由原江西軍務督辦、國民政府新委任的江西宣慰使兼第十一軍軍長方本仁主持贛政㉟。13日，再電孫傳芳，聲言「執事以保境安民爲職志，應速撤退駐贛各軍」㊱。此後，蔣介石一直堅持要孫傳芳以此點來表示「誠意」，並稱：「本軍決不擴大戰區，即使佔領了江西，亦可如前議歸還。」㊲談判一直若斷若續。

孫傳芳和張作霖、張宗昌之間長期存在仇隙，不久前還是生死冤家。他在出兵援贛之際，不能不調整關係，以免後門失火。

8月16日，五省聯軍訓練總監王占元由天津到達濟南；9月7日，到達南京。王占元南行的任務是動員孫傳芳與張作霖拋卻

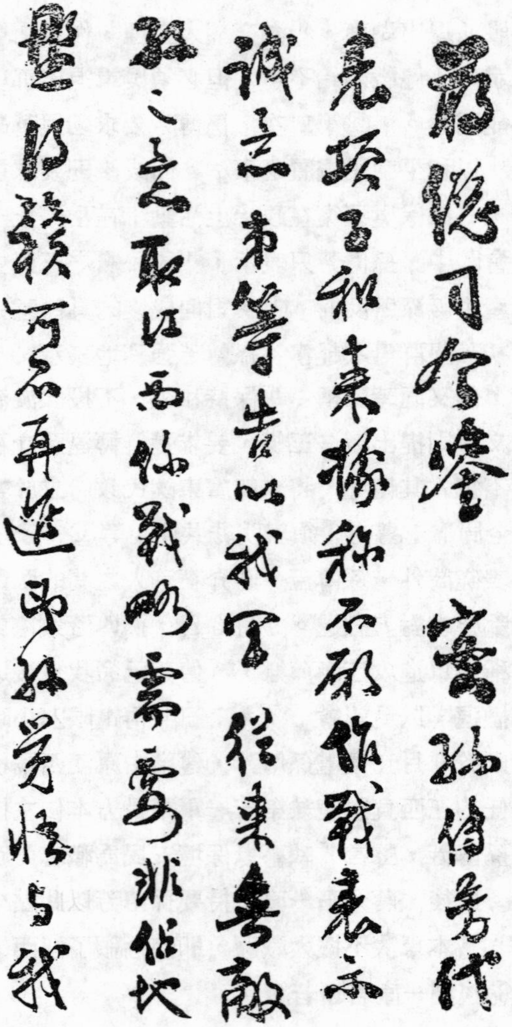

圖三十一　譚延闓致蔣介石密函手跡
（採自中國第二歷史檔案館）

前嫌，合作援吳。8日，孫傳芳致電張作霖，表示「備悉我公懇懇關垂之意」，「今赤焰梟張，勢將燎原」，「願追隨左右，共挽頹局」㊳。9日，張作霖覆電：「東南半壁，全賴我兄支柱」，「弟但知大局爲重，微嫌小隙，早付東流。」㊴在王占元南行之後，提倡大北洋主義的靳雲鵬也於11日接踵而至。靳於8日到奉，參與軍事會議，對張作霖說：「黨軍既以北伐爲名，在勢必不止於長江，彼方行步步爲營之策，得湘、鄂即窺豫、贛，得長江安能保其不窺河北？」㊵靳建議聯孫制蔣。當時，張宗昌也在奉，經靳勸說後表示：「馨遠若能斷然出兵打蔣介石，山東有一兵一卒走入江蘇，算我姓張的不夠朋友！」㊶靳、孫會談結果，孫傳芳表示，將親率13萬大軍進駐江西。11日，孫傳芳致電張宗昌稱：「效帥忠勇奮鬥，肝膽照人，請聯合出兵，共同討赤」，「傳芳誠意與奉魯合作，此心可質天日。」㊷14日，靳雲鵬、王占元聯翩到濟，轉達孫傳芳的「合作」之意，請奉魯軍速由京漢路進攻武漢，孫方將由贛進攻黨軍側面，同時保證孫軍在蘇魯交界不駐重兵㊸。當日晚，張宗昌即派潘復、文和、吳家元三人爲代表赴寧會見孫傳芳，潘復表示：「效帥爲直接了當之人，非爾虞我詐者可比」，「一俟蘇魯妥協，即行出兵」㊹。16日夜，雙方協議：江蘇徐州、山東兗州雙方駐兵不過一旅；遇必要時，魯軍得假道徐州隴海東站入豫，但徐州以南五省勢力圈之軍事，魯方決不干預㊺。

經過王占元、靳雲鵬的斡旋，蘇孫、魯張、奉張之間的聯盟初具雛形。9月19日，張作霖派人赴寧答謝，攜帶共同出兵計劃及解決內閣方案，徵求孫傳芳意見。同日，楊文愷等赴濟，代表孫傳芳和張宗昌交換了蘭譜㊻。20日，匆匆返寧報命。

在和張作霖、張宗昌結盟的同時，孫傳芳還於9月14日派出密使會見英國駐滬領事，以「中國的安全岌岌可危」，「英國利益同樣受到威脅」爲理由，要求英國給以任何形式的合作，密使表示：「只要能消滅布爾什維克的威脅」，孫傳芳準備冒奉軍賴在長江一帶，以及被指責向外國人出賣祖國的風險」㊼。15日，英國公使麻克類向外交部建議，由駐滬領事向孫傳芳保證，視孫軍與廣州軍隊作戰情形，予以「最適當、最有效的援助」㊽。但是，英國政府對沉浮變幻的中國軍閥不放心，擔心孫傳芳的失敗會使英國的處境「更爲難堪」㊾，因此仍持觀望態度。

儘管如此，楊文愷的濟南之行，在一定程度上消除了孫傳芳的後顧之憂。21日晨，孫傳芳乘江新輪赴贛。在船上，他發表談話說：「予此次出師，抱定三愛主義，曰愛國，曰愛民，曰愛敵。」「誓本此旨，爲此次作戰主義。大局定後，即以三愛爲我黨之黨綱。」㊿到九江後，即以江新輪爲總部，指揮江西戰事。同時命皖軍陳調元部駐紮於湖北武穴，準備上窺武漢。

三、蔣介石決策進軍江西與程潛首攻南昌

北伐最初的戰略是各個擊破，集中力量首攻吳佩孚，因此軍中有「打倒吳佩孚，妥協孫傳芳放棄張作霖」的口號。8月5日，蔣介石與蘇聯軍事顧問加倫討論攻鄂攻贛戰略，加倫主張先攻武漢，「對贛暫取守勢」，蔣介石贊同加倫的意見51。12日，長沙軍事會議再度肯定了在攻克武漢後乘勝入贛的方針，決定以第二、第三、第六各軍監視江西，防禦後方。但會後不久，蔣介石即企圖改變這一決定，提前入贛。14日，電告何應欽、賴世璜、譚道源第二期作戰計劃：對江西暫取「攻勢防禦」，如偵知敵有向我攻擊之企圖時，即以第二、第三軍進占萍鄉，並相機進取南昌、九江，同時，以南雄第五師及贛東獨立第一師協同攻取贛州，進占吉安52。26日，再電何應欽，聲稱「武漢或不日可下」，催促賴世璜速占贛州53。27日，電告程潛，我軍決於9月1日對江西實行攻擊，先取贛州54。29日，蔣介石決定親自指揮江西戰事，並於31日和加倫商量，加倫當時在攻克武漢後是進取河南還

是回兵江西問題上方針未定㊺，因此有猶豫之意，但蔣介石則決心已下㊻。9月1日，決定攻贛計劃。2日，他下達了二、三、六軍協同動作，三天後進攻的命命。

這一決策的改變是由多方面的原因造成的。其一是孫傳芳的出師援贛。孫軍謝鴻勛師、楊鎭東旅入贛後，即向贛西北的武寧、修水一帶進軍，其目的在於進擾瀏陽、平江、通城等地，威脅國民革命軍的側背，阻止其進取武漢。爲此，蔣介石會同朱培德製訂了一項迎戰計劃，以第二、第三軍入贛，進攻萍鄉、萬載、袁州等地，在將該地區之敵撲滅後以必要兵力協同第六軍夾擊修水方面孫軍㊼。

其二是和唐生智矛盾的進一步發展。蔣介石入湘以後，即與唐生智不和，其日記稱：「入湘以來，爲其當道懷疑抱恐〔怨〕，拒之不得，迎又不願。」㊽這裏所說的「當道」，即指唐生智。長沙軍事會議後，由唐生智指揮主力第四、第七、第八軍奪取武漢的局面已經形成。這一路節節勝利。8月22日克岳州，27日克汀泗橋，出現了「武昌指日可下」的形勢，蔣介石急於另闢戰場並迅速取勝，以提高自己的威望。他29日的日記說：「余決心親督江西之戰，以避名位」㊾，正是這一心情的曲折表現。

其三是對共產黨人和國民黨左派的猜忌。這一方面，他的日記多有記載。8月20日云：「得粵電，知後方有迎汪之謀，代行者亦有此意，或另有他圖，以爲倒蔣之伏線。」㊿同月23日云：「閱《向導報》，陳獨秀有誹議北伐言論，其用意在減少國民黨信仰，而增進共產黨地位也。此後入於四面楚歌之境，惟有奮鬥自強耳。」(61)這種情況，也增強了他另圖表現的決心。

當時，第二、第三軍集中醴陵，第六軍集中通城，爲了加強力量，蔣介石並調第一軍第一師至瀏陽，爲總預備隊。9月2日，蔣介石電告程潛，在他本人未入贛以前，第六軍暫歸朱培德指揮(62)。5日，國民革命軍開始進攻。鄧如琢本來和孫傳芳有矛盾，又新遭父喪，曾於8月20日致電吳佩孚、孫傳芳辭職，吳、孫不允，孫並授以第一方面軍司令之職，於是鄧便「墨經」出師。他採取誘敵深入策略，節節撤退㊸，國民革命軍進展迅速。9月6日，第二、第三軍占領萍鄉。7日，新近歸附北伐軍的賴世璜部及第一軍第五師譚道源部收復贛州。11日，第六軍占領修水。在勝利的鼓舞下，蔣介石急匆匆地於12日電令朱培德，要求他從速督軍，「猛進南昌」㊹。由於敵軍主力正在樟樹布防，與第二、第三軍相持，南昌城內只有鄧如琢的騎兵團和少數警察部隊，不過600人左右，因此，程潛決定變更原定攻擊德安和涂家埠的計劃，搶在朱培德之前奇襲南昌。蘇聯顧問康奇茨勸他等一等，與朱培德協調行動㊺。但程潛本來和朱培德有矛盾，不願受其指揮㊻。他聽從總參議楊杰的建議，命令第十九師等星夜兼程前進，搶先占領南昌㊼。

9月19日，第十九師便衣隊200餘人潛入南昌城內，在工人、學生和省長公署警備隊的響應下，向鄧如琢的騎兵團發動攻擊。同時，五十六團張軫部爆破惠民門，進入市區。南昌警備司令劉煥臣、省長李定魁聞訊後越墻逃跑。

南昌既克，程潛在凱歌齊奏中躍馬入城，受到市民熱烈歡迎。22日，召開群眾大會，到會1萬餘人。第六軍政治部李世璋在會上宣講了北伐軍的政策，對人民的支援表示感謝。江西群眾也登台發言，控訴軍閥、官僚的罪行。當時，正值中秋前兩天，市民殺豬宰羊，抬著月餅勞軍。中秋之夜政治部派出宣傳隊，掛起煤油燈在街頭演出，南昌城出現了前所未有的動人場景。

繼第十九師之後，指揮總預備隊的王柏齡也率領第一軍第一師部分人員進南昌，同時向總部報功。朱培德指揮第二軍、第三軍本已離南昌不遠，因聽說南昌已下，便勒兵不前，在原地休息了一天㊽。這樣十九師便成了深入敵巢的孤軍。

按程潛原計劃，當第十九師奇襲南昌之際，王柏齡所率第一軍第一師王俊部應向城西南潯鐵路上的牛行車站急進，奪取該站，向北警戒；第十七師應向城南靠近贛江西岸的生米街急進，並由該處渡江，向南警戒。但直至20日晚，第一師僅有兩營到達。次日，進攻牛行站，守敵爲維持交通線，頑強抵抗。第一師因爲中山艦事件後即將共產黨人排斥出去，戰鬥力不强，幾乎無法支持，靠了第六軍第十七師、第十九師的支援，至22日才逐漸得手⑥⑨。

鄧如琢獲悉南昌失守，即由豐城回師，盧香亭也命鄭俊彥率第十師及楊賡和獨立旅約兩萬人，由九江南下馳援⑦⓪。孫軍以優勢的兵力、火力反撲，王柏齡在進入南昌後，就到妓院作樂，軍中無主⑦①。程潛感到孤城難守，下令撤離南昌。23日晨，第十九師在萬河一帶被鄧如琢部包圍。經苦戰，24日突圍，渡過贛江。25日，在萬壽宮附近收容殘部。其間，王柏齡及一軍黨代表繆斌不知去向，程潛因失去部隊掩護，只好疏散隨員，剃鬚化裝，靠了江西老俵的領路，才得以擺脫敵人。事後，白崇禧譏笑程潛的這次遭遇爲「曹孟德潼關遇馬超」⑦②。此次戰鬥，第六軍第十七師、第十九師、第一軍第一師損失了大部分兵力。

孤軍深入向爲兵家大忌。程潛首攻南昌失利，其原因即在於此。

鄧如琢軍入城後，閉城大搶三日，任意殺人，以殺取樂。因爲學生曾歡迎北伐軍入城，所以凡學生裝打扮者，均有性命之憂。據記載：「數齡小兒，亦被其砍作多塊。滿掛街衢」⑦③。南昌一時陷入了白色恐怖中。

四、蔣介石入贛與再攻南昌

蔣介石於9月19日到達江西萍鄉。此前，他雖然早就下了親自指揮贛戰的決心，但還是於9月3日到了武昌城下。在進攻武昌過程中，他的嫡系部隊第二師的腐敗暴露得更加明顯，他本人和趾高氣揚的唐生智之間的矛盾也到了不能相容的地步。4 日蔣介石日記云：「最恨以下凌上，使人難堪，如此奇辱，豈能忍受乎？」8 日日記云：「接孟瀟總指揮函，其意不願余在武昌，甚明也。」他自悔不能早出江西，將武漢交給唐生智。14日日記云：「余決離鄂向贛，不再爲馮婦矣，否則人格掃地殆盡。」⑭這樣，他終於在17日離開湖北前線。25日，指令李宗仁率第七軍由鄂東南的興國乘虛猛攻九江，斷敵歸路，並設法與程潛取得聯繫⑮。但李部遵命進入贛境後，卻不知六軍去向。李宗仁感到，如繼續向九江進軍，將處於敵人重重包圍中。他決定改變戰略，舍棄九江，移師南向，找尋六軍。蘇聯顧問馬邁耶夫堅決反對，聲言「在蘇聯，指揮官如擅改作戰計劃或不聽命令，是犯死罪的」，但李宗仁執意不變。結果，在箬溪與孫軍謝鴻勛部相遇。9 月30日，李宗仁下令全軍出擊，鏖戰近一日，謝軍全線崩潰。李部俘獲2000餘人⑯，謝鴻勛受重傷，不久在上海死去⑰。謝本人是孫傳芳的心腹，謝部是孫傳芳的精銳，此役爲國民革命軍入贛後的第一個大勝仗。10月 3 日，第七軍乘勝進攻德安。德安位於南潯路中心，是敵人補給要站，有重兵駐守，且構築有堅固工事，經激戰後於當日攻克。

第三軍自第六軍退出南昌後，即駐紮於萬壽宮附近。朱培德與程潛等會議決定，各軍後退，透敵前進，相機聚殲⑱。9 月30日，孫軍第二方面軍鄭俊彥部 1 萬餘人挾南昌戰勝餘威，向第三軍陣地進攻。朱培德以第七師王均部任正面防禦，以第八師朱世貴部遷回敵後，攻擊側背，並以預備第九師作爲增援力量，激戰至10月 2 日，占領萬壽宮。孫軍江西總司令鄧如琢由於近在樟樹，坐視不救，被孫傳芳於10月 3 日撤職，以鄭俊彥繼任⑲。

第七軍、第三軍先後告捷，蔣介石估計殲滅孫軍約過半數，便於10月中旬，以自己的嫡系第一軍第二師爲主力，會同第二軍、第三軍，第二次進攻南昌。

第二軍原處贛江西岸，與駐守樟樹的鄧如琢部隔江對峙。9月底，各部陸續渡江。30日，蔣介石親赴清江督師。10月5日，第一軍第二師占領樟樹⑻。6日，占領豐城。9日，第一軍第二師與第二軍五、六兩師到達南昌城下，敵軍退入城內固守，使守城部隊達到五六千人之數。爲了使北伐軍在城外失去進攻屏障，岳思寅、唐福山、張鳳岐等賞洋兩萬元，命令工兵營在城外縱火，延燒了兩天。惠民門、廣潤門、章江門、德勝門外不少繁華地區成爲焦土，著名名勝滕王閣也在這次大火中被毀。12日晨，國民革命軍各師同時開始攻擊，第六師各團並組成了以共產黨員爲

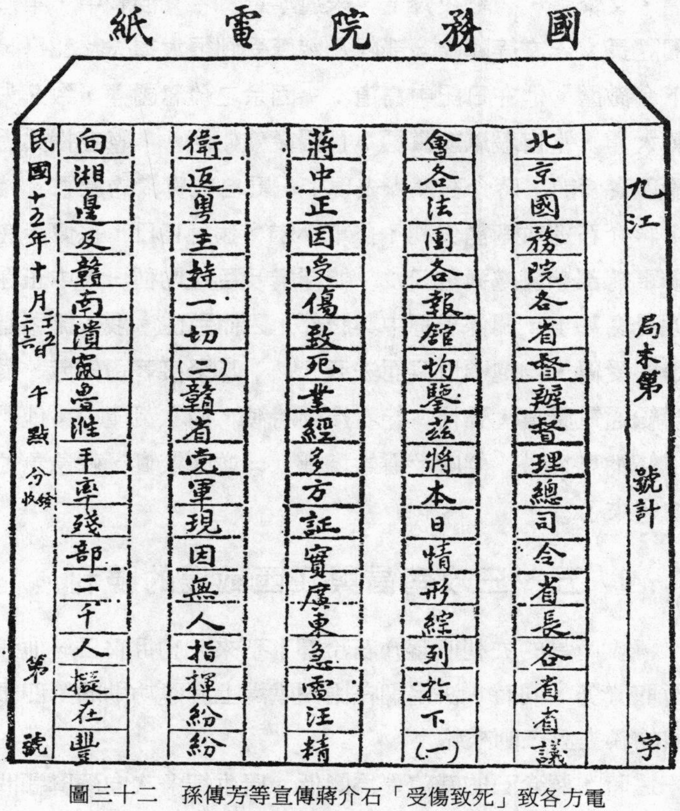
國務院電紙

九江局來第　號計　字

北京國務院各省督辦督理總司令省長各省省議
會各法團各報館均鑒茲將本日情形綜列於下(一)
蔣中正因受傷致死業經多方証實廣東急電汪精
衛返粵主持一切(二)贛省党軍現因無人指揮紛紛
向湘邊及贛南潰竄疊准手率殘部二千人擬在豐

民國十五年十月二十二日　午　點　分　收發　第　號

圖三十二　孫傳芳等宣傳蔣介石「受傷致死」致各方電
（採自中國第二歷史檔案館）

骨幹的奮勇隊架梯登城㉛，守軍憑藉城防固守，進攻受挫。同日，蔣介石趕到南昌，與白崇禧、魯滌平會商。南昌城垣堅固，白崇禧反對圍城硬攻，但蔣介石求勝心切，親往北門第二師陣地，決定夜12時爬城。

當夜，第二城第六團正在作攻城準備之際，敵軍敢死隊從城下水閘中破關而出，襲擊攻城部隊。時值黑夜，不辨虛實，第六團秩序大亂。蔣介石幾次抓住白崇禧的手問：「怎麼辦？怎麼辦？」白崇禧事先已在贛江上游搭了兩座浮橋，便下令全軍沿贛江東岸南撤，由浮橋渡江，退往西岸㉜。蔣介石自感指揮無方，既煩惱，又緊張，「終夜奔走，未遑寧息㉝。」混戰中，第二師第五團團長文志文等陣亡，部隊及裝備受到很大損失。13日，蔣介石下令撤圍。他在日記中寫道：「因余之疏忽鹵莽，致茲失敗，罪莫大焉，當自殺以謝黨國；且觀後效如何。」㉞在損兵折將的嚴酷現實面前，蔣介石多少表現了一點自我責備的意思。

蔣介石進攻南昌失利，孫軍小勝。10月15日，孫傳芳在九江的聯軍總部參謀處通電云：「據俘虜及百姓均稱，蔣中正在南昌附近受傷甚重，聞係子彈中其腹部，因而致亡。俄人鮑羅廷、加倫等亦受傷，均抱頭鼠竄而去云云。」㉟緊接著孫傳芳、吳佩孚等紛紛通電慶賀，聲稱「佇看樓蘭將滅，痛飲黃龍」，他們忘記了這條消息只是「俘虜及百姓均稱」，並未核實，就急急忙忙地宣傳起來了㊱。

五、三攻南昌與江西戰場的勝利

再攻南昌的失利使蔣介石冷靜了下來。10月14日，他通知各軍暫取守勢，同時，決定調在兩湖戰場上屢建功勳的第四軍及賀耀祖的獨立第二師來贛。

這時，蔣介石的威望更為降低。唐生智多次向蘇聯顧問鐵羅尼表示：「蔣介石太累了，他不可能在江西完成任何事情，最好還是休息。假如我來指揮，將不僅奪取江西，南京也不在話下。」⑰10月中旬，加倫親赴武漢求援，說明江西戰場的失敗將威脅湖南、廣東，北伐甚至可能因此垮台⑱。中國共產黨人也極力向各方陳說利害，希望他們放棄目前的小衝突，迅速集中力量消滅孫傳芳⑲。結果圓滿。20日，第四軍第十二師張發奎部自武昌乘輪東下。蔣介石得到有關消息後「如獲至寶」⑳。

第二次進攻南昌失利之際，第七軍又在贛北打了一次勝仗。攻克德安後不久，孫傳芳命盧香亭等以重兵反攻。第七軍因補給中斷，並探悉敵人有包圍之勢，爲避免腹背受敵，於10月 7 日退至箬溪休整。孫軍第八混成旅旅長顏景宗因此被升爲第六方面軍司令。12日，李宗仁在王家鋪一帶發現皖軍陳調元部。陳部依山布守，七軍自下仰攻，進展艱難。李宗仁考察地形後，改取中央突破，反撲兩側辦法，又經第一師增援，於次日攻克王家鋪。

第七軍入贛後，進攻孫軍側翼，三戰連捷，對於江西戰場形勢的轉變，有很大作用。後來，陳調元曾表示佩服，稱之爲「鋼軍」㉑。

除王家鋪之役外，江西戰事一時處於沉寂狀態。

早在國民革命軍第一次進攻南昌失利之後，孫傳芳便提出雙方於10月 3 日停戰，恢復原狀。10月14日，蔣介石復電孫傳芳代表葛敬恩、徐培根，要求孫傳芳先行確定撤退援贛軍隊日期，同時邀請江浙和平代表蔣尊簋、史家麟、趙正平、魏炯諸人到前方面商。23日，葛敬恩、魏炯在奉新會見蔣介石，聲稱孫傳芳「可放棄閩贛，惟須保江、浙、皖，暗中結約，共同對奉，商妥後，即由贛撤兵」㉒。加倫主張「表面答應，實則準備總攻擊」。蔣介石與鄧演達商量之後提出：1.浙江歸國民革命軍；2.江蘇、安徽作爲孫傳芳的勢力範圍，但應允許國民黨自由宣傳；3.孫傳芳撤退援贛之兵前一日爲停戰之期㉓。28日，蔣尊簋自南昌抵達蔣介石行營所在地高安，表示只要保持孫傳芳的五省總司令的頭銜，其餘皆可商量。蔣介石答以孫傳芳確定撤兵之期再言其他，限於11月1日前用無線電話答覆。11月1日，蔣介石讀到蔣方震覆葛敬恩函。當時，蔣方震正在孫傳芳軍中參贊軍事，蔣介石對他的態度極爲不滿，在日記中寫道：「敷衍油滑，是誠軍閥走狗不若矣，其人之肉不足食也。」同日，戰事再起。

國民革命軍自放棄南昌後，主力集結於南潯路以西地區整頓，同時，白崇禧、加倫、蔣介石等積極製訂計劃，準備第三次進攻。

鑒於孫軍主力集中在南潯路九江、德安、建昌、涂家埠等地，得交通之便，可以及時轉移兵力，相互增援，因此，第三次進攻以截斷南潯路，殲滅孫軍主力爲主，而不急於奪取南昌。在兵力配備上則分爲三路：1.右翼軍，由第二、第三軍等組成，朱培德指揮。其中又分左、右縱隊。2.中央軍，由第六軍組成。3.左翼軍，由第七軍及新近調贛的第四軍與獨立第二師等組成。此外，另設總預備隊，由第一軍的第一、二師及炮兵團組成，劉峙任指揮。總攻擊時間訂爲11月1日拂曉前。10月20日，由第十四軍組成的右翼軍右縱隊攻克撫州。30日，蔣介石下令各軍將士，「務將孫之勢力迅速撲滅」，「寧爲玉碎，毋爲瓦全，能爲最後之犧牲，始博最後之勝利」⑯。11月2日，第二軍第四、五兩師從東、南兩面進逼南昌郊區，陳兵城下。

右翼軍左縱隊以蛟橋爲進攻目標。11月3日，第二軍第六師和第三軍第七師、第八師等聯合攻占該地。4日，圍攻瀛上、牛行，孫軍自樂化來援。5日，第三軍左翼陣地動搖，蔣介石命補充第四團警衛團加入戰線，仍感不足，又致函程潛、劉峙，調第二師增援，加倫認爲不必要。在加倫的鎮定面前，蔣介石「甚慚自信力薄弱」⑰。果然不出加倫所料，陣地迅速穩固下來。據蘇聯顧問回憶：當時，「蔣介石焦躁不安，知道對他來說成敗在此一舉，一旦失利，他的整個前程就將成爲泡影。蔣介石三番五次地當著總軍事顧問的面，眞正地大發歇斯底里，搓手，哭泣，喊著『一切都完了』，說要開槍自殺。布留赫爾（指加倫——筆者）每次都是好不容易才讓這位神經脆弱的總司令靜下來」㊣。7日，右翼軍占領瀛上、牛行，切斷了南昌地區孫軍的陸上主要退路。

中央軍以樂化爲進攻目標。11月3日，占領蘆坑車站，並將鐵道破壞。4日，蔣介石致電張發奎、李宗仁等，指出涂家埠爲敵軍主力所在，要求他們迅速南下，與第六軍一起夾擊孫軍。當晚，第六軍在總預備隊第一、第二兩師與炮兵團支援下，占領樂化㊺。隨即分東西兩路向涂家埠攻擊前進。5日晚，第六軍與南下的第七軍聯合攻占涂家埠。殘敵向鄱陽湖畔的吳城潰退。6日，第二師追擊至吳城。

左翼軍以德安、涂家埠爲進攻目標。11月2日，第七軍西路逼近德安，與孫軍第六方面軍的3000餘人發生激戰，占領該城。同日，獨立第二師賀耀祖部在德安北部的馬回嶺與孫軍交火。馬回嶺駐有重兵，戰況劇烈。在第四軍第十二師張發奎部及第七軍第一旅增援下，於3日占領馬回嶺。4日，孫傳芳乘決川艦赴武穴，意在促使陳調元進攻武漢，以解九江之危。但陳按兵不動，孫又返航九江⑩。5日，賀師乘勝北上，占領九江、瑞昌。孫軍見敗局已定，失去鬥志，只圖逃竄。孫傳芳見不可收拾，6日，鼓輪東下，返回南京。周鳳岐部不戰退回浙江，陳調元、王普部退回安徽。

至此，南潯線及南昌城郊的孫軍已全部被擊潰，城內僅餘唐福生等殘部兩三千人。他們表示要歸方本仁收編，企圖遷延時間。11月7日，蔣介石至南昌車站與朱培德商量監視城內敵人計劃。8日，下令攻城，城內殘敵投降，退出城外。革命軍入城後，「民眾歡騰，往日蕭條寂寞景象陡變爲熱鬧市場，男女老幼，擁擠道途，爭相瞻仰革命軍旗幟之飄搖」⑩。同日，白崇禧率領由第二、第三、第七各軍組成的追擊部隊進至滁槎以東的漢口附近，將準備沿鄱陽湖岸東逃的孫軍主力截住，孫軍主帥鄭俊彥隻身逃走，下轄旅長王良田、李彥青、楊賡和派使者請降⑩。

11月 9日，蔣介石進入南昌，江西戰役勝利結束。此次戰役，殲滅了孫傳芳的大部分精銳部隊，據朱培德電稱，僅 7 、 8 、 9 三日，右翼軍即繳獲敵槍 3 萬餘枝，各種大炮20餘門，機關槍30餘挺，俘獲師長唐福山、岳思寅、張鳳岐 3 名，團長以下官兵 5 萬人。左翼軍、中央軍在建昌、吳城方面繳槍 2 萬餘枝，機關槍20餘挺，炮數門，俘虜 2 萬人⑩。至此，孫傳芳的第一、第二、第三方面軍殲滅殆盡。但是，國民革命軍也付出了沉重代價，官兵傷亡約達 1.5 萬人。

江西戰場最初失利的重要原因在於蔣介石急於顯露自已，在敵人還保有強大兵力時就企圖迅速奪取中心城市南昌，結果遭到挫敗。其後，不得不增調驍勇善戰的第七軍與第四軍，同時改變戰略方針，首先致力於截斷交通線，擊潰孫軍主力，形成對中心城市的包圍態勢，這才取得了勝利。

江西戰場的勝利沉重地打擊了直系軍閥勢力，使北伐軍據有的廣東、湖南、湖北得到屏障，這是有利於革命形勢的發展的。但是，它也挽救了岌岌可危的蔣介石的軍事威信，使他有一塊立腳之地，成爲不久以後同國民黨左派進行遷都之爭的「資本」。在北伐過程中，鮑羅庭、加倫和中國共產黨人曾企圖在取得武漢後，出兵河南，而蔣介石則力圖向長江中下游進軍，以便取得江浙資產階級的援助和帝國主義的支持，公開反共，建立新的軍事獨裁統治。江西戰役勝利以後，蔣介石的這一意圖就更加不可逆轉，並在複雜的歷史合力作用下最終得以實現。

（原載《中共黨史研究》，1989年第 5 期）

【註　釋】

① 《孫傳芳抵滬後之通電》，《廣州民國日報》，1926年5月13日。

② 《孫傳芳抵滬後之通電》，《廣州民國日報》，1926年6月26日。

③ 《孫傳芳在南京發表之談話》，《晨報》，1926年8月1日。

④ 《楊文愷將出京赴寧》，《申報》，1926年8月1日9版。

⑤ 《孫傳芳仍持保境安民態度》，《申報》，1926年8月6日4版。

⑥ 《縣傳芳致吳電之眞相》，《申報》，1926年8月4日7版。

⑦ 《孫傳芳提倡之投壺新儀》，《申報》，1926年8月4日7版。

⑧ 《江蘇修訂禮制會成立紀詳》，《申報》，1926年8月12日9版。

⑨ 張曙時、候紹裘：《江蘇最近政治、黨務簡單報告》（油印本）；韓覺民》《上海特別市黨部報告》（油印本）。

⑩ 《各商會關於時局通電》，《申報》，1926年8月9日13版。

⑪ 《南京快信》，《申報》，1926年8月12日9版。

⑫ 《各團體運動和平》，《申報》，1926年8月12日13版。

⑬ 《全浙公會請孫蔣維持和平》，《申報》，1926年9月9日13版。

⑭ 《全浙公會奔走和平昨訊》，《申報》，1926年9月9日3版。

⑮ 《各公團呼籲和平》，《申報》，1926年9月5日15版。

⑯ 《孫傳芳復各商會電》，《申報》，1926年8月13日13版。

⑰ 《全浙公會奔走和平之趨勢》，《申報》，1926年9月12日。

⑱ 《南京和平會議消息》，《申報》，1926年9月22日6版。

⑲ 何成浚致譚延闓等密函，1926年8月6日，中國第二歷史檔案館藏參見《蕪湖快信》，《申報》，1926年8月12日9版。

⑳ 《蘇省援贛之先聲》，《申報》，1926年8月21日10版。

㉑ 《孫傳芳世電》，見《蔣中正致孫傳芳電附錄》，《申報》，1926年9月10日；參見《民國十五年以前之蔣介石先生》第八編四，第19頁。

㉒ 《孫軍第一目標在瀏陽》，《晨報》，1926年9月7日2版。

㉓ 《蔣介石日記類抄·軍務》，1926年2月3日。

㉔ 《蘇粵代表會晤》，《晨報》，1926年8月1日2版。

㉕　《民國十五年前之蔣介石先生》第八編三，第77頁。

㉖　《蔣介石日記類抄・軍務》，1926年8月17日。

㉗　《蔣介石致何雪竹電》，1926年8月18日，台灣《近代中國》第23期，1987年6月30日出版。

㉘　《何成濬致譚延闓密函》，1926年9月4日，中國第二歷史檔案館藏；《粵蔣代表何成濬之談話》，《申報》，1926年9月4日13版；何成濬：《八十回憶》，《近代中國》第23期。

㉙　同前註。

㉚　《粵蔣代表何成濬之談話》，《申報》，1926年9月4日13版。

㉛　《何成濬致譚延闓密函》，1926年9月7日，中國第二歷史檔案館藏。

㉜　同前註。

㉝　《東南局面將有大發展》，《晨報》，1926年9月9日2版。

㉞　《南京孫傳芳通電》，《申報》，1926年9月9日6版。

㉟　《蔣介石致孫傳芳電》，《晨報》，1926年9月17日2版。

㊱　《駁復孫傳芳陽電》，《民國十五年以前蔣介石先生》第八編四，第34頁。

㊲　《蔣介石復張群書》，《申報》，1926年9月22日9版。

㊳　《孫傳芳聯張討蔣電》，《申報》，1926年9月12日4版。

㊴　《奉張電孫表示合作》，《申報》，1926年9月13日4版。

㊵　《奉寧對南軍事之結合》，《申報》，1926年9月17日6版。

㊶　同前註。

㊷　《奉魯蘇聯合對粵之形勢》，《申報》，1926年9月15日4版。

㊸　同前註。

㊹　《孫傳芳出發有待》，《申報》，1926年9月18日9版。

㊺　《蘇魯合作問題》，《申報》，1926年9月20日4版。

㊻　《楊文愷、張學良先後抵濟》，《申報》，1926年6月22日6版。

㊼　Sir R. Macleay to Sir Austen Chamberlain, No. 374, Tel., September 15, 1926. FO405/252A, p. 218.

㊽ 同前註。

㊾ Sir W. Tyrrell to Sir R. Macleary, No. 269, Most Secret, Tel., September 27, 1926. FO405/252A, p. 223.

㊿ 《孫傳芳三愛主義》，《晨報》，1926年9月27日2版。

51 《蔣介石日記類抄・軍務》，1926年8月5日；參見《北伐陣中日記》（油印本），1926年8月6日。

52 《民國十五年以前之蔣介石先生第》第八編三，第89頁。

53 同上，第130頁、第133頁。

54 同前註。

55 《中央局報告》，《中共中央政治報告選編》第68頁，中共中央黨校出版社1981年版。

56 《蔣介石日記類抄・軍務》，1926年8月31日。

57 《民國十五年以前之蔣介石先生》第八編四，第8頁。

58 《蔣介石日記類抄・軍務》，1926年8月7日，1926年8月29日。

59 同前註。

60 同上，1926年8月20日、23日。

61 同前註。

62 《民國十五年以前之蔣介石先生》第八編四，第9頁。

63 參見《孫傳芳魚電》，《申報》，1926年9月9日4版；《浙中所得盧香亭捷電》，《申報》，1926年9月28日4版。

64 《民國十五年以前之蔣介石先生》第八編四，第29頁。

65 切列潘諾夫；《中國國民革命軍的北伐》，中譯本，第478頁。

66 蔣介石1926年9月5日日記云：「少頃，程潛又來辭職，以不願受益之指揮，且入他人萋菲（斐）耳。」

67 吳宗泰：《國民革命軍第六軍參加北伐及其被解體經過》，《廣東文史資料》第31輯，第184頁。

68 方之中：《回憶北伐——南昌之役》，《天津文史資料》第14輯，第46頁；李世璋《關於北伐前後的第六軍》，《江西文史資料選輯》第2輯第41頁；切列潘諾夫：《中國國民革命軍的北伐》，中譯本，第 479 頁；《中央局報告》，（十、十一月），《中共中央政治報告選輯》，第108頁。

(69) 程潛對蔣介石的報告，見陳訓正：《國民革命軍戰史初稿》卷上，第175頁。

(70) 馬葆珩：《孫傳芳五省聯軍的形成和消滅》，《北洋軍閥史料選輯》下冊第 309 頁。

(71) 《李宗仁回憶錄》第 408 頁；韓梅村：《第一次國內革命戰爭片斷回憶》，《江西文史資料選輯》第二輯第35頁；吳宗泰：《國民革命軍第六軍參加北伐及其被解體的經過》，《廣東文史資料》第31輯第 186 頁。

(72) 《李宗仁回憶》，第 408 頁。

(73) 《平贛右翼軍總指揮部政治部行軍通訊》，《廣州民國日報》1926年11月 9 日。

(74) 《蔣介石日記類抄・軍務》。

(75) 《民國十五年以前之蔣介石先生》，第八編四，第86頁。

(76) 《李宗仁回憶錄》，第 392-396 頁。

(77) 《謝鴻勛昨晨傷重逝世》，《申報》，1926年10月17日13版。

(78) 雄鷲：《平贛右翼總指揮部行軍通訊》，廣州《民國日報》1926年11月 6 日。

(79) 《本館要電》，《申報》，1926年10月 5 月 3 版。

(80) 《第二師劉師長報告》，《北伐陳中日記》（油印本），1926年10月 8 日。

(81) 蕭勁光：《北伐紀實》，《歷史研究》1984年第 3 期第 179 頁。

(82) 《李宗仁回憶錄》第 409 頁。

(83) 《蔣介石日記類抄・軍務》，1926年10月11日。

(84) 《蔣介石日記類抄・軍務》，1926年10月13日。

(85) 《孫軍總部捷報》，《晨報》。1926年10月19日。

(86) 參見拙作《北伐中蔣介石負傷身死的風傳》，《團結報》，1988年 2 月

2日。

⑧⑦ Document 44, Wilbur and How: Document on Communism Nationalism and soviet Adviers in China, Columbia University press, 1956, p. 415.

⑧⑧ 《張國燾回憶錄》，第153頁，現代史料編刊社1980年版。

⑧⑨ 《中央局報告》（十、十一月份），《中共中央政治報告選輯》，第109頁。

⑨⓪ 《民國十五年以前之蔣介石先生》第八編五，第92頁。

⑨① 《白崇禧先生訪問記錄》下冊，第820頁。

⑨② 《特立同志由漢口來信》，《中央政治通訊》第10期。

⑨③ 《蔣介石日記類抄・軍務》，1926年10月23日。參見蔣介石致張靜江、譚延闓電，《民國十五年以前之前蔣介石先生》第八編五，第109、117頁。

⑨④ 《蔣介石日記類抄・軍務》，1926年10月29日、11月1日。

⑨⑤ 同前註。

⑨⑥ 《民國十五年以前之蔣介石先生》第八編五，第141頁。

⑨⑦ 《蔣介石日記類抄・軍務》，1926年11月5日。

⑨⑧ 阿基莫娃：《中國中革命見聞》，第204-205頁，中國社會科學出版社1985年版。

⑨⑨ 關於占領蘆坑和樂化的時間，《六軍參加江西戰爭記》認爲分別在11月4日與5日，見中央檔案館編《北伐戰爭》第15頁。按：此說誤，本文所述，據《呈報攻克蘆坑、李莊、樂化作戰經過狀況文》（歐振華：《北伐行軍日記》，1931年版，第69-70頁）及蔣介石致李宗仁、白崇禧電（《民國十五年前之蔣介石先生》第八編六，第7頁）。

⑩⓪ 楊文愷：《孫傳芳的一生》，《天津文史資料》，第2輯第91頁。

⑩① 《朱培德電》，《廣州民國日報》，1926年12月9日6版。

⑩② 《白崇禧先生訪問記錄》，上冊第43-44頁；下冊第828-829頁。

⑩③ 《朱培德電》，《廣州民國日報》，1926年12月9日6版。

北伐時期左派力量同蔣介石鬥爭的幾個重要回合

中山艦事件後，汪精衛被迫「請假」離國，蔣介石在國民黨二屆二中全會上提出限制共產黨人的整理黨務案，逐步掌握了黨權、政權和軍權。為了保證中國革命的健康發展，奪取革命領導權，國民黨左派和中國共產黨人曾團結合作，同蔣介石進行過幾次鬥爭，取得一定的勝利，奪回了大部分黨權和政權，但是，由於未曾觸動蔣介石的軍權，最終還是失敗了。本文是對這幾次鬥爭的一個歷史概述。

一、迎汪復職

孫中山逝世後，汪精衛是國民黨左派的領袖，迎汪復職的口號最初是國民黨左派提出來的。

1926年 5 月25日，彭澤民在國民黨中央常務委員會上提議：「汪精衛同志病仍未癒，本會應去函慰問，並申述本會熱望其早日銷假視事。」①隨後，江蘇、安徽、湖北、廣西等省黨部陸續通電，要求汪精衛銷假視事，主持北伐大計；于右任、經亨頤等並電請中央催促②。7 月 9 日，蔣介石就任國民革命軍總司令，國民黨左派的迎汪要求更為迫切。8 月初，國民黨中央接到汪精衛 7 月16日的信函，汪表示，辭去在政治委員會、國民政府委員會、軍事委員會中所任各職，「銷假以後，或在粵，或在別處為黨服務」③。何香凝主張借此請汪復職。8 月10日，她在中常會第47次會上臨時動議：「現在請汪主席銷假者既函電紛馳，中央應分別答復及將原函電轉汪主席。」④次日，吳玉章由滬到粵，何香凝一見面就哭道：「現在是跟北洋軍閥決戰的最後關頭了；可是國民黨內部情形這樣糟，怎麼辦？一個人專橫跋扈，鬧得大家三心二意，這次戰爭怎麼打下去，國民黨怎能不垮台？」⑤自此，二人即不斷聯絡左派，商量對策。

最初，國民黨左派計劃在攻克武漢後召開國民黨三大或臨時代表會議，實現迎汪打算。9月，確定召開中央及各省區聯席會議。爲此，顧孟餘自願聯絡北方左派，吳玉章親到長江一帶活動。他們製訂了兩項宣傳原則：1.說明本黨現狀及3月20日事變眞相；2.口號爲「鞏固左派與C.P.諒解合作」與「恢復黨權，擁汪復職」。但中共中央認爲：「第一項太厲害了」，怕刺激蔣，要求「含渾一點」⑥。

蔣介石對迎汪復職愈來愈疑懼不安。在二屆二中全會閉幕式上，蔣介石故作姿態地表示：「汪精衛、胡漢民兩同志，我們大家必要請他倆出來，尤其是汪先生，我們必須請他趕速銷假，主持黨務。」⑦但實際上他强烈反對汪精衛回國復職。1926年8月20日，他從廣東來電中得悉迎汪情況，認爲其目的在「倒蔣」⑧。21日，中央軍校全體黨員電請汪精衛銷假：「黨國無人主持，即黃埔軍校同志，亦如孺子之離慈母，徬徨歧路，莫決南針。」⑨這對蔣介石刺激很大，他在日記中寫道：「從中必有人操縱，決非大多數之眞意，自吾有生以來，鬱結愁悶，未有甚於今日也。」⑩由此，他進一步增加了對共產黨的憎恨，日記說：「他黨在內搗亂，必欲使本黨糾紛、分裂，可切齒也。」⑪但是，這一時期，他因嫡系部隊作戰不力和進攻武昌受挫，受到唐生智的輕視和排擠，正處於困境，對共產黨還不便强硬。

9月中旬，蔣介石派胡公冕到上海會見陳獨秀，聲稱汪精衛回來，將被小軍閥利用和他搗亂，分散國民革命的勢力⑫。蔣介石這裏所指的「小軍閥」，顯然包括唐生智在內。蔣介石擔心，汪回來，會受到唐生智等人的擁戴，成爲他政治上的勁敵。蔣介石要求中共維持他的總司令地位，並要挾說：「汪回則彼決不能留。」⑬ 9 月16日，中共中央與共產國際遠東局開會討論迎汪問題。會議認爲：廣東政府自中派當權以來，縱容官僚、駐防軍及土豪劣紳摧殘農會，殺戮農民，包庇工賊，打擊左派學生，苛取商民捐稅，迫切需要從政治上恢復左派的指導權。目前有三條路可走：1.迎汪倒蔣；2.汪蔣合作；3.使蔣成爲左派，執行左派政策。但現在處於北伐期間，走第一條路太危險，繼蔣而起的李濟深、唐生智可能比蔣還右；走第三條路有很多困難；走第二條路比較適宜⑭。會後，陳獨秀對胡公冕表示：「汪回有三種好處。第一，使國民政府增加得力負責人，擴大局面；第二，新起來的小軍閥與蔣之間的衝突，有汪可以和緩一些；第三，張靜江在粵的腐敗政治，汪回可望整頓。陳獨秀並稱：中共只是在以下三個條件下贊成汪回：1.汪蔣合作，不是迎汪倒蔣；2.仍維持蔣之軍事首領地位，愈加充實、擴大蔣之實力，作更遠大之發展；3.不主張推翻整理黨務案⑮。由於蔣介石邀請吳廷康赴鄂。 9 月21日，中共中央與吳廷康會議，研究如何在汪、蔣、唐之間進行權力分配以避免衝突⑯。會後，吳廷康即與張國燾赴鄂。但二人趕到時，蔣介石已經赴江西指揮作戰。27日，加倫勸蔣介石請汪「出任黨政」首領⑰。在蘇聯顧問中，蔣介石比較相信加倫，因此中共中央和共產國際的意見常常通過加倫轉達。兩天後，蔣介石接到了汪精衛的來信，其中心意思是解釋中山艦事件，聲明「前事無嫌」⑱。10月 3 日，蔣介石發出迎汪電報。內稱：「本黨使命前途，非兄若弟共同一致，始終無間，則難望有成。兄放棄一切，置弟不顧，累弟獨爲其難於此。兄可斂屣尊榮，豈能放棄責任與道義乎？」該電表示，特請張靜江、李石曾二人前來勸駕，希望汪精衛「與之偕來，肩負艱巨」⑲。從電報字面看，確能給人一種情意誠摯的感覺，但是，張靜江長期癱瘓，怎麼會遠涉重洋向汪精衛勸駕呢？

迎汪是爲了抑蔣，但是，汪精衛其人，華而不實，脆而不堅，投機善變，並不是同蔣介石抗衡的理想人物。直到1927年下半年，國民黨左派和共產黨人才痛苦地認識到這一點。

二、國民黨中央及各省區聯席會議

1926年9月，國民黨中央政治會議決定召開中央及各省區聯席會議之後，曾經成立一個議案起草委員會，成員爲譚延闓、孫科、李濟深、甘乃光、徐謙、鮑羅廷、顧孟餘等七人。從9月14日起至29日止，共開過6次會。其間，左派曾擬提出統一黨的領導機關案，將中常會、中政會合並，另選13人組織政治委員會，它可以包括左、中、右三派，但主席及秘書必須是左派。左派的意圖很清楚，即罷免蔣介石的中央常務委員會主席和張靜江的代理主席職務。對此，張靜江蠻橫地表示，這次大會不能提到主席問題，不能反對蔣作主席，聲言「請汪復職」，「不啻擁汪倒蔣，余誓以去就爭」⑳。會下，他又以「前方戰事緊張」爲理由，對鮑羅廷說：「要蔣先生辭去黨政，無異反對中國革命，我們請你做顧問，並不希望你這樣做的。」㉑在張靜江的逼人氣勢面前，左派決定退讓，結果，提案委員會未能提出該案。

聯席會議（全名爲中央委員、各省區、各特別市、海外各總支部代表聯席會議）於10月15日至28日召開，出席中央委員34人，各省區黨部代表52人。由於中共中央會前指示各地組織「多派可靠、贊助汪的代表去出席」，「實在不得已再派我們同志去」㉒，因此，會上共產黨人占1/4，左派占1/4强，另有一些半左派，中派和右派僅占1/4，會議主要討論了下列問題：

㈠國民政府發展案。9月9日，蔣介石曾致函張靜江、譚延闓，內稱：「武昌克後，中正即須入贛督戰，武漢爲政府中心，務請政府常務委員先來主持一切，應付大局。」㉓18日，再電張、譚，聲稱：「中正離鄂以後，武漢政治恐不易辦，非由政府委員及中央委員先來數人，其權恐不能操之於中央。」㉔蔣介石的意圖是運用黨和政府的力量控制唐生智。中共中央看出了這一點，但擔心國民政府遷漢後，「左派群眾的影響越少，政策愈右，行動愈右」，因之，持反對態度㉕。在討論這一議案時，譚延闓作了說明，他認爲：「現在的主要工作在鞏固各省基礎，這種工作以首先由廣東省實施最爲適宜」，遷到北方將與奉系發生衝突，「目前無急遷之必要」，「與其忙於遷移，不如先把各省的基礎鞏固起來」㉖。會議一致決定國民政府仍暫設於廣州。

㈡迎汪案。這是會上鬥爭最激烈的議案。事前，徐謙曾要求張靜江早日發表蔣介石迎汪電，但張堅持在各議案之後再提出，並稱，「汪係個人的事，不用過事張皇」。右派還揚言，要提出歡迎胡漢民案以爲抵制㉗。18日，江蘇、上海、安徽、浙江四個黨部將該案作爲臨時動議提出，內稱：「當此黨政發展的時候，蔣介石同志主持軍事於外，一切建設政治與黨務，非有能提綱挈領如汪同志者主持大計於內，不足鞏固革命基礎，實現黨政眞精神。」㉘該案有山西、山東等25個黨部附署。在此情況下，張靜江才無可奈何地公布了蔣介石的電報，但又表示，不知何處可以尋汪，受到與會代表的嗤笑㉙。會議決定推何香凝、彭澤民、張曙時、簡琴石、褚民誼五人會同張靜江、李石曾即日前往勸駕。隨後，江蘇代表張曙時提出：此時非汪、蔣合作不可，應表示對汪、蔣同樣信任，以免人家挑撥。甘乃光等附議。於是，會議又決定電蔣，「表示竭誠信任與擁護」㉚。

㈢中國國民黨最近政綱案。中共中央在與共產國際遠東局討論迎汪問題後，即指示廣東區委：「極力向左派表示誠意的合作，與左派共同製定一左派政綱，給左派一行動的標準；同時又使蔣不能反對此政綱，在此政綱之下表示我們仍助蔣。」㉛聯席會上通過的「最近政綱」即體現了中共中央的這一意圖。政綱共一〇五條，對內提出：「實現全國政治上、經濟上之統一」，「廢除督軍、督辦等軍閥制度，建設民主政府」，對外提出：「廢除不平等條約」，「重行締結尊重中國主權之新條約」。在婦女待遇上，規定「婦女在法律上、政治上、經濟上、教育上及社會上一切地位與男子有同等權利」；在農民問題上，規定「減輕佃農田租百分之二十五」，「禁止重利盤剝，最高年利不得超過百分之二十」，「保障農民協會之權力」；在工人問題上，規定「制定勞動法，以保障工人之組織自由及罷工自由，並取締雇主過甚之剝削」㉜。這是一個具有一定民主主義精而又能為各派所接受的綱領。

㈣民團問題案。當時，各地民團大都掌握在土豪劣紳手中，成為鎮壓農民運動，威脅國民政府統治的反動武裝。會上，通過了甘乃光、毛澤東等提出的《關於民團問題決議案》，規定民團團長須由鄉民選舉，禁止劣紳包辦；不得受理民刑訴訟；已有農民自衛軍的地方不得重新設立民團；凡摧殘農民之民團政府須解散並懲治之等。這就為改造民團、限制民團權力提供了根據，有利於農民運動的發展。

㈤執行本黨紀律及肅清反動分子案。國民黨第二次全國代表大會時，曾決定向西山會議參加者葉楚傖、邵元沖、石瑛、覃振、傅汝霖、沈定一、茅祖權、林森、張知本等提出警告，責令改正，限期兩個月具復中央執行委員會。聯席會議認為葉、邵二人已有表示，未予議處；石瑛等八人迄無表示，均開除黨籍。同時決定「本黨統治之地域內，不許西山會議叛黨分子居留」㉝。

㈥請辦沈鴻慈案。沈鴻慈原為中山大學學生，組織反共團體「司的派」，聲言「預備從廣州出發，再衝鋒到全省、全國去，打殺了假革命的CP」㉞。左派學生將沈扭送國民黨中央要求懲辦，但張靜江認為「案情並不嚴重」，他把持下的監察委員會則認為沈「反對CP之假革命者則有之，仍未達到反對本黨之程度」，僅予警告處分。聯席會議期間，廣州市警察特別黨部所屬組織紛紛要求懲辦沈鴻慈，提案不點名地指責張靜江等「袒彼反革命之徒」。會議要求張靜江就沈案處理作出說明，張委託陳果夫報告。在張曙時、孫科二人責問下，陳表示：「自應從嚴辦理。」㉟結果，會議決定永遠開除沈鴻慈的黨籍，驅逐出境。

會議最後一天，丁惟汾突然提出，聯席會議只是中央委員會的擴大會議，不能變更或推翻中央委員會的決議，「如有此等錯誤，即是違背總章，違背總章必是無效的」。於是，發生會議權能問題的激烈質辯。吳玉章提出：「聯席會議決議即須切實通過，只有第三次全國大會方有修正之權」，得到通過。

聯席會議以左派的勝利結束。中山艦事件後，左派士氣不振。此次會上，左派揚眉吐氣，屢次向右派進改，而右派則處於防禦地位。但是，由於會議未能就改組領導機關問題作出任何決議。國民黨中央的權力仍然掌握在蔣介石、張靜江手中，因而，左派的勝利只是局部的，並且只是書面上的勝利。

三、遷都之爭

儘管中央及各省區聯席會議決定國民政府暫不遷移，但蔣介石仍然提出，希望「中央黨部移鄂」。10月22日，他致電張靜江與譚延闓，力陳理由，說明「武昌既克，局勢大變，本黨應速謀發展」㊱。鮑羅廷本來反對遷都，但10月底，在武漢的蘇聯顧問鐵羅尼向他寫了一份報告，陳述對唐生智的憂慮，認為唐「像是一個賣弄風情（武裝力量）的女人，誰給她最多，她就將自己出賣給誰」。鐵羅尼說：「國民黨省執行委員會缺乏力量和正確處理事務的能力。唐生智一個人控制著形勢，與他對抗的只有陳公博這個懶蟲和鄧演達。」「必須有兩或三個中央委員到這裏來並且建立委員會，否則著手重大事務和樹立黨的權威都是不可能的。」㊲與此同時，張國燾也致函在上海的中共中央，說明唐生智「太聰明，野心也大，各方不滿其態度」，「須請粵方速派季龍

（指徐謙——筆者）來」㊳。這樣，鮑羅廷對遷都的態度就發生了變化。這一時期，日本和張作霖的關係緊張，清浦子爵在北京和李石曾、易培基談判，詢問國民政府能否與日本建立友好的聯繫，並派代表到日本會商。廣東國民政府的領袖們認爲，「在這日本同張作霖衝突的嚴重局勢之下，張作霖已不敢動作」，因而消除了遷都武漢會與奉系發生衝突的顧慮，並決定派戴季陶使日㊴。11月16日，鮑羅廷、徐謙、宋子文、孫科、陳友仁、宋慶齡等自廣州啓程北上，擬經江西赴武漢調查各省黨務、政務，籌備遷都。

蔣介石聞訊，非常興奮，於11月19日致電張靜江、譚延闓，聲稱：「聞徐、宋、孫、鮑諸同志來贛，甚喜。務請孟餘先生速來，余意中央如不速遷武昌，非特政治黨務不能發展，即新得革命根據地亦必難鞏固。」他還表示，在中央與政府未遷武昌以前，自己不到武漢，因爲「此時除提高黨權與政府威信外，革命無從著手。如個人赴武昌，必有認人不認黨之弊，且自知才短，實不敢負此重任也」㊵。同日，他接見漢口《自由西報》總編輯美國人史華之時說：「新國都將設於武昌，且將爲永久之國都。國民政府由粵遷鄂，雖不能決定期限，但在最近期內，必能實現，鄙人將於兩星期內，由贛赴鄂，參與盛典。」㊶22日，他派鄧演達、張發奎二人飛粵催促。26日，中央政治會議臨時會議決定，重要人員及文件於12月5日第一批出發。這樣，遷都問題就正式確定下來了。

中共中央仍然反對遷都。11月9日，中共中央與共產國際遠東局討論，認爲此舉係蔣介石反對汪精衛回國之策，倘政府及中央黨部遷至武昌，則不僅汪不能回，左派勢必相隨赴鄂，使廣東成爲「左派政權」和「模範省」的計劃變爲泡影㊷。12月4日，中共中央致函廣東區委，批評鮑羅廷「對於前方後方的實際情形都沒有看清楚，貿然主張馬上遷移」㊸。次日，中共中央在《政治報告》中指示：「萬一無法阻止，亦須盡力防止弊害。」㊹直到次年 1 月，遷都已成事實後，中共中央才決定支持臨時聯席會議㊺。

鮑羅廷等一行於12月 2 日到達南昌。6 日晚，在廬山會談。蔣介石報告黨務、政治、軍事等各方面的情況，由於缺乏準備，蔣介石自覺「語多支吾，致啓人疑」㊻。7 日，繼續會談，討論外交、財政、軍事各方面的問題。其內容，據蔣介石記載：1.對安國軍問題，決定消滅孫傳芳，聯絡張作霖；2.工運主緩和，農運主積極進行，以爲解決土地問題之張本。蔣介石發言說：「只要農民問題解決，則工人問題亦可連帶解決。」會議中，有人提出取消主席制，蔣介石敏感地意識到這是針對自己的，但他卻立即表示附議，並進一步提出，請汪精衛回國，得到一致贊同㊼。會議自然也談到了遷都，這時，蔣介石還是積極主張遷鄂的。他在電復朱培德、白崇禧二人時說：「政府遷鄂，有益無損。」㊽他並表示，在前方軍事布置稍定後，也要前赴武漢㊾。

12月10日，鮑羅廷等到達武昌。當時，在廣東的中央黨部與國民政府已經停止辦公。鮑羅廷等感到，沒有中央機關，許多事都無法辦理。13日，孫科、徐謙、蔣作賓、柏文蔚、吳玉章、宋慶齡、陳友仁、王法勤、鮑羅廷等舉行談話會。會上，根據鮑羅廷提議，決定在中央執行委員會政治會議未遷到武昌開會之前，由國民黨中央執行委員和國民政府委員組織臨時聯席會議，執行最高職權㊿。會議推徐謙爲主席。葉楚傖爲秘書長。其成員除上述各人外，特准湖北政務委員會主席鄧演達和湖北省黨部常務委員董用威（董必武）二人參加。會後，由鄧演達致電蔣介石，說明臨時聯席會議的成立，「係應付革命需要與時局之發展」，蔣介石遲至20日才復電表示贊成。

從提出遷鄂之議起，蔣介石就興沖沖地準備去武漢執掌大權。11月24日，他在日記中曾寫道：「中央黨部及政府決於一星期內遷至武昌，喜懼交集。懼者，責任加重，不能兼顧廣東根據地；喜者，黨務與政治可以從此發展也。」㉛這裏所說的「責任加重」，顯然是指他自己。現在臨時聯席會議居然沒有他的位置，並且先斬後奏，事前居然不曾同他商量，這使他很不高興。

中央黨部和國民政府第一批北遷人員爲張靜江、譚延闓、顧孟餘、何香凝、丁惟汾等。12月6日，廣州各界人民在中山大學門口集會歡送。省黨部代表致詞稱：「巍巍政府，乘勝北遷。統一全國，似箭離弦。」㉜氣氛是歡快、明朗的，人們誰也沒有料到，國民革命從此進入多事之秋了。

張靜江、譚延闓等於12月31日抵達南昌，本來只準備停留三四天，就西上武漢，但蔣介石卻於1927年1月3日突然召集中央政治會議第六次臨時會議，與會者有蔣介石、張靜江、譚延闓、鄧演達、宋子文、林祖涵、朱培德、柏文蔚、何香凝、顧孟餘、陳公博等人。會後通告聲稱：爲軍事與政治發展便利起見，決定中央黨部和國民政府暫駐南昌，待3月1日在南昌召開二屆三中全會，決定駐在地後，再行遷移㉝。關於這一次會議的情況，陳公博回憶說：「雖說是討論，但實在沒有充分討論的機會。」㉞4日，上項決議在中央常務委員會臨時會議上通過，隨即在南昌設立中央黨部臨時辦事處。7日，又在中央政治會議第七次臨時會議決定，成立政治會議武漢分會，以宋慶齡、徐謙、宋子文、孫科、陳友仁、蔣作賓等13人爲分會委員，同時通過組織湖北省政府案，以鄧演達等5人組織之。這些做法，實際上取消了臨時聯席會議「執行最高職權」的地位。

武漢方面接到南昌的通知後，徐謙、孫科曾於1月6日致電蔣介石等，詢問不遷漢理由，要求暫時保守秘密，認爲「如宣布，民衆必起恐慌，武漢大局必受影響」㉟。7日，鮑羅廷致電蔣介石，要求緩遷南昌㊱。同日，臨時聯席會議第11次會議開會討論。當時，正值武漢各界人民占領英租界之後，會議認爲：「因人民對政府之信用，時局日趨穩定，外交、軍事、財政均有希望。最近占領英租界之舉，內順民心，外崇威信，尤須堅持到底。」57會議決議，國民政府地點問題，待中央執行委員會全體會議決定，在未決定之前，武漢政局有維持之必要。會後，陳友仁、宋慶齡、蔣作賓聯合致電蔣介石，告以武漢形勢，並稱：「苟非有軍事之急變，不宜變更決議，坐失時機。」58 10日，再次開會討論，陳友仁提出，如果臨時聯席會議改爲政治分會，對英交涉將立即停頓，「於外交前途殊屬不利」。會議決定仍電請南昌同志蒞鄂。

武漢方面既堅持原議，蔣介石不得不於1927年1月12日偕彭澤民、顧孟餘、何香凝以及加倫抵達武漢。蔣的目的是與鮑羅廷、徐謙等人晤談，要求在鄂中委和國民政府委員遷贛。武漢給予蔣介石以盛大而熱烈的歡迎，一時間，「蔣總司令萬歲」的口號響徹雲霄。但是，在不同的場合下便出現了與氣氛迥異的插曲。當晚，在歡宴蔣介石時，鮑羅廷猶豫再三，終於說：「今日能夠得到武漢，今日能夠在這個地方宴會，是誰的力量呢？並不是因爲革命軍會打仗，所以能到這裏的，乃是因爲孫中山先生定下了三大政策，依著這三大政策做去，所以革命的勢力才會到這裏的。什麼是中山先生的三大政策呢？第一是聯俄政策，第二是聯共政策，第三是農工政策。——以後如果什麼事情都歸罪到CP，欺壓CP，妨礙農民工人的發展，那，我可不答應的。」第二天，鮑羅廷與蔣介石進行私人交談，並且寫了一封信，和孫科一起交給蔣介石，提出遷都武漢的理由，蔣介石以爲「很對」，但表示須一星期後回南昌開中央政治會議討論。他對鮑羅廷昨日晚宴時的講話耿耿於懷，聲色俱厲地要鮑羅廷指明：「哪一個軍人是壓迫農工？哪一個領袖是摧殘黨權？」並說：「現在的蘇俄，各國看起來是個强國，並且還有人在世界上說蘇俄是一個赤色的帝國主義者，你如果這樣跋扈橫行的時候，如昨晚在宴會中間所講的話，我可以說，凡眞正的國民黨員，乃至於中國的人民，沒有一個不痛恨你的。」他愈說愈激動，調子也愈來愈高：「你欺騙中國國民黨就是壓迫我們中國人民，這樣並不是我們放棄總理的聯俄政策，完全是你來破壞我們總理聯俄政策，就是你來破壞蘇俄以平等待我民族的精神。」㊾鮑羅廷和蔣介石之間的關係本來還過得去，自此雙方就都難以相容了。

1月15日，臨時聯席會議召開第十三次會議，討論是否成立中央政治會議武漢分會一事。徐謙說明了臨時聯席會議成立的原因和經過，認爲「已無繼續之必要」。鮑羅廷提出：「中央機關的權力一定要集中，不能分離，在革命過程中，如同時發生兩個對等的權力機關，一定要失敗。」㊿經過討論，決定臨時聯席會議「暫時繼續進行」。當晚，蔣介石宴請各代表，發言中，大家一致懇切要求，中央黨部、國民政府立即遷鄂」。蔣介石無法，只能表示：「我當向中央轉達，定可使各界希望能夠滿足。」(61)

蔣介石在鄂期間，街上已經出現「打倒蔣介石」的標語。他曾先後會見陳銘樞、何成浚、周佛海、葉楚傖等人，這些人都對武漢群衆運動和中共力量的發展不滿。蔣對何成浚說：「此間形勢不可久留，我去矣，汝亦速去爲好。」(62)1月18日，蔣介石返贛。

事實表明，蔣介石在武漢的允諾是虛假的。返贛途中，他在牯嶺與張靜江商量後，致電徐謙，要求撤銷鮑羅廷的顧問職務。1月21日、22日，蔣又與張靜江、譚延闓聯名致電武漢，以「中央」的名義命令聯席會議毋庸繼續，立即成立武漢政治分會。武漢方面再次討論，回電表示：「在南昌中央政治會議未開會以前，暫不取消。」

爲了迫使蔣介石同意按原議遷鄂，武漢的左派們決定動員群衆的輿論，並施加財政壓力。當蔣介石還在武漢的時候，湖北省黨部代表大會正在召開，會議發表通電，表示對國民政府暫駐南昌「深滋疑慮」，要求蔣介石「根據前議，定鼎鄂渚」⑥³。17日，發表第二號通告，指示各級黨部、各團體共同通電要求⑭。此後，省總工會、省學聯、漢口市商協陸續發表通電。2月5日，湖北省黨部、漢口特別市黨部又聯合呼籲全國各級黨部一致電請。蔣介石承受的輿論壓力愈來愈大。

與此同時，宋子文則將蔣介石所需軍費1300萬元暫扣不發，急得蔣介石派親信、軍需處處長徐桴到武漢催領。宋子文稱：「湖北財富之區，籌款本易，現政府在南昌，一人辦事不動。」⑥⁵徐桴無奈，只好電勸蔣介石：「我軍命脈，操在宋手，請總座迅電慰勉之，先救目前之急，再圖良法，萬不可操之過急，致生重大影響。」⑥⁶2月4日，宋子文親赴江西斡旋⑥⁷。群眾的輿論蔣介石可以不理，但軍費不能不要。8日，南昌中央政治會議第五十八次會議決定，中央黨部及國民政府遷至武昌。但同時決定，派徐謙赴美，戴季陶赴蘇，這一決定貌似公正，而實際上是打向臨時聯席會議的一根棍子。至於中央全會，則被推遲到俟東南戰爭告一段落以後。

經歷重重風波之後，遷鄂之議再次定下來了。2月9日，宋子文自南昌致電武漢，說譚延闓等三數日內即可蒞鄂。但日期屢變，仍不見人影。20日，南昌各界召開歡送黨、政遷鄂大會。會後，仍不見人員啓程。武漢方面眞是望眼欲穿。21日，臨時聯席會議召開擴大會議，決定：1.結束聯席會議；2.中央黨部及國民政府即日正式開始辦公；3.中央執行委員會3月1日以前在武漢召開全體會議⑥⁸。

遷都之爭以武漢國民黨左派的又一次勝利而告一段落，但是，譚延闓等還滯留在南昌，風波並未平息。2月22日，南昌方面聲明：在黨部與政府未遷以前，武漢方面不得以中央黨部及國民政府名義另行辦公。反應的迅速和强烈預示著更大的風波還在後邊。

四、恢復黨權運動與國民黨二屆三中全會

遷都之爭中，國民黨左派和共產黨人對蔣介石的專制跋扈有了進一步的感受，爲了限制其權力，他們決定開展恢復黨權運動

徐謙接到蔣介石要求撤銷鮑羅廷顧問職務的電報後，非常緊張，立即電邀在宜昌工作的吳玉章回武昌商議，吳玉章表示：「這不是鮑羅廷個人的去留問題，這是蔣介石對中央、對政府的蔑視，我們一定不能讓步。」㊾2月9日，部分在武漢的國民黨高級幹部集會，決定由徐謙、吳玉章、鄧演達、孫科、顧孟餘五人組成行動委員會，「從事黨權集中」⑩。2月11日，《漢口民國日報》發表社論，提出：「整頓黨的組織，嚴肅黨的紀律，擴大黨的威信，要使我們的黨眞正能夠成爲一個最高權力機關，眞正能領導一切實際工作。」⑪13日，湖北省、武昌市兩黨部召開會議，宛希儼提出，黨已經出現了一種「危機」，「失去民主集中制性質，而具有一種獨裁的趨勢。這種現象，我們如果再讓他繼續下去，將來勢必會使黨和個人兩敗俱傷。」⑫15日，中央宣傳委員會召開第九次會議，鄧演達、顧孟餘、張太雷、葉楚傖等30餘人與會，由顧孟餘報告黨務宣傳情形，會議通過《黨務宣傳要點》：1.鞏固黨的權威，一切權力屬於黨；2.統一黨的指揮機關，擁護中央執行委員會；3.實現民主政治，掃除封建勢力；4.促汪精衛同志銷假復職；5.速開中央執行委員會全體會議，解決一切問題；6.以打倒西山會議派的精神，對待一切黨內的昏庸老朽的反動分子，然後才能鏟除黨外的危害本黨官僚市儈；7.軍隊在黨的指揮之下統一起來，準備與奉系的武裝決鬥⑬。在此前後，安徽臨時省黨部代表團、七軍政治部等紛紛發表宣言，呼籲恢復黨權，一時輿論沸騰，群情激昂。

在恢復黨權運動中，孫科、鄧演達、徐謙尤爲活躍。孫科曾激憤地對陳公博說：「蔣介石這樣把持著黨，終有一天要做皇帝

了。」⑭他於2月19日發表文章，指責二屆二中全會變更黨章規定，設立常務委員會主席，「差不多在政治上是一國的大總統，在黨務上是一黨的總理」，「不知不覺就成爲一個迪克推多」⑮。鄧演達也撰文指出：「國民革命的成功，總是工農的力量作主，不應再把政權操到其他反革命人們手上。」⑯他要求大家認識目前鬥爭的性質，是封建與民主之爭，革命與妥協之爭，成功與失敗之爭。

孫科、鄧演達的文章反映出武漢國民黨左派們的普遍情緒。2月22日，中央常務委員會決定接受21日擴大聯席會議的要求，召開二屆三中全會。23日，發表《中國國民黨黨務宣傳大綱》，不點名地指責張靜江以監察委員代理常務委員會主席，主持中央工作，使黨的意志無由表現，造成「朕即國家」的狀況⑰。次日，武漢三鎭15,000人集會，擁護恢復黨權運動。會議由董必武主持，徐謙講話提出「一切軍事、財政外交，均須絕對受黨的指揮」。會上第一次喊出「打倒張靜江」的口號⑱。下午續開慶祝中央黨部及國民政府在鄂辦公及上海大罷工示威大會，到會群眾達20萬人。

儘管武漢的恢復黨權運動如火如荼，左派們也義憤滿腔，但是始終沒有正面批判蔣介石，並且仍然期望他勒馬回頭。2月5日，根據鄧演達的提議，派陳銘樞、謝晉二人，攜帶26人的聯名信件和擬在二屆三中全會上討論的各種提案前往南昌，和蔣介石商量，同行者還有蔣介石派到武漢來刺探情況的陳公博。

對武漢左派的恢復黨權運動，蔣介石惱怒異常。2月19日，他在南昌發表演講，自稱是「本黨的忠實黨員」，「總理忠實的信徒」，「如果中正想成爲一個獨裁制，把持一切，操縱一切，如果中正有這樣要做一個軍閥的傾向，豈但本黨各同志可加中正以極嚴厲的處分，中正隨時都可以自殺的」。他又說：「我只知道我是革命的，倘使有人要妨礙我的革命，那我就要革他的命。

」⑲兩天後，他再次發表講演，聲稱：「聯席會議是沒有根據的，如果提高黨權，就要取消漢口的聯席會議。」還說：「我以為只有徐謙是獨裁制，他以沒有根據的漢口聯席會議，自居主席，不受黨的命令，這才是獨裁制。」講話中，他一方面表白：「中正並不會反對共產黨，中正是向來援助共產黨的。」但又說：「如果今日左派壓制右派，那我要制裁左派，共產黨員有不對的地方，我有制裁的責任及其權力。」⑳這些講話，透露了他心中隱藏的殺機，預告了他要採取某些行動。但是，這一時期，蔣介石的財政問題還未解決，不具備和武漢左派徹底決裂的條件。因此，在謝晉等人到達南昌後，他的態度不得不作某種「轉變」。

在聽取陳公博的彙報後，蔣介石即命陳替他起草擁護中央的通電。2月17日，他發表《對〈黨務宣傳大綱〉宣言》，雖然語中含刺：「個人之左右，固須嚴防；黨團之操縱，尤須注意」，但還是表示，希望各同志「一致接受」㉑。28日，蔣致電宋子文、孫科，聲稱「各同志所擬提案，皆中正夙昔主張，完全同意，深望黨中同志共體黨之存亡，一致團結」㉒。他要求二屆三中全會延期一星期召開。武漢方面接受蔣介石的意見，隨即決定將會議延至3月7日。

3月3日，南昌中央政治會議開會討論二屆三中全會問題。謝晉和譚延闓有交誼，此時譚已為謝晉說動㉓。何香凝、陳公博等也都主張赴鄂與會。經長時間討論和諸人苦勸，蔣介石不得不同意全體在贛委員6日啓程，但第二天，蔣介石又表示，通電服從中央並非他的「本意」㉔。他再次要求會議展期，表示譚延闓等5人可以先行，自己須待朱培德去樟樹鎮檢閱軍隊後一起動身。5日，在為譚延闓等餞行時，蔣介石慷慨地表示：「黨部、政府遷鄂，南昌同志誓擁護到底。」㉕但又說：「他們能等我，等到3月12日開會，就相信他們有誠意；假使提前舉行，其虛偽可知。」㉖

3月7日，譚延闓、李烈鈞、何香凝、丁惟汾、陳果夫到達武漢，隨即被接到中央執行委員會第三次全體會議會場。譚延闓稱，蔣介石、朱培德11日可到鄂，要求稍等一兩天，「候其親來，則兩方意思可以調和」⑧⑦。李烈鈞則表示：「希望國民革命早日成功，同志捐除意見。」⑧⑧徐謙報告了聯席會議的成立經過，說明中山艦事件以來，黨出現了遷就軍事的不正常現象，他說：「爲今之計，須趕緊糾正。此非對人問題，乃改正制度，使革命得最後之勝利而已。」⑧⑨會議就是否等候蔣、朱二人，延期至11月召開進行討論。彭澤民、吳玉章、于樹德、毛澤東、惲代英、顧孟餘等認爲到會人數已足，不能再延，一致要求當日正式開會。彭澤民說：「現在口號打倒獨裁，打倒個人專政，因蔣、朱又不能來，而再展期開會，豈不犯了個人獨裁之嫌嗎？」⑨⓪吳玉章說：「革命是共同工作的革命，不能由一二人的意思來指揮，不可使蔣同志因此而生錯誤。若一展再展，誠屬非計。」⑨①此後，會議就是否已足法定人數進行討論。譚延闓與吳玉章針鋒相對，會議氣氛頓形緊張。在主席詢問是否付表決時，李烈鈞宣布退席，致使會議氣氛更形緊張。爲了圓場，會議採納徐謙建議，將當日會議作爲預備會。

二屆三中全會籌備期間，陳銘樞準備利用第十一軍的力量發動政變，逮捕與會的國民黨左派和中共黨人，但由於鄧演達、唐生智防範嚴密，未敢動手」⑨②。6日，陳銘樞聲稱「到外國一換環境，兼補充革命學識」⑨③，辭去武漢衛戍司令及第十一軍軍長職務，潛往南昌。同日，鄧演達、唐生智召集十一軍官兵談話，均表示「絕對服從黨」⑨④。

3月10日至17日，二屆三中全會召開，共通過決議案二十項，宣言及訓令三份，其主要內容有以下幾方面：

㈠充分肯定了「臨時聯席會議」成立的必要及其工作成績。會議明確指出，該會「係適合革命利益，應付革命時機，代表中

中國國民黨第二屆中央執行委員第三次全體會議第二日開會議事錄 十六年三月十一日

地　點—漢口南洋大樓

時　間—下午二時

出席者：

譚延闓　陳公博　周啟剛　許甦魂　丁惟汾

顧孟餘　朱霽青　謝晉　彭澤民　鄧懋修

丁超五　董用威　林祖涵　宋子文　于樹德

經亨頤　孫科　江浩　吳玉章　夏曦

惲代英　鄧演達　徐謙　王法勤　王樂平

陳其瑗　陳友仁　何香凝　孫宋慶齡　詹大悲

毛澤東

圖三十三　國民黨二屆三中全會議事錄（1927 年）
（採自上海圖書館）

央權力之必要組織」，認爲它領導群眾進攻帝國主義，收回租界，因而大大提高了國民政府的權威⑮。這就針鋒相對地否定了蔣介石對「臨時聯席會議」的指責。

㈡恢復和提高黨權，採取了防止個人獨裁和軍事專政的新集體領導體制。國民黨二屆二中全會以後，黨內實行主席制，蔣介石借此集權於一身，凌駕於全黨之上。此次會上，主席制成爲集矢對象。徐謙批評其「只見個人權利，不見黨的威權」⑯。孫科稱：「以主席爲唯一領袖，並且兼爲軍事領導。此種封建思想對於黨內黨外皆有影響，漸次便成獨裁制度。」⑰江蘇省黨部代表張曙時與安徽、直隸、山西、河南四省黨部代表聯合提出《請取消主席制度案》，認爲「有主席一日，黨內就一日不寧，革命前途有很大之危險」⑱。會議通過的《統一領導機關案》確定不設主席，在中央執行委員會議前後，由常務委員會「對黨務、政治、軍事行使最終議決權」，同時設立政治委員會、軍事委員會。政治委員會審議政治問題，議決後「交由中央執行委員會指導國民政府執行」⑲。軍事委員會由中央委員中的高級軍官和不任軍職的中央委員兩部分人組成，其中 7 人爲主席團；主席團之決議及命令，須有 4 人簽名方能生效；總司令、前敵總指揮、軍長等，須軍委會提出，由中央委員會任命。爲了防止個人干預外交，會議通過的《統一外交決議案》規定：黨員不得擅自變更外交主張，或直接、間接與列强接洽任何事宜；政府職員不得私自與帝國主義接洽或進行秘密交涉；所有外交人員均由外交部直接任免。爲了防止個人干預財政，會議又通過《統一財政決議案》，規定「集中各省財政管理權於財政部」。此外，爲了改變蔣介石利用黃埔軍校培植私人勢力的狀況，會議還採納彭澤民的意見，規定軍事政治學校均改校長制爲委員制⑳。

㈢堅持並重申國民黨一大所確定的革命路線和政策，强調了農民問題的重要性。會議通過的《對全國人民宣言》提出：「要用種種方法繼續援助工人、農民和城市一般民眾的革命運動及改良他們本身生活的爭鬥。」《宣言》表示，將設立農政部及勞工部，實現本黨的農工政策⑩。在討論中，孫科說：「革命根本問題爲農民解放問題。中國人民中百分之七、八十爲農民，如農民解放運動做不到，國民革命即難成功。」⑩鄧演達說：「鄉村農民之興起，參加政治鬥爭，打碎封建思想，其結果非常偉大。」他熱情肯定了湖南、湖北、河南等地農民運動的成績，認爲「如旁觀或制止即係自殺」；主張由大會宣言，「令農民放膽去做」⑩。會議除通過《農民問題決議案》外，又通過了《對全國農民宣言》。《農民問題決議案》提出了當時應立即實行的10條事項，如：建立區鄉機關、設立土地委員會、在本年內完全實行減租25%、依法沒收貪官污吏、土豪劣紳及一切反革命者的土地財產，明令禁止高利盤剝等⑩。《對全國農民宣言》肯定革命「需要一個農村的大變動」，「使土豪、劣紳、不法地主及一切反革命派之活動，在農民威力之下，完全消滅」；使農村政權轉移到農民手中。《宣言》表示，爲保障勝利，農民「應得到武裝」，「本黨決計擁護農民獲得土地之爭鬥」⑩。《農民問題決議案》與《對全國農民宣言》均由中央農民運動委員會提出，又經會議指定徐謙、惲代英、王法勤、鄧演達、吳玉章、詹大悲、顧孟餘、鄧懋修、毛澤東9人組成審查委員會修訂，其中不少觀點和毛澤東的《湖南農民運動考察報告》相一致，顯然有他的手筆在內。此外，爲了鎮壓農村反動勢力，會議還批准了董必武代表湖北省黨部提出的《湖北省懲治土豪劣紳暫行條例》與《湖北省審判土豪劣紳暫行條例》。

(四)否定非法選舉，打擊了右派勢力。1926年12月，廣東省黨部召開代表大會，選舉省黨部執行委員。在陳果夫操縱下，以中央名義指定若干人加入預選，然後再以政治會議廣州分會名義圈定15人，結果，使右派當權。其後的江西省和廣州特別市黨部選舉都存在類似情況。爲此，會議不顧陳果夫的抗辯，通過了張曙時等人的提案，指出上述選舉「違背總章，應由常務委員會令其從速改選」⑩。會議並接受暹羅支部控告，批評右派蕭佛成的言論與行爲，決定停止其中央委員職權，解除其在暹羅的一切職務

㈤改選中央常務委員、各部部長、政治委員會、軍事委員會、國民政府委員會，組成了新的黨、政領導機構。蔣介石雖然還擔任常務委員、軍事委員、軍事委員會主席團委員、國民政府委員等四項職務，但已從權力高峰上跌落下來，而汪精衛的權位則大大提高。

3月20日，國民政府委員在武昌舉行就職宣誓。至此，新的一屆國民政府正式成立，二屆三中全會似乎功德圓滿了。

二屆三中全會是國民黨左派和中國共產黨人的一次空前的勝利。它完成了1926年中央及各省區聯席會議未能完成的任務，糾正了二屆二中全會所作出的許多錯誤決定，從新右派手中奪回了黨權和政權，其意義重大。但是，興高采烈的左派們很快就發現，他們的勝利遠不是鞏固的，因爲蔣介石還掌握著軍權。當紙上的宣言和決議與槍桿子發生矛盾的時候，前者顯然不能與後者較量。

還在遷都之爭初期，鮑羅廷曾對李宗仁說：「絕不能再讓蔣介石繼續當總司令了。」他曾試圖動員李宗仁取蔣自代，遭到拒絕⑩。3月下旬，武漢政府又曾密令第六軍軍長程潛逮捕蔣介石，再遭拒絕⑩。4月5日，武漢政府決定廢除國民革命軍總司令，建立集團軍，任命蔣介石爲第一集團軍總司令，馮玉祥爲第二集團軍總司令，朱培德爲預備隊總指揮，楊樹莊爲海軍總司令。這是武漢政府削弱蔣介石軍權的重大措施，但是，已經沒有實際效用，一周之後蔣介石就利用他掌握的軍權，發動了「四·一二」政變。

（原載《中共黨史研究》，1990年第1期）

【註　釋】

① 中國第二歷史檔案館編：《中國國民黨第一、二次全國代表大會史料》（上）第 549 頁，江蘇古籍出版社1986年 9 月版。

② 《中國國民黨第一、二次全國代表大會史料》（上），第 575-600 頁。

③ 《廣州民國日報》，1926年 8 月 5 日。

④ 《中國國民黨第一、二次全國代表大會史料》（上），第 635 頁。

⑤ 《吳玉章回憶錄》第 136 頁，中國青年出版社1978年版。

⑥ 《中央對於國民黨十月一日擴大會的意見》，《中央政治通訊》第 4 期，1926年 9 月20日。

⑦ 《國民十五年以前之蔣介石先生》，第八編二，第71頁。

⑧ 《蔣介石日記類抄・軍務》，1926年 8 月20日。

⑨ 《廣州民國日報》，1926年 8 月23日。

⑩ 《蔣介石日記類抄・軍務》，1926年 8 月25日。

⑪ 《蔣介石日記類抄・軍務》，1926年 8 月30日。

⑫ 《中央給廣東信——汪、蔣問題最後的決定》，《中央政治通訊》第5期，1926年 9 月22日。

⑬ 《蔣介石最近對於我們的要求》，《中央政治通訊》第 3 期，1926年 9 月15日。

⑭ 《中央致粵區的信——製訂左派政綱，促成汪、蔣合作》，《中央政治通訊》第 4 期，1926年 9 月17日。

⑮ 《中央給廣東信——汪、蔣問題最後的決定》，1926年 9 月22日。

⑯ 同前註。

⑰ 《蔣介石日記類抄・軍務》，1926年 9 月27日。

⑱ 《蔣介石日記類抄・軍務》，1926年 9 月29日。

⑲ 《國民十五年以前之蔣介石先生》，第八編五，第 5 頁。

⑳ 榮孟源主編：《中國國民黨歷次代表大會及中央全會資料》（上），第300頁，光明日報出版社1985年10月版。

㉑ 《陳果夫回憶錄》，見吳相湘著《陳果夫的一生》，第 105 頁，台北傳

記文學出版社1971年版。

㉒ 《中央通告(鐘字)第十七號——對國民黨中央擴大會議的政策》,1926年9月16日。

㉓ 《國民十五年以前之蔣介石先生》,第八編四,第22頁。

㉔ 《國民十五年以前之蔣介石先生》,第八編四,第55頁。

㉕ 《中央對於國民黨十月一日擴大會的意見》,1926年9月20日。

㉖ 《中國國民黨中央各省聯席會議第二次會議錄》,油印件。

㉗ 《K.M.T.中央地方聯席會議經過情形》,《廣東區黨團研究史料》,第466頁,廣東人民出版社1983年版。

㉘ 《中國國民黨中央各省聯席會議議事錄》第3號。

㉙ 《K.M.T.中央地方聯席會議經過情形》,《廣東區黨團研究史料》,第466頁,廣東人民出版社1983年版。

㉚ 《中國國民黨中央各省聯席會議議事錄》第3號。

㉛ 《中央致粵區的信》,1926年9月17日。

㉜ 《中央各省區聯席會議錄》。

㉝ 同前註。

㉞ 《中央各省聯席會議議事錄》第12號。

㉟ 同前註。

㊱ 《國民十五年以前之蔣介石先生》,第八編五,第105頁。

㊲ Document 44, Wilbur and How: Document on Communism Nationalism and Soviet Advisers in China, pp. 413-421.

㊳ 《中央政治通訊》第10期。

㊴ 《中共廣東區委政治報告》㈡,《廣東區黨團研究史料》,第479-482頁。

㊵ 《國民十五年以前之蔣介石先生》,第八編六,第59頁。

㊶ 《革命軍日報》,1926年12月1日。

㊷ 《對於目前時局的幾個重要問題》,《中央政治通訊》第11期,1926年11月9日。

㊸ 《中央致粵區信》，《中央政治通訊》第13期，1926年12月 4 日。

㊹ 《中央局報告》，《中共中央政治報告選輯》，第 115 頁。

㊺ 《中共中央政治報告——關於目前形勢與黨的主要工作》，《中央政治通訊》第15期，1927年初。

㊻ 《蔣介石日記類抄・黨政》，1926年12月 6 日。

㊼ 《蔣介石日記類抄・黨政》，1926年12月 7 日，參見《國民十五年以前之蔣介石先生》，第八編七，第58頁。

㊽ 《國民十五年以前之蔣介石先生》，第八編七，第15頁。

㊾ 《復武漢各界團體電》，《廣州民國日報》，1926年12月20日。

㊿ 《通告》，《廣州民國日報》，1926年12月17日。

51 《蔣介石日記類抄・黨政》，1926年 1 月24日。

52 《各界歡送黨政府北遷盛會》，《廣州民國日報》，1926年12月 6 日

53 《中央黨政府暫設於南昌》，《廣州民國日報》，1926年1月 8 日。

54 陳公博：《苦笑錄》（1925年至1936年），第67頁，現代史料編刊社，1981年 4 月。

55 《中華民國史檔案資料彙編》第 4 輯（上），第 374 頁，江蘇古籍出版社 1986年版。

56 《鮑顧問來電》，《蔣介石收各方電稿》，抄本，1927年 1 月（上）。

57 《臨時聯席會議第11次會議記錄》。

58 《陳友仁等爲不宜變更中執會遷鄂決定致蔣介石等密電》，《中華民國史檔案資料彙編》第 4 輯（上），第 375 頁。

59 蔣介石：《在慶祝國民政府建都南京歡宴席上的講演詞》，上海《民國日報》，1927年5月 4 日。

60 《臨時聯席會議第13次會議記錄》。

61 《蔣總司令昨晚歡宴各界代表紀盛》，《漢口民國日報》，1927年 1 月16日。

62 何成浚：《八十回憶》，《近代中國》第23期，台北1981年 6 月30日出版。

⑥③ 《漢口民國日報》，1927年1月16日。

⑥④ 《漢口民國日報》，1927年1月21日。

⑥⑤ 《徐桴致蔣介石電》，《蔣介石收各方電稿》，抄本，1926年1月29日

⑥⑥ 《徐桴致蔣介石電》，1926年1月31日。

⑥⑦ 《徐桴致蔣介石電》，1926年2月5日。

⑥⑧ 參見《廣州民國日報》，1927年3月1日、3月8日。

⑥⑨ 《吳玉章回憶錄》，第141頁，中國青年出版社1980年6月版。

⑦⓪ 《陳銘樞致蔣介石密電》，1926年2月10日，見《蔣介石收各方電稿》；另參見《陳銘樞談第一次國共合作時期武漢的軍政大事》，《武漢文史資料》第4輯，第25頁。

⑦① 希儼：《時局進展與吾黨目前之責任》。

⑦② 《漢口民國日報》，1927年2月14日。

⑦③ 《漢口民國日報》，1927年2月16日。

⑦④ 陳公博：《苦笑錄》，第67頁。

⑦⑤ 《為什麼要統一黨的指導機關》，《漢口民國日報》，1927年2月20日

⑦⑥ 《現在大家應該注意的是什麼》，《漢口民國日報》，1927年2月23日

⑦⑦ 《漢口民國日報》，1927年2月23日。

⑦⑧ 《武陽夏黨員大會慶祝示威大會之熱烈》，《漢口民國日報》，1927年2月26日。

⑦⑨ 上海《民國日報》，1927年4月16日。

⑧⓪ 上海《民國日報》，1927年4月17日。

⑧① 上海《民國日報》，1927年4月23日。

⑧② 《蔣介石致宋子文電》，《廣州民國日報》，1927年3月15日。

⑧③ 謝宣渠：《國民政府遷都武漢側記》，《武漢文史資料》第4輯，第46-48頁。

⑧④ 陳公博：《苦笑錄》，第75頁。

⑧⑤ 《蔣總司令歡送黨政府遷鄂》，《廣州民國日報》，1927年3月9日。

⑧⑥ 陳果夫：《十五年至十七年間從事黨務工作的回憶》，《陳果夫的一生

》，第 107 頁，台北版。

⑧⑦ 《中國國民黨第二屆中執會第三次全體會議預備會記錄》，《中國國民黨第一、二次全國代表大會會議史料》（下），第 743 頁。

⑧⑧ 同上，第 744 頁。

⑧⑨ 同上，第 746 頁。

⑨⓪ 同上，第 748 頁。

⑨① 《中國國民黨第二屆中執會第三次全體會議預備會記錄》，《中國國民黨第一、二次全國代表大會會議史料》（下）。

⑨② 《陳銘樞告四軍、十一軍將士書》，上海《民國日報》，1927年8月 9 日。

⑨③ 《陳銘樞留別鄧演達書》，《廣州民國日報》，1927年 4 月14日。

⑨④ 《中國國民黨第一、二次全國代表大會會議史料》（下），第 747 頁。

⑨⑤ 《中國國民黨歷次代表大會及中央全會資料》（上），第 316 頁。

⑨⑥ 《中國國民黨第二屆中執會第三次全體會議提案審查委員會速記錄》，《中國國民黨第一、二次全國代表大會會議史料》（下），第 756 頁。

⑨⑦ 《中國國民黨第二屆中執會第三次全體會議提案審查委員會速記錄》，《中國國民黨第一、二次全國代表大會會議史料》（下），第 809 頁。

⑨⑧ 《中國國民黨歷次代表大會及中央全會資料》（上），第 338 頁。

⑨⑨ 同上，第 316-317 頁。

⑩⓪ 參見《中國國民黨歷次代表大會及中央全會資料》（上），第318-326頁。

⑩① 《中國國民黨歷次代表大會及中央全會資料》（上），第 306 頁。

⑩② 《中國國民黨第一、二次全國代表大會會議史料》（下），第 830 頁。

⑩③ 同上，第 845 頁。

⑩④ 《中國國民黨歷次代表大會及中央全會資料》（上），第 328-330 頁。

⑩⑤ 同上，第 308-311 頁。

⑩⑥ 《中國國民黨歷次代表大會及中央全會資料》（上），第 338-339 頁。

⑩⑦ 《李宗仁回憶錄》（上），第 441 頁。

⑩⑧ 參見拙作《四・一二政變前後武漢政府的對策》，見本書第 536 頁。

「四・一二」政變前後武漢政府的對策

1927年4月12日，蔣介石在上海發動的政變並不是突然的，事前，他早已公開表態，並且在南昌、九江、安慶、南京、杭州、福州等地大打出手。因此，武漢政府對於蔣介石可能採取的行動並非完全沒有警覺，曾經採取過一些對策。但是，從總的方面看，麻痺天真，優柔遲疑，失去時機。「四・一二」之後，武漢政府處境困難，政治譴責取高調而軍事上則回避和蔣介石決戰，對馮玉祥、閻錫山等人又判斷失誤，終於未能挽回頹勢。中國現代史由此發生了重大的轉折性變化。

以黨權限制蔣介石

武漢政府是在和蔣介石激烈衝突中的產物。將國民政府由廣州遷到武漢，本來是蔣介石的主張。1926年11月16日，徐謙、宋子文、陳友仁、孫科、鮑羅廷等北上，籌備遷都。同年11月26日，中央政治會議決定，在廣州的國民黨中委和國民政府委員分批出發。12月13日，先行到達武漢的孫科、徐謙、蔣作賓、柏文蔚、吳玉章、宋慶齡、陳友仁、王法勤等議決，在國民政府未遷來之前，組成國民黨中央執行委員，國民政府委員臨時聯席會議，執行最高職權。同月底，譚延闓、張靜江、顧孟餘、何香凝等人抵達南昌，蔣介石突然改變主張，提出將中央黨部和國民政府暫駐南昌，企圖將黨和政府置於他的軍事控制之下。這樣，在聯席會議和蔣介石之間就發生了激烈衝突。最初，武漢的國民黨左派和顧問鮑羅廷準備動員李宗仁反蔣。他們紛紛去李處遊說，告訴他：蔣介石「集黨、政、軍大權於一身，現在已成爲一新軍閥，本黨如不及早加以抑制，袁世凱必將重見於中國」。鮑羅廷並曾推心置腹地動員李宗仁取代蔣介石的總司令位置，遭到李的拒絕。①此後，武漢的國民黨左派們決定以黨權來限制蔣介石。1927年2月15日，國民黨宣傳委員會在漢口舉行會議，到會的有鄧演達、顧孟餘等30餘人，提出鞏固黨的權威，一切權力屬於黨；統一黨的指揮機關，擁護中央執行委員會；實現民主政治，掃除封建勢力；促汪精衛銷假復職；速開中央執行委員會全體會議，解決一切問題等主張。會議通過的《黨務宣傳要點》指出：「封建思想在黨員頭腦中潛滋暗長，不即加以糾正，必定演成個人獨裁。」考慮到當時的條件，《要點》主要矛頭指向張靜江，但是，也沒有點他的名，而是以「昏庸老朽的反動分子」一詞相代。《要點》表示，要以打倒西山會議派的精神，肅清黨內的「昏庸老朽的反動分子以及相與勾結的官僚、市儈」。②自此，各地即掀起恢復黨權運動。2月21日，國民政府宣布在武漢正式辦公。

對於這一切，蔣介石惱怒異常。2月19日，他在總司令部南昌特別黨部成立大會上說：「我只知道我是革命的，倘使有人要妨礙我的革命，反對我的革命，那我就要革他的命。我只知道革命的意義就是這樣。誰要反對我革命的，誰就是反革命。」③21日，他又說：「如果今日左派壓制右派，那我就要制裁左派。」「共產黨員有不對的地方，有強橫的行爲，我有干涉和制裁的責任及其權力。」④這實際上已是政變的預告。

恢復黨權運動在二屆三中全會期間達到了高潮。這次會議原定3月1日召開，由於蔣介石的阻撓，一直推遲到3月10日。會議於3月17日閉幕。這次會議糾正了國民黨二屆二中全會的許多錯誤決定，是國民黨制度上的一次大改革。會議通過了統一黨的領導機關案、統一革命勢力案、統一財政決議案和統一外交決議案。這些決議案的主旨都在於提高黨權、集中黨權。會議改選了國民黨中央政治委員會、常務委員會、軍事委員會和國民政府委員會，在實際上解除了蔣介石的常務委員會主席和軍事委員會主席兩項職務，蔣介石被從最高領導的地位上拉了下來，權力大大縮小了。會上，孫科點名批評蔣介石：「蔣介石同志之在南昌宣言，則爲軍閥及帝國主義所歡迎。」⑤會後發表的《本會經過概況》雖然不點名，但卻對蔣介石進行了最嚴厲的指責。《概況》認爲：自「三・二〇」中山艦事件以來，「不但總理之聯俄及容納共產黨政策被其破壞，即本黨軍隊中之黨代表制與政府制度亦完全破壞，開個人獨裁之漸，啓武人專橫之端」。又說：「自設總司令以來，黨國大政，無不總攬於一人。黨與政府，等於虛設。」⑥《概況》高度評價二屆三中全會的決議，認爲是「個人屬於黨與黨屬於個人之分歧點」，「武力屈服於黨，抑黨屈服於武力之分歧點」，「個人獨裁與民主集中制之分歧點」。《概況》表示，將不再採取「委曲求全」的方針。

二屆三中全會之後，各地反蔣呼聲日趨激烈。湖北省黨部要求免去蔣介石本兼各職。武昌中央農民運動講習所學生結隊請願，要求將蔣介石交付監察委員會和軍事委員會按照黨紀懲辦。武昌第三區第四分部致電蔣介石，表示要以「革命的手段對待」，「臨電枕戈，佇候明教」。⑦湖南省黨部則公開電稱：「與其愛一蔣介石，以延長中國反動之局；何如去一蔣介石，而樹立眞正民治之基。」⑧

蔣介石不想以口舌、筆墨進行論爭，他用暴力來回答武漢政府。3月16日，他強迫解散南昌市黨部、南昌市學聯，封閉《貫徹日報》。17日，製造九江慘案，殺害九江市黨部和總工會負責同志四人。3月23日，製造安慶慘案，搗毀安慶省黨部和總工會。同時，處心積慮，控制南京、上海。

在很長時期內，鮑羅廷和國民黨左派們一直擔心蔣介石抵達東南後，會和帝國主義以及中國大資產階級發生關係，因此，也力謀控制南京、上海，進一步限制和削弱蔣介石的權力。３月21日，上海發生工人第三次武裝起義，武漢國民黨中央政治委員會立即召開會議，討論應付方案。會議決定派外交、財政、交通三部部長赴滬，又指定孫科、顧孟餘、陳友仁、宋子文、徐謙爲外交委員會委員，以陳友仁爲主席，研究上海方面的外交策略；派郭沫若爲上海軍隊中的政治工作指導員。３月23日，北伐軍攻克南京，武漢國民黨中央政治委員會立即任命程潛等11人組成江蘇省政務委員會，以程潛爲主席，其中共產黨人和左派占絕對優勢。27日，武漢政府電令上海各機關，所有江浙財政均須經宋子文辦理，否則概不承認。這一切，都是爲了加强武漢政府對南京、上海地區的控制，限制蔣介石的權力。

蔣介石不理睬武漢政府這一套，繼續任命行政、外交等方面的人員，並且干涉武漢政府的用人權。３月28日，孫科在政治委員會第六次會議上提出：最近軍事長官，往往干涉交通部用人行政事宜，上海方面交通部派員不能接事，一定要總司令委派才可以。會議決議，由國民政府電令各省軍事機關，嗣後不得干涉用人行政。４月１日，政治委員會第八次會上，鮑羅廷提出：「現在反動分子自由委派重要官長，損傷黨權。」于樹德提出：「軍事領袖擅自拜訪各國的外交官是否合法？」孫科說：「現在越鬧越不像話，好像是他總司令的世界，爲所欲爲，把黨的威權弄得掃地。我們如果再不下決心，何必還革什麼命！」⑨會議根據鮑羅廷和孫科的提議，將二屆三中全會統一外交、財政各決議案通知蔣介石以及各軍，「飭令遵照，並警告不得違反，否則以反革命論」。⑩武漢政府很天眞，以爲蔣介石還會照它的命令行事。蔣介石也在某些方面麻痺武漢政府。不僅於３月20日發電請示軍事、外交進行方針，而且同時呈報安徽省政務委員名單，要求委派鈕永建爲新編第七軍軍長。這一切也給了武漢政府以錯覺，似乎蔣介石還準備聽它的話。４月２日，武漢國民黨中央常務委員會第五次擴大會議上，孫科指出：蔣總司令自江西到上海後，即被反動勢力包圍與利用，形成一個反動中心，建議立刻下一道訓令給蔣介石，要他立即離開上海，回到南京去，專負軍事方面的責任。他說：「蔣在上海，帝國主義只看見他一人，不見有中國國民黨及中央政府，外交、財政、交通都被其破壞。」「這是給蔣總司令一個最後機會，試驗他能不能夠有覺悟，服從中央命令，抑或一意孤行。」⑪會議通過了有關電文，聲稱：「同志在滬，已有不能團結革命之表徵，徒爲外人所乘，於此緊急之外交形勢殊屬不利，必同志離滬，中央始可對上海之嚴重形勢指揮自如，而負完全之責任。」決議要求蔣介石「對於外交未得政府明令以前，切勿在滬發表任何主張，並勿接受任何帝國主義口頭或文字之通牒」。⑫武漢政府以爲，只要蔣介石離開上海，就可以使他擺脫反動影響。鮑羅廷說：「假使我們不是愛惜蔣同志，就任從他在上海，聽他將來弄到一個失敗的結果給我們看的。現在我們要他離開上海反革命的重心，免他受包圍走去反革命。」⑬

4 月 5 日，武漢國民黨中央政治委員會根據軍事委員會的呈請，決定廢除總司令，改爲集團軍，任命蔣介石爲第一集團軍總司令，馮玉祥爲第二集團軍總司令，朱培德爲總預備隊總指揮，楊樹莊爲海軍總司令。這是武漢政府削弱蔣介石軍權的重大措施，但是，對蔣介石沒有任何實際影響。

武漢政府有黨權，蔣介石有軍權，武漢政府的基本策略是以黨權限制軍權，幻想黨紀、命令、輿論可以制服蔣介石，但是，事實證明，勝利者是軍權，而不是黨權。

逮捕蔣介石與遷都南京計劃的擱淺

武漢政府還準備了另一手。

3 月下旬，武漢政府草擬了一個俟機逮捕蔣介石的密令，由譚延闓親筆寫在一塊綢子上，準備交給程潛執行，同時責成二、六兩軍控制南京地區。3月27日，林祖涵將密令縫在衣服內，以代表國民政府慰勞前方將士的名義東下。⑭同時，張國燾則以機密方法，通知在上海的中共中央，要求就近予程潛以協助⑮。28日，中央軍事委員會總政治部任命林祖涵爲駐寧辦事處主任，林未到任前，由李富春代。

武漢政府將希望寄托在程潛身上，但是，程潛卻並不願意執行命令。林祖涵東下之際，程潛正與何應欽一起應蔣介石之召，赴上海商談。到滬後，程潛力主調和，並表示願意去武漢勸合。⑯此外，程潛還和李石曾、吳稚暉作了交談，了解到他們正在準備「清黨」。程潛擔心自己被蔣介石軟禁，便於30日離滬返寧。當晚，林祖涵也到了南京。程潛得悉交給他的任務後，表示：「那不行，我不能做分裂國民黨的罪魁禍首。這樣對不起孫中山先生。」⑰六軍政治部主任李世璋以形勢危急相勸，告訴程潛：「蔣介石已經把何應欽派進來了，他們已經占領了高地，恐怕來意不善。」程潛卻滿不在乎地說：「不要怕！」⑱

程潛的態度有他本身的原因，但是，逮捕蔣介石的時機也已失去。南京事件發生的第二天，蔣介石便乘艦過寧，沒有上岸。這以後，他一直處在重兵的護衛中，要逮捕蔣介石幾乎是不可能的。

林祖涵也沒有其他辦法。在南京期間，二、六兩軍都有人表示對蔣介石「深致懷疑」，「希望中央早日討伐」。林祖涵只能含混相答。4月1日，程潛下令「除渡江部隊外，其餘概行集結南京」，同時，以全體官兵名義通電擁護武漢三中全會決議，即隨林祖涵返漢。他將軍長職務交楊杰代理，將衛戍南京的任務交賀耀祖負責。程潛自以爲萬無一失，他無論如何想不到，楊、賀二人都已經倒向蔣介石一邊。⑲

程潛離寧後，蔣介石即接連下令駐守南京的二、六兩軍於4月6日全部渡江，沿津浦路北上，同時命何應欽的東路軍火速向南京集中。蘇聯顧問勃拉戈達托夫曾向蔣介石建議，六軍在戰鬥中損失很大，需要補充、復元，應該暫留南京，爲蔣拒絕。⑳在此情況下，六軍密電程潛請示，程復電不得渡江，不幸，程電被蔣介石的總司令部截獲。其間，魯滌平也知道二期北伐尚在計劃中，蔣介石此舉，必係排除異己，別有他圖，急電武漢請示，但未能打通。這樣，二軍和六軍的大部分都被派北上，留守的少數六軍戰士被包圍繳械，南京完全落到蔣介石手中。

武漢政府雖然下了逮捕蔣介石的決心，但是，並不感到政變迫在眉睫，還在準備北伐，並訂於4月5日誓師，同時慶祝中央軍事委員會成立和滬寧克復。3月31日，顧孟餘在宣傳委員會上說：「黨權運動的發展，上海方面軍事領袖並未極端反對，但表面雖服從，內中或準備一兩月後某一種發展。他們的方法，大概是在上海或南京集中力量，對北伐不進行，而坐視成敗，但中央則非迅行北伐不可！」㉑4月1日，軍事委員會對全體將士訓令稱：「國民革命軍將士目前最急切的任務，便是打倒張作霖，消滅奉系勢力。」㉒4月4日，程潛到漢，報告了上海方面準備「清黨」的情況，李富奉也密電陳述蔣介石、何應欽即將來寧建立政治組織的消息。這樣，武漢政府就緊張起來了。當日以「籌備尚未就緒」爲理由，宣布將北伐誓師典禮展期。㉓4月7日，武漢國民黨中央政治委員會召開緊急會議，決定「爲適應革命勢力之新發展及應付目前革命之需要」，將中央黨部及國民政府遷至南京，遷移日期另行決定。會議指定顧孟餘、鄧演達、譚平山三人負責遷都的宣傳工作，下令軍事委員會制訂以南京爲中心的作戰計劃。㉔當夜九時，軍事委員會開會，決定軍事進行計劃。武漢政府決定遷都的理由，據孫科、譚平山等人所述，基於五個方面：㈠對付帝國主義。武漢政府認爲，英、美帝國主義正聯合日本，準備武力干涉中國革命，封鎖上海、南京、天津等口岸，武漢政府必須先發制人。遷都南京、坐鎮南京，帝國主義就不敢明白進攻。㈡統一外交。武漢政府感到，地處武漢，不便於「對付長江下游的外交」。㈢掌握財政。長江下游是富庶之區，遷都有助於控制下游財政。㈣團結下游革命力量，控制蔣介石。譚平山說：「最近長江下游，帝國主義利用種種機會，用挑撥的方法以分離革命勢力。現在一部分同志已被帝國主義和反動派利用，但我們知道，在反動軍事領袖之外，還有許多革命領袖在長江下游。這些同志，我們要拉他一路走。」又說：「少數在下游的軍事領袖，想利用軍隊造成自己的地位，但中央要在長江下游，就完全能指導他們。不能用電報來指揮，我們要到軍隊勢力中來指揮他革命。」㉕㈤沿津浦路北伐。武漢政府認爲，京漢路北伐有確實把握，必須將注重點轉移至津浦線。在上述五項理由中，最主要是第四條。8日，常務委員會第六次擴大會議聽取了孫科的說明。孫科慷慨激昂地表示：「帝國主義與殘餘軍閥勾結，將革命轉爲反革命，所以爲應付外交，要下一決心，拼命移至南京」。「全體送去受他壓迫，看蔣介石有無決心？」㉖孫科的話博得了與會者的熱烈掌聲。會議決定接受政治委員會的決議。當日，舉行了東下的誓師典禮。

武漢政府這次確實準備行動了。

據吳玉章等人回憶：當時，武漢政府已決定派張發奎率四軍和十一軍去加强南京的防禦，支持上海的革命力量。軍隊中迅速作了動員，運輸的船隻和糧秣槍彈都已準備就緒。4月9日，四軍登輪，準備東征。同時武漢方面命令六軍留在南京，不要聽命於蔣介石；又命令已進至長江北岸的二軍回師南京，協同六軍衛寧反蔣。但是，就在此刻，有人提出，不應該把鐵軍調到南京去。理由是：一、長江下游和帝國主義太靠近，會引起衝突和干涉。二、汪精衛已從國外回到上海，將要來武漢。如果和蔣介石完全鬧翻，蔣一定要扣留汪（事實上，汪精衛已於6日起程來漢）。參加會議的共十人。瞿秋白、鄧演達支持吳玉章的意見，加倫也表示：「從北伐的軍事觀點來看，加强南京方面是合理的。這樣我們可以一方面從武漢沿京漢路北上，一方面可以從南京沿津浦路北上。」但是，與會者大多數不同意吳玉章的意見。四軍登輪的當天，就得到在船上待命的通知。11日，又得到命令退回原地。㉗四軍、十一軍東下的計劃就這樣擱淺了，遷都南京的決議也就成了一紙空文。

吳玉章說：「假使第四軍按照原定計劃調去南京，長江下游左右派的力量對比便會發生重大的變化，蔣介石的反革命政變也就不會那樣順利。」㉘但是，事實上，四軍東下的決定也已爲時過晚。就在武漢政府作出有關決定後的第四天，蔣介石就在上海發動了政變。在一場緊張的爭奪時間的賽跑中，武漢政府落到了後面。

武漢政府的動搖和共產國際對蔣介石缺乏應有的警惕有關。2月31日，共產國際的機關刊物《國際新聞通訊》發表文章稱：「國民黨內的分裂和工人階級與革命軍士兵之間的敵對情緒，在目前絕無可能」，「蔣介石這樣的一位革命家不會去和反革命的張作霖合作行動」。4月5日，斯大林在莫斯科發表演說稱：「既然我們有多數，既然右派聽從我們，爲什麼把右派趕走？只要有用場，農民連一匹疲蹶的老駑馬也需要。他不把它趕走。我們也一樣。等到右派對我們沒有什麼用場，我們就把它趕跑。目前我們需要右派。它有的是能幹的人，這些人尙率領軍隊且指導它去反對帝國主義者。蔣介石也許對革命沒有同情，但他正帶著軍隊，且除了引導他去反對帝國主義者之外，便不能幹別的事情。」㉙大約是11日左右，中共中央在武漢召開臨時會議，魏經斯基認爲蔣介石「有辦法」，羅易也認爲蔣介石「還有辦法」，主張國際代表團中一人去上海會見蔣介石。㉚4月13日，羅易又致電蔣介石，聲稱：「一切革命力量的團結是最大的需要」，表示「將樂於訪問南京」。㉛而在這前一天，政變已經發生了。

政治譴責的高調與軍事決戰的回避

汪精衛在４月10日到達武漢。

從1926年蔣介石製造「中山艦事件」，汪精衛避居國外之後，就不斷有人主張迎汪回國，以抵制蔣介石日益增大的影響。在1927年春天的「恢復黨權」運動中，「迎汪」的口號更喧騰一時。人們對蔣介石愈不滿，對汪精衛的期望也就愈殷切。現在，汪精衛終於回來了。但是，他並沒有給武漢政府帶來福音。

４月13日下午４時，武漢國民黨中央政治委員會第十二次會議正在舉行，得到了蔣介石的通電，要求中央各執、監委員在14日以前趕到南京開會，隨即又得到了上海市黨部的來電，工人糾察隊被繳械。汪精衛當即表示：「這件事比南京會議還要嚴重，簡直是反了！」㉜會議決定以中央執行委員會的名義致電蔣介石，要求查辦事件的主動者和負責者。電文說：「現本黨駐滬軍隊，竟有用武力令上海糾察隊繳械之舉，顯係違背命令，甘爲反革命。在黨紀上，萬難寬恕。望即將此次膽敢違犯黨紀之部隊官長，即刻停職拘捕，聽候國民政府查明事實，依法懲辦，總司令及總指揮未能事前防範，亦應依法嚴重處分，並應飭令將已繳槍械，退回糾察隊」。㉝隨後，汪精衛又在湖北省市兩黨部的歡迎宴會上宣布了消息，他說：「反共產派已經與帝國主義軍閥妥協，已經把眞正革命同志的血獻給軍閥帝國主義者了，國民革命軍的總司令已經變做討赤聯軍副司令了。」他故作慷慨地表示：「我現在什麼嫌疑也不怕了，非爲這些工友復仇不可，就如有一批數十年的老師友，像吳稚暉，現在就都該殺，殺了來填幾十個工友的命」。㉞當日在會上演說的還有徐謙、何香凝、孫科、高語罕等人。何香凝說：「現在蔣介石卻公然摧殘工農了，我們怎樣對付呢？就只有照廖先生說的話，打倒這些反革命派。」㉟孫科表示：「我們今日若對蔣再不予以處分，則他仍要利用國民革命軍

的招牌，來違法作惡。現在已經不是講情面的時候，我們一定要求中央對蔣嚴厲處分。」㊱

14日，武漢國民黨中央監察委員會開會，提出處分蔣介石、張靜江，取消蔣介石一切本兼各職、開除黨籍，由國民黨政府將其撤職查辦。

15日，汪精衛手書《對三大政策之解釋》：「總理所定聯俄、容共、農工三政策是整個的，破壞一個政策，即是破壞整個政策，即是將改組本黨的精神意義根本取消。一切革命同志應該起來，擁護此整個的政策。」㊲汪精衛這裏的表態當然是正確的，但是，其人華而不實，脆而不堅，缺乏氣節，善於見風轉舵，三個月之後，由於形勢變化，他就高叫「分共」，跟在蔣介石、吳稚暉後面，完全背叛了三大政策。

同日，武漢國民黨常務委員會第七次擴大會議討論懲蔣問題，參加者28人，列席者鮑羅廷、唐生智、張發奎三人，主席徐謙。先後發言的有董用威（必武）、鄧演達、潘雲超、詹大悲、高語罕、彭澤民、孫科、林祖涵、江浩、吳玉章、鄧懋修、王樂平、顧孟餘、何香凝、王法勤、陳公博、譚延闓、朱培德、黃實等，普遍態度强烈，要求中央改變遲疑態度，作出決定。董用威說：「務希中央毅然決然，加以處置，以申黨紀。」彭澤民說：「如再猶豫，不是蔣氏自殺，是我們自殺。」高語罕說：「（蔣介石）自四川殺起，一直殺到上海。（我們）日日不作聲，等待他殺，這是何等麻木啊！」其中，仍然以孫科最爲激烈，他要求與會者一一表態：「蔣介石是革命敵人，尤其是中央執行委員會敵人，無論對蔣介石有無私人感情，今日皆不能緘默的。」㊳在如何對待蔣介石上，會議出現兩種意見。一種是免去職務，明令討伐，以鄧演達爲代表；另一種意見以顧孟餘爲代表，認爲對一個人只有懲辦，不必用討伐。會議最後同意顧孟餘的意見，一致決議：蔣中正屠殺民衆，摧殘黨部，甘心反動，罪惡昭彰，已經中央執行委員會議決，開除黨籍，免去本兼各職，著全國將士及各革命團體拿解中央，按反革命罪條例懲治。」㊴該項決議至18日以國民政府命令形式發表。

18日同時發表的文件還有《爲懲治蔣中正訓令全體黨員》，歷數蔣介石自中山艦事件以來的種種罪惡：「凡此種種，皆爲極端反革命行爲，既不能感之以誠，復不能喻之以理，似此罪大惡極，是已自絕於黨，自絕於民衆，本黨爲革命前途計，不能不決然毅然，執行黨紀，加以嚴厲之懲治。」㊵

21日，國民黨中央執行委員、候補執監委員、國民政府委員、軍事委員會委員汪精衛、譚延闓、孫科、徐謙、顧孟餘、譚平山、陳公博、吳玉章、唐生智、鄧演達、宋子文等四十人聯名發表通電，指責蔣介石由反抗中央進而自立中央等行爲。通電號召：「凡我民衆及我同志，尤其武裝同志，如不認革命垂成之功，毀於蔣中正之手，惟有依照中央命令，去此總理之叛徒，中央之敗類，民衆之蟊賊。」㊶

上述種種，都是對蔣介石一種政治上的譴責，較之武漢政府以前的態度，是堅決、鮮明多了，但是，政治上的譴責不能代替軍事上的打擊。這方面，武漢政府仍然顧慮重重。15日的國民黨中央常務委員會上，在慷慨討蔣的高調聲中，也時時可以感到這種顧慮的存在。詹大悲說：「今日中央應行決定，失敗是不必顧慮，更不應該顧慮。」江浩說：「黨求勝利，不全在軍事上，如果全在軍事勝利，黨就根本要糟。在此狀況之下，雖然軍事上稍光　或吃虧，於黨還是好的。」鄧懋修說：「縱敗猶榮，終有勝利之一日。」吳玉章說：「如果是革命的，是不怕強力，不怕武力的。」㊷這些語言誠然是壯烈的，但卻反映出武漢政府的領袖們缺乏鬥爭勝利的信心。何香凝說得很坦率：「我對軍事上、財政上很是擔心。」㊸正是這種擔心，使武漢政府回避馬上和蔣介石決戰。

「四・一二」政變後，武漢政府兩面受敵，軍事方針陷入動搖不定中。當時出現了兩種意見，一種主張東征討蔣，一種主張北伐討奉。兩種方針各有利弊。向東討蔣吧，奉軍正沿京漢路南下；向北討奉吧，蔣介石打過來怎麼辦？這是很難解決的矛盾。這一矛盾不僅表現於武漢政府領導人之間，也表現於蘇聯顧問、共產國際代表和中國共產黨人中。4月16日，汪精衛以政治委員會名義召開國共兩黨聯席談話會，討論「積極北伐」與「肅清東南」問題，當時，中國共產黨在共產國際代表羅易的影響下，反對立即北伐。羅易認爲：新的軍事行動對革命有害。「它的目的是增加國民政府的軍事力量，以便擺脫群眾的影響。」「政府必定以戰爭爲藉口，呼籲後方的安寧。這樣，將給予反動勢力以時間，恢復他們失去的地位，並且採取攻勢。」羅易建議，在武漢政府控制下的各省推行土地革命，以加深它的社會基礎。他提出：1.消滅農村的反動力量，即地主、高利貸者和鄉村紳士；2.向廣東、江西等南方省份擴展實力；3.爲了實現上述目的，向南調動在國民政府實際控制下的軍隊。㊹也就在16日這一天，中共中央根據羅易的意見，通過一項《關於繼續北伐問題的決議》，認爲「在目前情況下，立即北伐去占領京津等地，不僅不符合革命的需要，而且有害於革命。採取北上擴大領域的軍事行動之前，必須將早已在國民黨統治下或革命已經部分完成的那些地區的革命基地加以鞏固。」㊺爲此，中共中央認爲，只能採取占領河南南部、安徽西部等「防禦性的軍事行動」。但是羅易和中共中央都同意「占領隴海路，成爲保衛革命的第一線」，莫斯科也主張北伐，同時在國民政府領域內發展革命。㊻這樣中共中央便於4月18日撤銷前議，雙方一致同意立即派軍隊北上。大約在此期間，李宗仁也曾派參謀長王應榆赴漢，向武漢政府領導人建議寧漢雙方承認既成事實，大家分道北伐，待會師北京，再開和平會解決黨內糾紛。武漢政府領導人接待了王應榆，表示「先將北方之敵擊潰再說。」⑰關於東征還是北伐的這一艱難的決策過程，鄧演達回憶說：「往東——打南京——往北的計劃前後變更了四五次，卒之爲如下之理由取決往北去，把張作霖在河南的隊伍肅清，把馮玉祥的隊伍接出來，然後把對付張作霖於京漢路線上的責任托付給他，我們的隊伍專致力於東南的肅清。」⑱當時，奉系有六個集團軍，20－25萬人，第一集團軍駐守開封和蘭封地區，由張學良統率，約6萬人。馮玉祥的隊伍號稱30萬人，確是一支可以和奉系匹敵的力量。此外，還有個閻錫山，有軍隊5萬人。武漢政府認爲，有可能倒向自己方面。因此，毅然於4月19日在武昌南湖誓師。20日，各路軍隊由京漢路進入河南，集中駐馬店，第二期北伐開始了。

這一時期，武漢政府領導人的言論中，討奉和討蔣是並列的。南湖誓師典禮上，汪精衛說：「我們要使全國民眾能得到解放，必須要打倒奉系軍閥。」「我們要打倒帝國主義與軍閥，尤必須要打倒本黨的內奸蔣介石。」⑲但是，實際上，討蔣已被暫時擱置到一邊。徐謙甚至說：「反革命蔣介石，用不著出兵聲討，就是用黨制裁，開除黨籍，免去軍職，在東南的革命力量，不久會把反叛的蔣介石，拿送中央懲辦的。」⑳這當然是一種自欺欺人的空想。

儘管武漢國民政府的領導人這時唱的是響入雲霄的高調，但是，高調中仍然可以覺察出細微的低調。這就是武漢政府處境很困難。4月27日，徐謙說：「是要往北，才能打出一條生路。」㉑5月13日，汪精衛說：「如果外交形勢變換，我們應該與西北革命軍同志協力，將大陸拿到手內，這也是革命的唯一出路。」㉒所謂外交形勢變換，實際上是帝國主義干涉的委婉說法。武漢政府的領導人除了害怕和蔣介石正面衝突外，還害怕和帝國主義正面衝突。他們想走「西北道路」，即必要時退到西北。據羅易回憶，當時，鮑羅廷認爲，由於革命力量太軟弱，武漢將不能保持，建議殘餘的力量安全地撤退到在西北的新基地。那裏，是帝國主義勢力所不及的地方，不會有武漢這樣尖銳的社會階級矛盾，又接近蘇俄和外蒙，便於獲得援助。㊸武漢政府的決策顯然反映了鮑羅廷的影響。

武漢政府寄希望於馮玉祥和閻錫山，以爲他們會忠實於自己，但是，這兩個人都靠不住。武漢政府既失去了東征的時機，北伐也中途夭折。中國近代史證明，依靠軍閥，而不依靠人民的政府是沒有出路的。

（原載日本《東方學報》，第59期，1987年3月）

【附記】本文是作者1985年6月在日本京都大學國民革命研究班及神戶孫文研究會所作的報告。

【註　釋】

① 《李宗仁回憶錄》，政協廣西壯族自治區委員會文史資料研究委員會1980年版，第 437-442 頁。

② 《漢口民國日報》，1927年2月16日。

③ 上海《民國日報》，1927年3月29日。

④ 《在南昌總部第十四次紀念周演講詞》，上海《民國日報》，1927年4月17日。

⑤ 《中國國民黨第二屆中央執行委員會第三次全體會議第七日速記錄》。

⑥ 《中國國民黨第二屆中央執行委員會第三次全體會議宣言及決議案》。

⑦ 《民衆紛起責問蔣介石》，《漢口民國日報》，1927年3月29日。

⑧ 《省黨部電請罷免蔣介石》，《湖南日報》，1927年4月10日。

⑨ 《中國國民黨中央委員會政治委員會第八次會議速記錄》。

⑩ 《中國國民黨中央執行委員會第八次會議議決錄》。

⑪ 《中國國民黨中央執行委員會第二屆常務委員會第五次擴大會議速記錄》。

⑫ 《明令蔣總司令離滬赴寧電文》，《中國國民黨中央執行委員會第二屆

常務委員會第五次擴大會議速記錄》。

⑬ 《中國國民黨中央執行委員會第二屆常務委員會第五次擴大會議速記錄》。

⑭ 程潛：《對謝慕韓〈關於「東征」「西征」和第六軍被消滅的片斷回憶〉一文的訂正和補充》，《湖南文史資料》，第4輯，第31頁。

⑮ 同前註。

⑯ 《張國燾回憶錄》第3章。

⑰ 李世璋：《關於北伐前後的第六軍》，《江西文史資料》，第2輯，第42頁。

⑱ 同前註。

⑲ 同註⑰。

⑳ 《中國革命紀事》，三聯書店1982年版，第269頁。

㉑ 《中央宣傳委員會第十四次會議記錄》，《漢口民國日報》，1927年4月2日。

㉒ 《漢口民國日報》，1927年4月2日。

㉓ 《國民革命軍北伐誓師典禮籌備處緊急通告》，《漢口民國日報》，1927年4月18日。

㉔ 《中國國民黨中央執行委員會政治委員會臨時緊急會議決議錄》。

㉕ 《在中央宣傳委員會第十五次會議上的報告》，《湖南民報》，1927年4月18日。

㉖ 《中國國民黨中央執行委員會第二屆常務委員會第六次擴大會議速記錄》。

㉗ 《吳玉章回憶錄》，中國青年出版社1978年版，第143-144頁；黃霖：《八一起義前後的幾點回憶和認識》，《中國共產黨在江西地區領導革命鬥爭的歷史資料》第1輯，江西人民出版社1970年版，第17頁；朱雅林：《一九二七年底回憶》，第101-102頁；勃拉戈達托夫：《中國革命紀事》，第293頁；巴庫林：《中國大革命武漢時期見聞錄》（俄文版），1927年4月8日至4月11日。

㉘ 《吳玉章回憶錄》，第 144 頁。

㉙ 轉引自伊羅生：《中國革命史》，中譯本，1947年版，第 183-184 頁。

㉚ 李立三：《黨史報告》，中央檔案館編《中共黨史報告選編》，中共中央黨校出版社，1982年版，第 245 頁。

㉛ 《中國新聞》，1927年 4 月14日。

㉜ 《中國國民黨中央執行委員會政治委員會第十二次會議速記錄》。

㉝ 《漢口民國日報》，1927年 4 月14日。

㉞ 同前註。

㉟ 同註㉝。

㊱ 同註㉝。

㊲ 《漢口民國日報》，1927年 4 月17日。

㊳ 《中國國民黨中央執行委員會第二屆常務委員會第七次擴大會議速記錄》。

㊴ 《革命生活》第58期，1927年 4 月19日。

㊵ 《革命生活》第59期，1927年 4 月21日。

㊶ 《中央委員聯名討蔣》，《漢口民國日報》，1927年 4 月22日。

㊷ 《中國國民黨中央執行委員會第二屆常務委員會第七次擴大會議速記錄》。

㊸ 同前註。

㊹ M. N. Roy: My Experiences in China, Bobay, 1938, pp. 56-57.

㊺ 《關於繼續北伐問題的決議》，《羅易赴華使命》，中國人民大學出版社1981年版，第 176 頁。

㊻ 同註㊹。

㊼ 《李宗仁回憶錄》第 467 頁。

㊽ 《中國革命最近的嚴重局勢之由來》（1927年 8 月17日在莫斯科的報告），中國第二歷史檔案館藏。

㊾ 《革命生活》第59期，1927年 4 月21日。

㊿ 《中央執行委員會歡迎北伐將士大會記錄》。

⑸ 《中央執行委員會歡迎北伐將士大會記錄》。

⑹ 《中國國民黨中央執行委員會第二屆常務委員會第十一次擴大會議速記錄》。

⑺ M. N. Roy: My Experiences in China, Bobay, 1938, pp. 56-57；參見《張國燾回憶錄》第8章。

胡適和國民黨的一段糾紛

有一段時期，胡適和國民黨的關係很緊張，其發端與衝突經過，表現出近代中國獨特的社會現象與文化現象。

一、發端

1929年3月，國民黨召開第三次全國代表大會，上海特別市代表陳德徵向會議提出《嚴厲處置反革命分子案》，內稱：「反革命分子包含共產黨、國家主義者、第三黨及一切違反三民主義之分子，此等分子之危害黨國，已成爲社會一致公認之事實，吾人應認定對反革命分子應不猶疑地予以嚴厲處置。」陳德徵抱怨過去處置「反革命分子」，均以移解法院爲唯一辦法，而法院又「礙於法例之拘束」，常以「證據不足」爲詞，加以寬縱。他建議黨部直接干預。提案說：

> 凡經省及特別市黨部書面證明爲反革命分子者，法院或其他法定之受理機關應以反革命罪處分之；如不服得上訴，惟上級法院或其他上級法定之受理機關，如得中央黨部之書面證明，即當駁斥之。①

這就是說，國民黨省市黨部有權確定誰是反革命，只須一紙「書面證明」，即使「證據不足」，法院也必須遵命治罪。胡適反對這種以黨代法的意見。3月26日，即陳德徵提案見報的當日，胡適即致函南京國民政府司法院長王寵惠說：

> 先生是研究法律的專門學者，對於此種提議，不知作何感想？在世界法制史上，不知哪一世紀哪一個文明民族曾經有這樣一種辦法，筆之於書，立爲制度的嗎？我的淺陋寡

聞，今日讀各報的專電，眞有聞所未聞之感。中國國民黨有這樣黨員，創此新制，大足誇耀於全世界了。②

胡適諷刺說，審判既不須經過法庭，處刑又何必勞動法庭，不如拘捕、審問、定罪、處刑、執行，「皆歸黨部」，完全「無須法律」，「無須政府」，「豈不更直截了當嗎」？

除致函王寵惠外，胡適又將該函送給國聞通信社，要求轉送各報發表。29日，國聞通信社復函胡適，告以各報均未見刊出，聽說已被檢查者扣去，將原稿退給了胡適。③此事本來已經終結，不料4月1日，上海《民國日報》卻出現了陳德徵的短文《匕首》，中云：

不懂得黨，不要瞎充內行，講黨紀；不懂得主義，不要自以爲是，對於主義，瞎費平章；不懂得法律，更不要冒充學者，來稱道法治。在以中國國民黨治中國的今日，老實說，一切國家底最高根本法，都是根據於總理主要的遺教，違反總理遺教，便是違反法律，違反法律，便要處以國法，這是一定的道理，不容胡說博士來胡說的。

1928年8月，國民黨五中全會宣布開始訓政。1929年3月，國民黨第三次全國代表大會通過決議，以孫中山所著《三民主義》、《五權憲法》、《建國方略》、《建國大綱》及《地方自治開始實行法》，「爲訓政時期中華民國最高之根本法」，決議宣稱：「吾黨同志之努力，一以總理全部之遺教爲準則」，「總理遺教，不特已成爲中華民國所由創造之先天的憲法，且應以此爲中華民國由訓政時期達於憲政時期根本法之原則」。④陳德徵文中所稱：「一切國家底最高根本法，都是根據於總理主要的遺教」，即本於該項決議。陳德徵由此進一步推論：違反孫中山的「遺教」就是違反法律，便要處法國法。文末所說「胡說博士」隱指胡適。胡適讀了之後，激憤地在日記中寫道：「我的文章沒處發表，而陳德徵的反響卻登出來了。」⑤

同年 4 月20日，南京國民政府發布命令，聲稱：

> 世界各國人權，均受法律之保障，當此訓政開始，法治基礎亟宜確立。凡在中華民國法權管轄之內，無論個人或團體均不得以非法行爲侵害他人身體自由及財產，違者即依法嚴行懲辦不貸。⑥

胡適認爲這道命令令人失望，於 5 月 6 日寫成《人權與約法》一文，向南京國民政府質疑。他批評該項命令說：1.「自由」究竟是哪幾種自由？財產究竟受怎樣的保障，沒有明確規定。2.命令所禁止的只是「個人或團體」，而並不曾提及政府機關。他說：「個人或團體固然不得以非法行爲侵害他人身體自由及財產，但今日我們最感覺痛苦的是種種政府機關或假借政府與黨部的機關侵害人民的身體自由及財產。」3.所謂「依法」是依什麼法？他說：「我們就不知道今日有何種法律可以保障人民的人權。」胡適指斥當時的國民黨當局說：

> 無論什麼人，只須貼上「反動分子」、「土豪劣紳」、「反革命」、「共黨嫌疑」等等招牌，便都沒有人權的保障。身體可以受侮辱，自由可以完全被剝奪，財產可以任意宰割，都不是「非法行爲」了。⑦

文中，胡適並以致王寵惠函被扣一事爲例說：「這封信是我親自負責署名的，我不知道一個公民爲什麼不可以負責發表對於國家問題的討論？」此外，胡適還引證了當時人權無保障的其他兩個例子：安徽大學某校長因在語言上頂撞蔣介石，被拘禁多日，其家人親友只能到處奔走求情，而不能到任何法院去控告「蔣主席」；唐山商人楊潤普被當地駐軍一百五十二旅指爲收買槍枝，擅自抓去審問，刑訊逼供，經全市罷市後才釋放。胡適提出：如果眞要保障人權，確立法治基礎，第一件應該制定一個中華民國的憲法，至少，至少，也應該制定所謂訓政時期的約法。他說：

> 我們要一個約法來規定政府的權限，過此權限，便是「非

> 法行爲」。我們要一個約法來規定人民的「身體、自由及財產」的保障，有侵犯這法定的人權的，無論是一百五十二旅的連長或國民政府的主席，人民都可以控告，都得受法律的制裁。⑧

控告「一百五十二旅的連長」，也許沒有什麼了不起，但是，胡適認爲，也可以控告並依法制裁「國民政府的主席」，在中國歷史上，這就不能不是石破天驚之語了。

文末，胡適呼籲：「快快制訂約法以確定法治基礎」、「快快制定約法以保障人權。」該文旋即在《新月》2卷2號上發表

二、胡適對孫中山和國民黨的批評

胡適的《人權與約法》發表後，立即引起了廣泛的注意。一些朋友擔心胡適吃虧，勸他罷手。6月2日張元濟致函胡適說：

> 先生寫了信給王博士，又把信稿送給國聞通信社，又被什麼檢查者看見，我只怕這《新月》裏雪林女士所說的那猛虎大吼一聲，做一個跳擲的姿勢，張牙舞爪，直向你撲來，你那一枝毛錐子，比不上陸放翁的長矛，又他不住。古人道：「邦無道，其默足以容。」這句話原不是對共和國民說的，但是我覺得我們共和國國民的面具很新，他幾千年的老客氣擺脫不掉，所以他幾千年的話還是有用的。⑨

次日，張元濟再次致函胡適，進一步補充說：

> 現在街上有一群瘋狗在那裏亂咬人，避的避，逃的逃，忽然間有個人出來打這些瘋狗，那有個不贊嘆他呢！但是要防著，不要沒有打死瘋狗，反被他咬了一口，豈不是將來反少了一個打狗的人。⑩

但是，胡適不怕被「咬」，他以「少一事不如多一事」⑪的態度，又撰文提出：「不但政府的權限要受約法制裁，黨的權限也要受約法的制裁。」他說：

如果黨不受約法的制裁，那就是一國之中仍有特殊階級超出法律制裁之外，那還成「法治」嗎？其實今日所謂「黨治」，說也可憐，那裏是「黨治」？只是「軍人治黨」而已。⑫

胡適的這些話，鋒芒所向，觸及到了國民黨長期標榜的「以黨治國」的根本方針。

不僅如此，胡適又進一步把批評的矛頭指向孫中山思想。

長期以來，孫中山一直將建設程序分爲軍政、訓政、憲政三個時期，所謂訓政時期，又稱過渡時期。1923年以前，孫中山始終主張訓政時期要有一個約法來「規定人民之權利與義務，與革命政府之統治權」，但是，在1924年的《建國大綱》裏，孫中山卻沒有再提起約法，也沒有規定訓政時期的年限。在《人權與約法》一文中，胡適對這一現象作過解釋，認爲這不過是一種偶然的遺漏。他說：《建國大綱》不過是孫中山先生一時想到的一個方案，並不是應有盡有的，遺漏的東西多著呢！但是，胡適在進一步研究之後，卻於 7 月20日寫成《我們什麼時候才可以有憲法》一文，對《建國大綱》提出質疑。胡適認爲：民國十三年的孫中山已不是十三年以前的孫中山，他的《建國大綱》簡直是完全取消他以前所主張的「約法之治」了，不但訓政時期沒有約法，直到憲政開始時也還沒有憲法。據胡適分析，孫中山之所以一再延遲憲政時期，其原因在於孫中山認爲，中國人民知識程度不足，需要訓練。胡適批評孫中山說：「人民初參政的時期，錯誤總不能免的，但我們不可因人民程度不夠便不許他們參政。人民參政並不須多大的專門知識，他們需要的是參政的經驗。民治主義的根本觀念是承認普通民眾的常識是根本可信任的。『三個臭皮匠，賽過一個諸葛亮。』這便是民權主義的根據。」胡適由此進一步指出，人民固然需要訓練，但黨國諸公也同樣需要訓練，他說：

憲法的大功用不但在於規定人民的權利，更重要的是規定政府各機關的權限。立一個根本大法，使政府的各機關不得逾越他們的法定權限，使他們不得侵犯人民的權利——這才是民主政治的訓練。程度幼稚的民族，人民固然需要訓練，政府也需要訓練。人民需要「入塾讀書」，然而蔣介石先生、馮玉祥先生，以至許多長衫同志和小同志，生平不曾夢見共和政體是什麼樣子的，也不可不早日「入塾讀書」罷！

人民需要的訓練是憲法之下的公民生活，政府與黨部諸公需要的訓練是憲法之下的法治生活。「先知先覺」的政府諸公必須自己先用憲法來訓練自己，裁制自己，然後可以希望訓練國民走上共和的大路。不然，則口口聲聲說「訓政」，而自己所行所爲皆不足爲訓。小民雖愚，豈易欺哉！⑬

胡適力圖說明「憲法之下正可以做訓導人民的工作」，批評孫中山的「根本大錯誤在於誤認憲法不能與訓政同時並立」。他要求南京國民政府迅速制訂憲法。文末，胡適說：

我們不信無憲法可以訓政，無憲法的訓政只是專制。我們深信只有實行憲政的政府才配訓政。

孫中山在他的遺囑中曾經要求：「務須依照余所著《建國方略》、《建國大綱》、《三民主義》及《第一次全國代表大會宣言》繼續努力，以求貫徹。」國民黨第三次全國代表大會更將《建國大綱》及軍政、訓政、憲政三大程序宣布爲「中華民國不可逾越的憲典」⑭。胡適對《建國大綱》提出質疑，不僅是對孫中山思想的批評，也是對國民黨第三次全國代表大會的決議和南京國民政府既定國策的批評。

同時，胡適又發表《知難，行亦不易》一文，批評孫中山的「知難行易」學說。胡適認爲，這一學說有積極方面和消極方面。就積極方面說，它是一種很有力的革命哲學，可以鼓舞人們不怕艱難，勇往進取，北伐勝利即其功效。但是，這一學說又存在著兩大「根本錯誤」，其一是把知、行分得太分明。他說：

> 中山的本意只要教人尊重先知先覺，教人服從領袖者，但他的說話很多語病，不知不覺把「知」、「行」分作兩件事，分作兩種人做的兩類的事，這是很不幸的。因爲絕大部分的知識是不能同「行」分離的，尤其是社會科學的知識。這絕大部分的知識都是從實際經驗（行）上得來：知一點，行一點；行一點，更知一點，——越行越知，越知越行，方才有這點子知識。三家村的豆腐公也不是完全沒有知識；他做豆腐的知識比我們大學博士高明的多多。⑮

胡適指出，孫中山志在領導革命，自任知難，而勉人以行易，其結果是：「一班當權執政的人也就借『行易知難』的招牌，以爲知識之事已有先總理擔任做了，政治社會的精義都已包羅在《三民主義》、《建國方略》等書之中，中國人民只有服從，更無疑義，更無批評辯論的餘地了。於是他們掮著『訓政』的招牌，背著『共信』的名義，箝制一切言論出版的自由，不容有絲毫異己的議論。知難既有先總理任之，行易又有黨國大同志任之，輿論自然可以取消了。」⑯

胡適批評孫中山「知難行易」學說的第二個「根本錯誤」是不懂得：知固是難，行也不易。他以醫學爲例，說明讀了許多生理學、解剖學、化學、微菌學、藥學，並算不得醫生，只有從臨床的經驗上得來的學問與技術才算是眞正的知識。一個人，熟讀了六、七年書，拿著羊皮紙的文憑，而不能診斷，不能施手術，不能療治，才知道知固然難，行也大不易。由此，胡適進一步批評當時紈袴子弟辦交通，頑固書生辦考試，當火頭出身的辦財政，舊式官僚辦衛生等現象。他說：

> 今日最大的危險是當國的人不明白他們幹的是一件絕大繁

難的事。以一班沒有現代學術訓練的人，統治一個沒有現代物質基礎的大國家，天下的事有比這個更繁難的嗎？要把這件大事辦的好，沒有別的法子，只有充分請教專家，充分運用科學。然而「行易」之說可以作一班不學無術的軍人政客的護身符！⑰

胡適這裏就將南京國民政府的袞袞諸公都罵進去了。

一波未平，一波又起。10月10日，國民黨中央宣傳部長葉楚傖在《浙江民報》發表文章，其中有「中國本來是由美德築成的黃金世界」一語，胡適認爲這句話「最可以代表國民黨的昏憒」，如果三百年前的中國眞是如此美好，那末我們還做什麼新文化運動呢？我們何不老老實實地提倡復古，回到「覺羅皇帝」以前就是了。11月19日凌晨，胡適寫成《新文化運動與國民黨》一文，宣告「葉部長」在思想上是一個反動分子，他所代表的思想是反動的思想。文章進一步分析南京國民政府建立後的文化政策，從維持古文、駢文壽命，壓制思想言論自由，高唱「抵制文化侵略」，提倡舊文化等方面，論證「國民黨是反動的」。他說：

上帝可以否認，而孫中山不許批評。禮拜可以不做，而總理遺囑不可不讀，紀念周不可不做。一個學者編了一部歷史教科書，裏面對於三皇五帝表示了一點懷疑，便引起了國民政府諸公的義憤，便有戴季陶先生主張要罰商務印書館一百萬元！一百萬元雖然從寬豁免了，但這一部很好的歷史教科書，曹錕、吳佩孚所不曾禁止的，終於不准發行了！⑱

文章進一步分析了國民黨和孫中山的文化思想，認爲他們「自始便含有保守的性質」。孫中山曾經有過「歐洲的新文化都是我們中國幾千年以前的舊東西」一類說法，胡適在詳加摘引之後評論說：

這種說法，在中山先生當時不過是隨便說說，而後來三民主義成爲一黨的經典，這種一時的議論便很可以助長頑固思想，養成誇大狂的心理，而阻礙新思想的傳播。⑲

胡適認爲：1919年五四運動以後，國民黨接受過新文化運動的影響，但是，1927年以來，「鐘擺又回到極右一邊」，「國民黨中的守舊勢力都一一活動起來」。他說：現在國民黨所以大失人心，一半固然因爲政治上的設施不能滿足人民期望，一半卻是因爲思想的僵化，不能吸引前進的思想界的同情。胡適要求：1.廢止一切「鬼話文」的公文、法令，改用國語；2.通令全國日報、新聞論說一律改用白話；3.廢止一切箝制思想言論自由的命令、制度、機關；4.取消統一思想與黨化教育的迷夢；5.至少至少，學學專制帝王，時時下個求直言的詔令。

同日，胡適在梁實秋陪同下，以上文爲內容在暨南大學作了講演。講畢，文學院長陳鐘凡對胡適吐舌說：「了不得！比上兩回的文章更厲害了！我勸先生不要發表，且等等看！」⑳但是，胡適仍然將該文在《新月》2卷6、7號合刊上發表了。其後，胡適又以同樣題目在光華大學作了講演㉑。

12月，胡適將他自已和羅隆基、梁實秋等人的文章結集爲《人權論集》，計收胡適《人權與約法》、《我們什麼時候才可有憲法》、羅隆基《論人權》、梁實秋《論思想統一》、羅隆基《告壓迫言論自由者》、胡適《新文化運動與國民黨》、《知難，行亦不易》、羅隆基《專家政治》、胡適《名教》等文。13日，胡適爲這個集子寫了篇小序，中云：

我們所要建立的是批評國民黨的自由和批評孫中山的自由。上帝我們尚且可以批評，何況國民黨與孫中山！㉒

文中，胡適在引用了周櫟園《書影》裏的一則鸚鵡救火的故事後說：

今日正是大火的時候，我們骨頭燒成灰終究是中國人，實在不忍袖手旁觀。我們明知小小的翅膀上滴下的水點未必能救火，我們不過盡我們的一點微弱的力量，減少良心上的一點譴責而已。

三、國民黨的反應

胡適的激烈言論自然不能不引起國民黨方面的强烈反應。

1929年 8 月10日，上海市第三區黨部召開全區代表大會，提出臨時動議一項，認爲胡適「十餘年來，非惟思想沒有進境，抑且以頭腦的頑舊迷惑青年」，呈請市執委會轉呈中央，咨請國民政府，令飭教育部，撤去其中國公學校長一職並予以懲處，決議通過。㉓24日，國民黨上海特別市執行委員會開會，陳德徵等出席，決定將第三區黨部的決議轉呈中央。呈文說：「查胡適近年以來刊發言論，每多悖謬」，「足以引起人民對於政府惡感或輕視之影響」，「爲政府計，爲學校計，胡適殊不能使之再長中國公學。而爲糾繩學者發言計，又不能不予以相當之懲處」。㉔28日，再次開會，通過宣傳部的提案：「中國公學校長胡適，公然侮辱本黨總理，並詆毀本黨主義，背叛政府，煽惑民眾，應請中央轉令國府嚴予懲辦。」㉕接著，北平、天津、青島各地的國民黨黨部和部分黨員紛紛表態，響應上海市黨部的要求，北平市黃汝翼等人的呈文並將胡和共產黨聯繫起來，呈文稱：

> 當此各反動派伺機活動，共產黨文藝政策高唱入雲之時，該胡適原爲一喪行文人，其背景如何，吾人雖不得而知，然其冀圖解我共信，搖我黨基之企謀，固已昭然若揭，若不從嚴懲處，勢必貽患無窮。㉖

其中，態度最嚴厲的要數青島市執委會，除指責胡適「搖動革命信仰」，「影響黨國初基」外，竟要求將胡適「逮捕解京，予以嚴懲」。㉗

9 月，國民黨中央常務委員會將上海特別市執行委員會的呈文交給中央訓練部。21日，中央訓練部致函南京國民政府，內稱

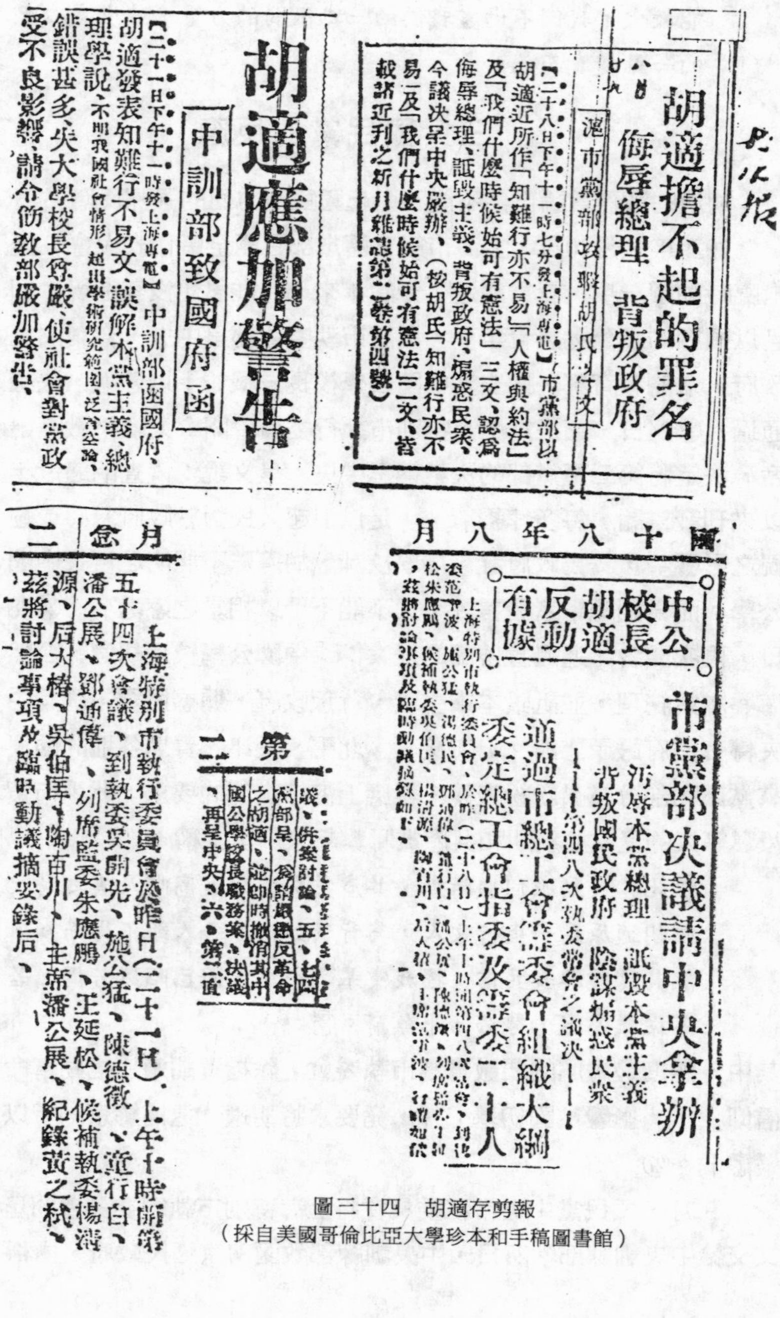

胡適擔不起的罪名

侮辱總理 背叛政府

滬市黨部攻擊胡氏之行文

【二十八日下午十一時七分發上海專電】市黨部以胡適近所作「知難行亦不易」「人權與約法」及「我們什麼時候始可有憲法」三文、認為侮辱總理、詆毀主義、背叛政府、煽惑民衆、今議決呈中央嚴辦、（按胡氏「知難行亦不易」及「我們什麼時候始可有憲法」二文、皆載諸近刊之新月雜誌第二卷第四號）

胡適應加警告

中訓部致國府函

【二十一日下午十一時發上海專電】中訓部函國府、胡適發表知難行不易文、誤解本黨主義、總理學說、不明我國社會情形、超出學術研究範圍、泛肆空論、錯誤甚多、失大學校長尊嚴、使社會對黨政受不良影響、請令飭教部嚴加警告、

國十八年八月

市黨部決議請中央拿辦

中公校長胡適反動有據

汚辱本黨總理 詆毀本黨主義

背叛國民政府 陰謀煽惑民衆

——第四八次執委常會之議決——

通過市總工會整委會組織大綱

委定總工會指委及整委二十八人

上海特別市執行委員會、於昨（二十八日）上午十時開第四八次常會、到執委范爭波、施公猛、潘公展、鄧通偉、童行白、陳德徵、列席監委王延松、朱應鵬、候補執委吳伯匡、楊清源、陶百川、呂大椿、主席潘公展、紀錄黃之秋、茲將討論事項及臨時動議摘錄如下、

月念二

上海特別市執行委員會於昨日（二十一日）上午十時開第五十四次會議、到執委吳開先、施公猛、陳德徵、童行白、潘公展、鄧通偉、列席監委朱應鵬、王延松、候補執委楊清源、呂大椿、吳伯匡、陶百川、主席潘公展、紀錄黃之秋、茲將討論事項及臨時動議摘要錄后、

第二

議、併案討論、五、……四、……黨部呈、為詆毀總理反革命之胡適、應即時撤消其中國公學校長職務案、決議、再呈中央、六、第二……

圖三十四 胡適存剪報
（採自美國哥倫比亞大學珍本和手稿圖書館）

查胡適近年來言論確有不合，如最近《新月》雜誌發表之《人權與約法》、《我們什麼時候才可以有憲法》及《知難，行亦不易》等篇，不諳國內社會實際情況，誤解本黨黨義及總理學說，並溢出討論範圍，放言高論。

呈文在表示「本黨黨義博大精深，自不厭黨內外人士反復研究討論」之後，接著指責說：

胡適身居大學校長，不但誤解黨義，且逾越學術研究範圍，任意攻擊，其影響所及，既失大學校長尊嚴，並易使社會缺乏定見之人民，對黨政生不良印象，自不能不予以糾正，以昭警戒。㉘

中央訓練部要求國民政府轉飭教育部，警告胡適，同時通飭全國各大學校長，切實督率教職員，精研黨義，以免再有類似現象發生。不久，國民黨中央就規定，各級學校教職員每天至少須有半小時自修研究《孫文學說》等「黨義」。9月25日，國民政府行政院轉飭教育部。10月4日，教育部長蔣夢麟訓令胡適「該校長言論不合，奉令警告。」㉙

在教育部警告令發表前後，上海《民國日報》、南京《中央日報》等並發表了一批文章，對胡適進行批判。這些文章在同年11月由上海光明書局結集，出版了一本《評胡適反黨義近著》。綜觀這些文章，其論點大略不出以下數點：

一、指責胡適動機惡劣，態度狂妄。張振之撰文稱：「孫先生的學說與主義是最完備、最準確的眞理，是領導革命的最高原則，我們只有堅確地信仰，不能絲毫懷疑。」㉚他批評胡適說：「胡先生在文章中所表現出來的態度，不僅攻擊孫文學說，而且想修正孫文學說，我們除佩服胡先生的妄誕以外，幾乎無話可以形容了。」㉛張文並指責胡適，「感情用事，毫無理性已達極點」。

二、指責胡適照搬西方理論，迷信西方民主。陶其情在該書序文中說：

> 歐美政治潮流的趨勢，便以人權做中心，由人權而民權。這種人權的民權，正是民治主義的眞義所在，乃虛僞的不普遍的民權，建築在各個個人自私自利的人權上。資產階級暨特殊階級，爲著自家人權的發展，勢必行其侵略主義或操縱主義，法律爲其護符，政治爲其轉移，便造成種種人爲的不平等，還談什麼眞正的民權呢？大多數民眾既已得不到民權，處在不平等地位，更談什麼人權呢？

陶其情宣稱：只有中國國民黨的「民權」，「以大多數民眾做中心」，才是眞正的「民權」；胡適學著「立憲派的論調」，「泥於民治主義的見解」，不過是一種「洋八股」的精神罷了。有的文章更批評胡適，「到了歐美，只看見坐汽車、住洋房的人們生活享受愉快」，「沒有看見工廠裏面做資本家奴隸的工人」。㉜

三、指責胡適破壞「中心」，破壞「統一」，造成思想與社會的混亂。文章說：

> 現在除了三民主義、孫文學說可以爲中國社會中心以外，別無他種可以爲中國社會之中心。㉝

還有的文章說：

> 我們相信，中國的統治，是需要國民黨的統治；救中國的主義，是需要三民主義。㉞

基於上述觀點，他們認爲胡適的文章只能引起「更大的混亂」，「更大的糾紛」，「中國社會將從此失去其重心，而陷於萬劫不復之地」。㉟有的文章更由此進一步指責胡適「深中共產黨、改組派及帝國主義者反宣傳之毒」，㊱「爲帝國主義與奸商張目，蹈賣國漢奸之所爲」。㊲

此外，還有的文章認爲，當時「政局初定，人心浮動」，對於人民之自由「稍加限制」，以至採取「相當壓制、防制」手段，都是必要的。文章說：

我們現雖踱入訓政時期，然外有赤白帝國主義之勾誘，內有共產黨與其他反動分子之隱伏，則政府取無形戒嚴的狀態以制裁此輩之活動，實非常必要。㊳

他們逐一反駁胡適所舉的國民黨違反人權的幾個例子，認爲都是合理的。關於安徽大學某校長事，文章說：「胡適既謂該大學校長挺撞蔣主席，則被拘禁數天亦宜。」關於胡適致王寵惠函各報均不能發表事，文章說：「與其公開後而引起不良之影響，要不如予以扣留以減少無謂之糾紛。」如此等等。㊴

批判之外，國民黨黨局又進一步採取行政措施。

1930年 1 月20日，上海特別市黨部宣傳部開會，陳德徵主持，認爲新月書店出版的《新月》月刊刊登胡適詆毀本黨言論，「茲又故態復萌，實屬不法已極」，決議查封新月書店，同時呈請市執委會，轉呈中央，褫奪胡適公權，嚴行通緝，使在黨政府下不得活動。㊵不久，國民黨中央宣傳部密令上海市黨部，聲稱《新月》第 2 卷第 6 、 7 期載有胡適《新文化運動與國民黨》、羅隆基《告壓迫言論自由者》二文，「詆諆本黨，肆行反動，應由該部密查當地各書店，有無該書出售，若有發現，即行沒收焚毀」㊶。 5 月初，國民黨中宣部又下令查禁上海現代書局出版的《大衆文藝新興文學專號》與新月書店出版的《人權論集》。㊷

胡適對國民黨的批判、警告、禁令一概採取蔑視態度。他逐一將有關消息、文章剪存，並批上「上海的輿論家眞是可憐」，「這樣不通的文章，也要登在黨報上丟醜」等字。㊸1929年10月 7 日，他將教育部的警告令退還蔣夢麟，附函列舉部令所引公文的種種矛盾，糾正了其中兩個錯別字。胡適並說：「這件事完全是我個人的事，我做了三篇文字，用的是我自己的姓名，與中國公學何干！」㊹1930年 2 月15日，胡適讀到新月書店送來的上海市黨部宣傳部的密令，中有中央宣傳部「沒收焚毀」《新月》 6 、 7 期的密令。胡適在日記中寫道：「密令而這樣公開，眞是妙不可言！此令是犯法的，我不能不取法律手續對付他們。」㊺16日，胡適找到徐士浩律師，徐認為「沒有受理的法庭」。當晚，胡適與鄭天鈞、劉崇佐二人商談，劉表示可以起訴，於是，胡適決意起訴。㊻

然而，胡適最終沒有起訴。

四、自由主義者的讚譽和革命論者的不滿

胡適對孫中山和國民黨的批評文章發表以後，國內外報刊紛紛介紹、轉載，它為胡適贏得了大量社會讚譽，但是，也有一部分人表示不滿。

讚譽者大多是和胡適懷有同樣自由主義觀點的知識分子。6月10日，蔡元培致函胡適，肯定他的《人權與約法》一文「振聵發聾」。㊼9月10日，張謇的兒子、南通大學校長張孝若寫了一首詩給胡適，詩云：

許久不相見，異常想念你。我昨讀你文，浩然氣滿紙。義正詞自嚴，鞭辟真入裏。中山即再生，定說你有理。他們那懂得？反放無的矢。一黨說你非，萬人說你是。忠言不入耳，勸你就此止。

——《讀適之先生論政近文因贈》㊽

張孝若的這首詩高度肯定了胡適的文章和精神，譽為浩然正氣，鞭辟入裏。「一黨說你非，萬人說你是」云云，明確地劃出國民黨「一黨」和「萬人」的不同是非界限。

和張孝若同樣高度評價胡適文章的還有張元濟。1930年5月3日，他致函胡適說：

承賜《新月》一冊，大作一首，真人人之所欲言而不能言者。當日連讀兩過，家中婦孺亦非終卷不能釋手。苦口婆心，的是有功世道文章。安得世人日書萬卷讀萬遍也。㊾

唐朝的韓愈為了歌頌平定藩鎮叛亂的業績，寫過一篇《平淮西碑

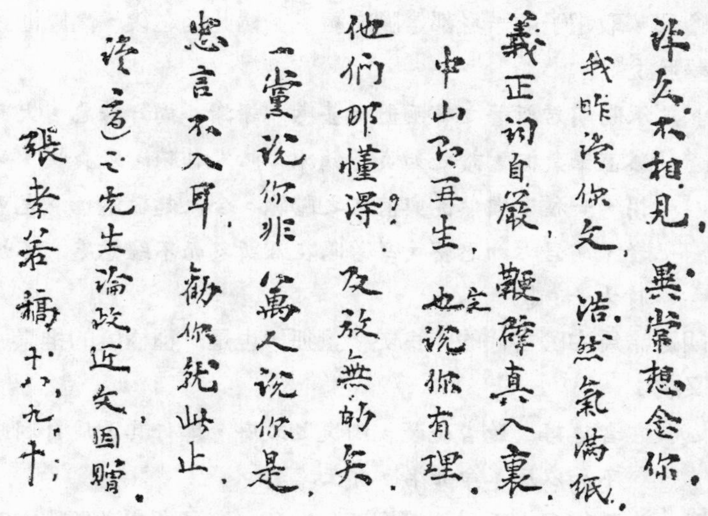
許久不相見，異常想念你。
我昨讀你文，浩然氣滿紙。
義正詞自嚴，鞭辟真入裏。
中山若再生，定也說你有理。
他們那懂得？及放無的矢。
一黨說你非，萬人說你是。
忠言不入耳，勸你就此止。
讀適之先生論政近文因贈，
張孝若稿，十八，九，十；

圖三十五　張孝若贈胡適詩手跡
（採自美國哥倫比亞大學珍本和手稿圖書館）

》，詩人李商隱曾表示「願書萬本誦萬過」；張元濟此函，讚美胡適言「人人之所欲言而不能言者」，希望「世人日書萬卷讀萬遍」，隱約地將胡適比作韓愈。

當時像張孝若、張元濟一樣對胡適擊節稱嘆的頗不乏人。《光報》有一篇文章說：「胡以不黨之學者自居，而社會亦以是稱之，故『胡說』一出，遂大得社會之同情，尤其智識階級，大爲稱快。」㊿這確是事實。原北大學生胡夢秋致函胡適說：

> 《申報》的記載，《人權與約法》的大著已有單行本了！在我們追佩著法國盧梭的《民約論》時，又於言論界得到一個盧梭第二的偉作。51

高夢旦的哥哥寫信給高夢旦說：

> 自梁任公以後可以胡先生首屈一指。不特文筆縱橫，一往無敵，而威武不屈，膽略過人。52

這位作者由於佩服胡適的勇敢，居然「擬上胡先生謚號，稱之爲龍膽公，取趙子龍一身都是膽之義」。繼此函之後，高鳳池致書高夢旦說：

> 承賜胡君所著之書兩册，甚感。謝謝。揭奸誅惡，大有董狐直筆氣概，讀之如炎暑飲冰，沁人肺腑，既爽快，又警惕，一種愛國熱忱與直言之膽魄，令人起敬不已。尤可重者，胡君心細思密，每著眼在人所忽而不經意處，不愧一時才子。⑬

把胡適喻爲中國古代的「良史」董狐，也是一種極度的推崇。同函又說：

> 言者諄諄，聽者藐藐，剛愎之政府，肆行其矛盾自利政策，不加以反革命罪名，亦云幸矣。

確實，當時很多人都爲胡適捏著一把汗，寫了那樣激烈的文字，卻只得著一紙「警告令」，眞是「亦云幸矣」！

對胡適文章表示不滿的大都是社會革命論者。1929年6月，《白話三日刊》發表過一篇《爭自由與胡適的胡說》，中云：

> 什麼自由和法權，並不是沒有，只是我們窮苦的人們沒有罷了。胡適之不曾分開來說，以爲他們也可以拿自由和法權給我們，所以他起先雖然憤憤不平，結果只好跪地求饒了。老實告訴你罷，現時固然沒有約法，但是，假使由他們定出來，也決不會對於民眾有利的（於胡適之這一等人或者是有利的）。我們革命的民眾決不會向統治者要求頒布什麼約法，請他們保障什麼人權。我們只有向著敵人猛攻，以取得我們的法，我們的權，和我們的自由！胡適之的口號與要求，無裨於實際，只有幫助統治者緩和民眾鬥爭的作用。我們必須排斥這種哀求敵人的投機理論。⑭

以向敵人「猛攻」爲唯一的鬥爭手段，將胡適的有關文章斥之爲「幫助統治者緩和民眾鬥爭」的「投機理論」，完全是二、三十年代左派的口吻。

與上文觀點相近的是《自由》雜誌發表的一篇文章，中云：

民權與約法是「爭」出來的，不是「求」出來的；是用鐵和血所換來的，不是用請願的方式所能得到的，何況事實上連請願都不可能呢！我們倘若眞正想要民權與約法，現在只有一條路，就是大踏步走過來，加入全國革命的組織，以鐵和血的力量，去打倒一黨專制的國民黨，打倒袁世凱第二的蔣中正。㊺

反對一切合法鬥爭，主張訴之於「鐵和血」，顯然，這是主張暴力革命的宣言。

五、質問胡漢民

在國民黨元老中，胡漢民一直以孫中山思想的捍衛者自居。胡適批評孫中山的軍政、訓政、憲政三大程序和知難行易學說，要求南京國民政府迅速制訂憲法，自然不爲胡漢民所喜。當時，他擔任立法院長。1929年 9 月，他先後在立法院及國民黨中央黨部發表演說，闡述知難行易等有關理論，批評胡適。他說：

人民不知如何運用參政權，憲法豈不是假的，故訓政乃〔必〕要的，殊不知我們現在已有憲法，總理的一切遺教就是成文的憲法，三全大會已經確定並分期實施訓政工作，如再要另外一個憲法，豈非怪事！民元時代，因不遵守總理訓政方案，已誤國家。總理著的《孫文學說》，至今尚有人懷疑。足見一般人是愛假的，不要眞實的。㊻

胡漢民的這段話，處處針對胡適，只是沒有點名而已。

1930年11月，胡漢民在立法院再次發表講話，中云：

最近見到中國有一位切求自由的哲學博士在《倫敦泰晤士報》上發表一篇長長的論文，認爲廢除不平等條約不是中國的急切要求。

胡漢民由此批判說：

在他個人無論是想借此取得帝國主義者的贊助和榮寵，或發揮他「遇見溥儀稱皇上」的自由，然而影響所及，究竟又如何呢？此其居心之險惡，行爲之卑劣，眞可以「不與共中國」了。57

胡漢民這裏所說「中國有一位切求自由的哲學博士」，明眼人一看便知道指的是胡適。「居心之險惡」，「不與共中國」云云，批判十分嚴厲。

對於1929年 9 月的講話，胡適未加理睬；這一次，胡適忍不住了。11月25日，他致函胡漢民，中云：

這一段文字很像是暗指著我說的，我知道先生自己不會看《泰晤士報》，必定有人對先生這樣說。我盼望先生請這個人指出我在那一天的《倫敦泰晤士報》上發表過何種長長的文章或短短的文章，其中有這樣一句「居心險惡，行爲卑劣」的話。倘蒙這個人把原來的報紙剪下寄給我看看，我格外感謝。58

12月10日，胡適再次致函胡漢民，要求他「務必撥出幾分種的工夫，令秘書處給我一個答復」。信中，胡適强調說：「先生既認這句話犯了『可以不與共中國』的大罪，便不應該不答復我的請問」。59

胡適從未在《倫敦泰晤士報》發表過胡漢民所指責的那一類文章，所以胡漢民當然指不出哪一天，更無從把報紙剪下來寄給胡適。12月 9 日，即胡適發出第二封信的前一日，胡漢民的「隨從秘書處」復函胡適，說明原委，原來是：胡漢民的「隨從秘書處」復函胡適，說明原委，原來是：胡漢民的一位送「熟諳英文」的朋友說：當中國要求撤廢領事裁判權的照會到達英國時，《倫敦泰晤士報》曾引述「中國某哲學博士」的言論，說明「中國司法與政治種種不善」，以此「反證中國政府要求撤銷領事裁判權之無當」云云。胡漢民認爲「某哲學博士」的言論竟成爲帝國主義者維護在華利益的藉口，足以證明當時「極端言論自由者」的過錯，因此在談所謂「言論自由」時「縱論及之」。復函並稱胡漢民「始終不欲舉著論者之姓名，殆亦朱子『必求其人以實之則鑿矣』之意歟！」⑥⁰

胡漢民「隨從秘書處」的這封信實際上承認胡漢民的指責沒有根據，但又聲稱胡適的言論「竟爲帝國主義者維護其在華特權之藉口」，而且引朱熹的話，譏刺胡適，當然不能使胡適滿意。由於《大公報》的胡政之在一篇訪問胡漢民的文章中有同樣的記載，因此，胡適又於12月21日致函胡政之，詢問胡漢民在談話時，是否曾明確地說到自己的姓名。信中，胡適說：「請你看一個被誣蔑的同宗小弟弟的面上，把當日的眞相告訴我。」⑥¹25日，胡政之復函胡適，證實胡漢民談話時，確曾指明胡適。胡政之並告訴胡適，21日來函受過北平公安局的檢查，函面下留有檢查圖記，希望他注意。⑥²

胡適自認受了「誣蔑」，按照他的可以控告國民政府主席的理論，他完全可以控告胡漢民這位立法院長，然而，他沒有採取任何行動。儘管他對國民黨仍然有種種不滿，但是，他的態度卻逐漸軟化了。

六、調解羅隆基案

在批評國民黨問題上，羅隆基是胡適的戰友。從1929年4月出版的《新月》2卷2號起，羅隆基連續發表了《專家政治》、《告壓迫言論自由者》、《論人權》、《我對於黨務上的盡情批評》、《我們要什麼樣的政治制度》等文。羅隆基並不像胡適那樣把矛頭指向孫中山，相反，他卻在某些地方以闡發孫中山思想的形式做文章，但是，他對國民黨的批評仍然是相當顯豁、激烈的，例如《我對於黨務上的盡情批評》一文就說：

國民黨天天拿民主、民權來訓導我們小百姓，同時又拿專制獨裁來做政治上的榜樣。天天要小百姓看民治的標語、喊民權的口號，同時又要我們受專制獨裁的統治。⑥③

國民黨不能容忍胡適的批評，當然也不能容忍羅隆基的批評。1930年10月，國民黨上海第八區黨部向上海警備司令部控告羅隆基：「言論反動」，「侮辱總理」，並稱羅是「國家主義的領袖」，有「共產黨嫌疑」云云。11月4日，羅隆基在中國公學被補，書包、身體，從內衣到外套，從帽到襪，都被檢查。同日，羅隆基被保釋。事後，羅隆基立即寫了《我的被捕經過與反感》一文，向社會披露有關事實。文中，羅隆基激烈地抨擊了國民黨的「黨治」。他說：「這段小故事，是很簡單的，然而又是很嚴重的。在一個野蠻到今日中國這個地步的國家，我上面的那段故事是許多小市民很通常的經驗。」羅隆基認爲：「一切罪孽，都在整個的制度；一切責任，都在政府和黨魁。」⑥④當時，羅在上海光華大學任教授，講授政治學，南京國民政府教育部即以「言論謬妄，迭次公然詆毀本黨」爲理由，要求該校解羅隆基的教職。

事關自己的同志和言論自由的原則，因此，胡適不能不出面干預。但是，他這一次的做法不同了——不再寫文章訴諸於輿論，而是走上層路線，疏通化解。

當時，陳布雷任南京國民政府教育部次長（部長蔣介石兼），胡適便托和陳有關係的經濟學家金井羊去游說，告以「此事實開政府直接罷免大學教授之端，此端一開，不但不足以整飭學風，將引起無窮學潮」，勸陳「息事寧人」。胡並稱，必要時，他將親赴南京一行。⑥⑤但是，陳布雷堅決不同意收回成命。1931年1月15日，胡適致函陳布雷，聲言羅隆基所作文字，並無「惡意」的詆毀，只有善意的忠告；《新月》雜誌對輿論界的貢獻在於用眞實姓名發表負責任的文字，黨部與政府認爲有不當之處，可以用書面駁辯，認爲有干法律，可向法庭控訴，法律以外的干涉只足以開惡例，貽譏世界，胡適並稱：

此類負責的言論，無論在任何文明國家之中，皆宜任其自由發表，不可加以壓迫。若政府不許用眞姓名負責發表言論，則人民必走向匿名攻訐或陰謀叛逆之路上去。⑯

信中，胡適並以美國哈佛大學和五四前的北大爲例，說明「在大學以內，凡不犯法的言論，皆宜有自由發表的機會；在大學以外，凡個人負責發表的言論，不當影響他在校內的教授的職務」。胡適稱：「此事在大部或以爲是關係一個人的小問題，然在我們書生眼裏，則是一個絕重要的『原則』問題。」17日，陳布雷復函胡適，聲稱對他的意見「殊未能苟同」，「此事部中既決定者，當不能變更」，但陳布雷表示，便中當將胡函轉呈蔣介石；對胡適提到的「原則」問題，陳布雷邀請胡適到南京一談，「若能談出一個初步的共同認識來，亦爲甚所希望的事」。⑰18日，胡適在日記中寫道：「人言布雷固執，果然。」

同日，胡適將《新月》 2卷及3卷已出的三期各兩份托金井羊帶給陳布雷及蔣介石。在致陳布雷信中，胡適說：

望先生們能騰出一部分時間，稍稍瀏覽這幾期的言論，該「沒收焚毀」（中宣部密令中語），或該坐監槍斃，我們都願意負責任。但不讀我們的文字而但憑無知黨員的報告便濫用政府的威力來壓迫我們，終不能叫我心服的。⑱

此信金井羊認爲過於强硬，未帶。

19日，胡適在羅隆基家中與潘光旦、王造時、全增嘏、董仕堅等人商議，胡適提出三條辦法：1.先由教育部承認「我們的原則」，後由光華大學校長張壽鏞去呈文，請教育部自己轉圜，然後羅隆基辭職；2.教育部已說不通了，可由張壽鏞發表一個談話，說他不能執行部令，如此，羅隆基也可辭職；3.教育部與張壽鏞皆不認此「原則」，則由羅隆基自己抗議，聲明爲顧全光華大學而去。⑲同日，張壽鏞擬具了一份給蔣介石的密呈，中云：

羅隆基在《新月》雜誌發表言論，意在主張人權，間有批評黨治之語，其措語容有未當，惟其言論均由個人負責署名，純粹以公民資格發抒意見，並非以光華教員資格教授學生。今自奉部電遵照後，教員群起恐慌，以爲學術自由將從此打破，議論稍有不合，必將蹈此覆轍，人人自危，此非國家之福也。⑩

呈文强調羅隆基意在「匡救闕失」，要求蔣介石「愛惜士類」，「稍予矜念」。此呈經胡適修改並經羅隆基同意後發出。二人約定，此呈經蔣介石批准後即發表，發表後羅隆基即辭職。當時，金井羊仍然要求胡適去南京與陳布雷談話，胡則要金轉告陳；共同的認識必須有兩點：1.負責的言論絕對自由；2.友意的批評，政府應完全承認。無此二項，沒有「共同認識」的可能。⑪

在與胡適等商談之後，張壽鏞見到了蔣介石。蔣問：「羅隆基這人究竟怎麼樣？」張答：「一介書生，想作文章，出點風頭，而其心無他。」蔣再問：「可以引爲同調嗎？」張感到氣氛轉變了，連答：「可以！可以！」21日，張壽鏞向胡適轉述了這次會見的經過，胡適聽了之後，忍不住笑出聲來，說：「話不是這樣說的，這不是同調的問題，是政府能否容忍異己的問題。」⑫胡適勸張壽鏞將呈文抄給羅隆基，勸羅辭職，並請羅聲明：反對政府的「原則」，但不願使光華大學爲難。

實際上，胡適選擇了一種不使南京國民政府「爲難」的辦法

七、胡適逐漸和國民黨接近

儘管胡適激烈地批評國民黨，然而，他並不反對國民黨，當他寫作《人權與約法》等文章時，就同時保持著和國民黨要員宋子文等人的密切聯繫。胡適在日記中曾說：「我們的態度是『修正』的態度：我們不問誰在台上，只希望做點補偏救弊的工作。補得一分是一分，救得一弊是一利。」⑬胡適對孫中山思想和國民黨的批評，其實只是一種「補偏救弊」。這一點，國民黨上海

特別市黨部的執行委員們糊塗，而有些讀者卻是清楚的，例如，有一位山東讀者就致函胡適說：

> 我要向黨國的忠實同志進一忠告：《人權論集》不但不是要加害於黨國的宣傳品，依我看，倒能幫助黨國根基的永固。因爲此書把黨國不自覺的錯處，都歷歷指出，黨國能翻然改悟，再不致惹民眾的抱怨，可以有甚麼危害？所以不但不必禁售，非黨員固當各具一本，即黨員亦應手置一編，以自策勵。⑭

這位讀者顯然要比國民黨的黨國要員們高明。還有一位外國人在《星期字林報》上發表文章說：「一個政府與其把胡適抓起來，不如聽聽他的勸告。」⑮這位外國人也比國民黨的黨國要員們高明。

大概蔣介石多少懂得這一點，所以儘管上海等地方黨部一再呼籲嚴懲以至通緝胡適，但蔣介石卻在1931年任命胡適爲財政委員會委員。他詢問張壽鏞，羅隆基這樣的人是否可以引爲「同調」，這句話雖然被胡適譏笑爲「話不是這樣說的」，但至少表示出，他企圖將羅隆基一類人收爲己用。

大概胡適也看出了蔣介石這一點，所以1932年11月，他在武漢將自己做的一本《淮南王書》送給蔣介石，希望他從中悟出治國之道和「做領袖的絕大本領」來。⑯1934年4月，又托蔣廷黻帶信給蔣介石，勸他「全力專做自己權限以內的事」，而當蔣介石採納了胡適的某些意見時，胡適就認爲蔣介石「不是不能改過的人，只可惜他沒有諍友肯時時指摘他的過舉」。⑰

此後，胡適和國民黨就逐漸接近起來，「拋卻人權說王權」了。

（原載《中國文化》第4期，1991年8月）

【註 釋】

① 上海《民國日報》，1929年3月26日。

② 《胡適的日記》，美國哥倫比亞大學藏縮微膠卷（以下均同），1929年3月26日。

③ 胡適存國聞通信社來信，《胡適的日記》，1929年3月29日。

④ 榮孟源主編：《中國國民黨歷次代表大會及中央全會資料》，光明日報出版社版，第654-656頁。

⑤ 《胡適的日記》，1929年4月1日。

⑥ 《國民政府公報》第147號，1929年4月23日。

⑦ 《新月》2卷2號。

⑧ 同前註。

⑨ 《胡適的日記》，1929年6月2日。

⑩ 《胡適的日記》，1929年6月3日。

⑪ 《胡適的日記》，1929年5月6日。

⑫ 《人權與約法》的討論，《新月》2卷4號。

⑬ 《新月》2卷4號。

⑭ 《中國國民黨歷次代表大會及中央全會資料》，第654-656頁。

⑮ 《吳淞月刊》第2期，又見《新月》2卷4號。

⑯ 同前註。

⑰ 同註⑮。

⑱ 《新月》2卷6、7號合刊。

⑲ 同前註。

⑳ 《胡適的日記》，1929年11月19日。

㉑ 《光華大學大事繫年錄》，《光華大學十周年紀念冊》，第30頁。

㉒ 《人權論集》。

㉓ 上海《民國日報》，1929年8月13日；參見胡適存《教育部訓令》。

㉔ 上海《民國日報》，1929年8月25日。

㉕ 上海《民國日報》，1929年8月29日。

㉖ 胡適存剪報，《胡適的日記》，1929年9月9日、20日。

㉗ 同前註。

㉘ 《教育部訓令》，《胡適的日記》，1929年10月6日。

㉙ 同前註。

㉚ 《再論知難行易的根本問題》，《評胡適反黨義近著》，第72-73頁。

㉛ 《知難行易的根本問題》，《評胡適反黨義近著》，第7頁。

㉜ 《評胡適反黨義近著》，第90頁。

㉝ 《評胡適反黨義近著》，第77頁。

㉞ 《評胡適反黨義近著》，第143頁。

㉟ 《評胡適反黨義近著》，第123頁。

㊱ 《評胡適反黨義近著》，第132頁。

㊲ 《評胡適反黨義近著》，第130頁。

㊳ 《評胡適反黨義近著》，第131-132頁。

㊴ 同前註。

㊵ 《時事新報》，1930年1月20日。

㊶ 《國民黨上海特別市執行委員會宣傳部令》，《胡適的日記》，1930年3月17日。

㊷ 《中國國民黨上海特別市第四區執行委員會訓令》，中國社會科學院近代史研究所藏。

㊸ 《胡適的日記》，1929年8月27日。

㊹ 《胡適致蔣夢麟函》，《胡適的日記》，1929年10月7日。

㊺ 《胡適的日記》，1930年2月15日。

㊻ 《胡適的日記》，1930年2月16日。

㊼ 《胡適來往書信選》（上），中華書局1979年版，第515頁。

㊽ 胡適存來信，《胡適的日記》，1929年9月10日。

㊾ 胡適存來信，《胡適的日記》，1930年5月。

㊿ 《光報》第3期。

51 胡適存來信，中國社會科學院近代史研究所藏。

㊾ 胡適存來信，《胡適的日記》，1930年1月30日。

㊾ 胡適存來信，《胡適的日記》，1930年5月8日。

㊾ 《白話三日刊》，1929年6月6日。

㊾ 《自由》，第1期。

㊾ 胡適存剪報，《胡適的日記》，1929年9月24日。

㊾ 上海《民國日報》，1930年11月22日。

㊾ 《胡適來往書信選》（中），第32-33頁。

㊾ 《胡適來往書信選》（中），第34-35頁。

㊾ 《胡適來往書信選》（中），第34頁。

㊾ 《胡適來往書信選》（中），第35頁。

㊾ 《胡適來往書信選》（中），第36-37頁。

㊾ 《新月》2卷8號。

㊾ 《新月》3卷3號。

㊾ 《胡適致陳布雷函》，《胡適的日記》，1931年1月。

㊾ 同前註。

㊾ 《陳布雷復胡適函》，《胡適的日記》，1931年1月18日。

㊾ 《胡適的日記》，1931年1月18日。

㊾ 《胡適的日記》，1931年1月19日。

㊾ 同前註。

㊾ 同註㊾。

㊾ 《胡適的日記》，1931年1月22日。

㊾ 《胡適的日記》，1929年7月2日。

㊾ 胡適存來信，中國社會科學院近代史研究所藏。

㊾ 胡適存剪報，《胡適的日記》，1930年1月30日。

㊾ 《胡適的日記》，1930年11月29日。

㊾ 《胡適的日記》，1934年4月4日、10日。

胡漢民的軍事倒蔣密謀及胡蔣和解
——海外訪史錄

1990年7月，我訪問美國哈佛大學哈佛燕京學社，承圖書館吳文津館長、善本室主任戴廉先生熱情接待，惠允披閱該館珍藏的胡漢民晚年往來函電。這批函電分訂數十巨冊，或係原件，或係抄稿。不少函電字跡潦草，未署時間，或所署不完整，而且大量使用隱語、化名，例如四工、工、延、福、門、門神、蔣門神、阿門、容甫、水雲、遠、馬、馬鳴、衣、力、黃梅、秋夢、不、不孤、跛、跛哥、桂矮、矮仔、某兄、爵、馬二先生、香山後人、漁洋後人、八字腳等。但是，一旦突破這些困難，人們就會從中發現大量30年代中國政壇內幕，特別是一個迄今尚不為人所知的秘密——胡漢民晚年，基於抗日和反對獨裁的需要，曾經廣為聯絡，組織力量，一再準備以軍事行動推翻以蔣介石為代表的南京政權。

筆者在哈佛訪問時間僅兩週，匆匆披閱，匆匆摘錄，以下所述，係對這批資料進行初步研究後的一點收穫。

一、逼迫蔣介石下野

1931年初，因製訂「訓政時期約法」問題，胡漢民與蔣介石之間的矛盾尖銳化。2月28日，胡漢民被蔣介石軟禁於南京湯山。胡漢民是國民黨元老，時任立法院長。蔣介石的這一蠻橫做法立即激起了巨大政潮。4月30日，國民黨中央監委鄧澤如、林森、蕭佛成、古應芬等於廣州聯名通電，彈劾蔣介石，詰責其「違法叛黨」，「究以何職權而得逮捕監禁中央大員」。5月27日，汪精衛、孫科、鄒魯、陳濟棠、鄧澤如、蕭佛成、古應芬、李宗仁等在廣州成立國民政府，形成寧粵兩個政權對立的局面。同年，「九・一八」事變發生，東北大片國土淪於日本侵略者之手。蔣介石在舉國震撼，呼籲團結對外聲中，派蔡元培、張繼、陳銘樞赴香港與汪精衛會談，決定兩個國民政府同時取消，召開和平會議，產生統一的國民政府。10月13日，蔣介石迫於粵方壓力，釋放胡漢民。

1927年蔣介石「清共」之後，胡蔣之間有過一段比較密切的合作關係。湯山被囚使胡漢民既憤怒又沉痛。釋放後，胡即決意反蔣。他在一封密札中說：

> 門與門系為中國致命一大毒瘡，能請西醫割去，是一治法，否則用中醫拔毒（什麼內托外消）、打消方劑，亦或見效。除卻二者便無是處也。①

這裏的「門」，和其他密札中的「門神」、「蔣門神」，均指蔣介石，蓋取《水滸》中「武松醉打蔣門神」之義。這封信道出了胡漢民對蔣介石的認識，也道出了他晚年政治活動的根本目的及其策略、手段。

10月14日，胡漢民抵達上海。15日，致電非常會議委員汪精衛、陳濟棠、李宗仁等，認為外患急迫，為甲午戰爭以來所未有，其原因在於「黨內糾紛迭乘，政治舉措失當，人每欲扶黨內之一部力量為己有」。他鼓勵非常會議的委員們「徹底覺悟，力圖團結」，改正過去種種錯誤。②16日，對報界發表談話，批評南京政府「以無辦法、無責任、無抵抗之三無主義，為應付日本之唯一方針，則必至國亡種滅而後已」。③25日，又致函廣東省市黨部，認為國民黨已到了非進行徹底改革不可的時候；不改革，不但無以對國民，而且等於自掘墳墓。函稱：

> 自袁世凱以來，軍閥不一，其始莫不驕橫一時，而其罪惡既顯，終莫不相繼仆滅。歷史可信，公理不誣。④

胡漢民這裏明罵袁世凱等，暗斥蔣介石。他要求粵省國民黨人「不爲利誘，不爲威脅」，警惕「陰謀分拆手段」。上述電函及談話表明，胡漢民甫經釋出，立即高揭抗日旗幟，準備團結廣東國民黨人的力量，與蔣介石周旋。

「九・一八」以後，馮玉祥憂心國事，派代表到上海與胡漢民接洽。10月27日，胡漢民復函馮玉祥，認爲「遼吉事起，知非舉國一致，無以禦外侮」。當時，寧粵雙方代表正在上海召開和平統一會議。胡漢民稱：「結果如何，似難預料，惟默察形勢，則暗礁孔多。」⑤同月28日，古應芬逝世。30日，胡漢民致電在廣州的妻兄陳融（協之），請其轉告陳濟棠、李宗仁、白崇禧、蕭佛成諸人：

> 一、此間決堅持不撓，以繼湘翁之志；二、無論如何，弟與汪決不入京；三、迫某辭職，並促制度上限制個人權力，打破獨裁。⑥

湘翁，指古應芬，他是廣東方面的反蔣中堅。某，指蔣介石。「弟與汪決不入京」云云，表明胡漢民正和汪精衛聯盟，擺開和蔣決戰的陣勢，力圖迫蔣辭職，並對國民黨的體制進行重大改革。此電可以看作是粵方代表參加和平統一會議的鬥爭綱領。會上，粵方代表攻勢激烈，以致寧方代表蔡元培等人不得不一再以私人資格表示：「蔣下野不成問題，要盼廣東同志不要相迫太緊，不要給他面子太難過。」⑦在黨政改革案中，粵方代表提出軍人不能擔任政府主席，不得爲五院院長，廢除陸海空軍總司令職位等建議，顯然都體現著胡漢民的意圖，其矛頭直指蔣介石。

寧粵和平統一會經過激烈，確定分別召開國民黨第四次全國代表大會，選出同等數量的中央委員，進而謀求合作。在廣州「四大」上，要求蔣介石下野仍然是重要議題。胡漢民除主張「精誠團結，共赴國難」外，又提出「推倒獨裁，實行民主政治」的口號。12月 5 日，會議選出的中央委員由胡漢民領銜通電，催促蔣介石下野，解除兵權，否則，決不到京參加四屆一中全會。

國難深重，加上蔣介石軟禁胡漢民的做法極為不得人心，各方吹起了强烈的反蔣風。在粵方的堅持下，蔣介石於12月15日通電辭去國民政府主席、行政院長、陸海空總司令等本兼各職，胡漢民的「迫某辭職」計劃取得勝利。

二、廣泛聯絡，組織反蔣力量

蔣介石下野後，國民黨隨即召開四屆一中全會，通過中央政治制度改革案，選舉林森為國民政府主席，孫科為行政院長，蔣介石、汪精衛、胡漢民三人為中央政治會議常委。1932年1月1日，胡漢民等通電取消廣州國民政府，成立中央執行委員會西南執行部、西南政務委員會。自此，胡漢民即留居香港，成為西南方面的精神領袖。

孫科內閣雖然成立了，但這個內閣既無權，又無錢。1月2日，日軍占領錦州，孫科無奈，電邀蔣介石重返南京，並於25日辭職，由蔣介石重掌大權。28日，汪精衛背棄了「決不入京」的諾言，應蔣介石之邀出任行政院長，從而形成蔣汪合作局面。

汪精衛出任行政院長的當夜，日本軍隊進攻上海閘北，十九路軍在陳銘樞、蔡廷鍇、蔣光鼐等指揮下，奮起抗戰。30日，孫科密電胡漢民云：

> 寧方對十九路抗日事，最初主退縮，避免衝突。戰事起後，則硬責將領，不得違背命令，擅起戰端。嗣知軍民一致，不可遏抑，乃表示抵抗，然仍令十九路將領只准抵抗，不必擴大云。預料日方援軍日間必到，如京方仍無徹底決心，十九路必為犧牲。聞日方計劃摧毀長江一帶軍事勢力，結果南京中央必然崩潰，屆時南方若無相當組織，中國將成無政府之局，望公與粵中籌繼續存亡，以維民族生機。⑧

南京國民政府對淞滬抗戰的爆發完全沒有準備，缺乏堅決抗擊侵略的決心和勇氣，孫科對此有清晰的了解。他估計，南京政府將會崩潰，建議胡漢民在南方建立「相當組織」。但是，胡漢民卻比較冷靜，他考慮到南京國民政府已經宣布遷都洛陽，準備抵抗，特別是對十九路軍是否繼續支援等情況尚不清楚，「我方如決裂過早，反使其有所藉口」，主張「暫時審察」。⑨

儘管胡漢民一時還不準備在廣州另立政府，但是，他卻在廣泛聯絡，組織力量，待機倒蔣。其聯絡重點，一是湖南與西南各省，一是華北，一是海外。

當時，湖南與西南各省分別爲何鍵、劉文輝、劉湘、鄧錫侯、王家烈、龍雲等實力派所統治，矛盾重重，各自割據。胡漢民企圖將他們統一起來，形成一支和南京政府抗衡的力量。2月2日，胡漢民致函何鍵，試探其態度。函稱：

> 幸十九路軍持正不屈，上海得不爲遼瀋之續，而政府黨道未聞籌戰守之策，遽以遷都洛陽聞。國難益迫，陸沉無日，丁茲時會，不識先生將何以教之？

十九路軍由於得不到南京國民政府的有力支援，在腹背受敵的情況下被迫於3月初撤離上海。5月，中日《淞滬停戰協定》簽字，胡漢民派楊芷泉攜函西行，聯絡劉文輝、王家烈。函稱：

> 今寧中當局所以謀分析我西南者，其惟一方策在以西南制西南；弟則反之，以爲惟有以西南結西南，始足以確實齊一西南各省之步驟，以自保此乾淨土，亦即爲來日推進大局地。

在此前後，胡漢民又致函龍雲稱：

> 弟以爲今後欲復興革命，推展大局，首在黨務之整理，次則爲政治上之改革，而西南之精誠團結，力謀建設，尤爲當務之急。

自1932年起，胡漢民還曾派出使者會見劉湘、鄧錫侯、田頌堯等人，目的都在於調解各實力派之間的矛盾，結成西南反蔣聯盟。

華北方面，胡漢民的主要聯絡對象是馮玉祥。1932年3月，馮玉祥得知南京政府正在上海與日本侵略者談判，準備簽定密約，非常憤，命部屬張允榮密函胡漢民，告以北方情況，要求西南方面聯絡閩、贛、湘、鄂等省，合謀舉兵。函稱：

> 蔣氏謀粵之急，已自胡宗南等入浙可睹。惟奸憝毒計，對粵亦將對北，韓遂當其衝。向方亦心憤於滬敗與東北之亡，頗思及時舉義，因請煥公於適當時間入魯主持北方局面。至將來與事諸軍，宋、梁等部已有約定，他在〔者〕尚在協商。設西南能呼應於閩、贛、湘、鄂，因對日之失，動全國之聽，蔣氏可倒也。⑩

向方，指韓復榘；宋，指宋哲元。中原大戰後，馮玉祥隱居汾陽峪道河，北方反蔣勢力暫時蟄伏。此際，由於不滿南京政府對日妥協，又企圖乘時發動。此函寫於3月18日。24日，馮玉祥自徐州到達泰山，隱居普照寺。過去，人們只知道是為了養病、讀書，「努力充實學問」。此函說明，馮玉祥此行是應韓復榘之請，目的在於準備北方起義。

對於馮玉祥的反蔣計劃，胡漢民自然是支持的。5月5日胡漢民復函稱：「過去四五年，只見有個人，而不見有黨」，「凡所措施，無不出於個人私意」。他表示希望知道得更具體一些：

> 亦欲稍聞方略，俾得先事預圖，南方同志精神團結，意志不移，遇有舉措，必竭誠襄助也。⑪

自此，馮、胡二人聲息相通，聯繫日益密切。當年9月，馮玉祥決定以張家口為抗日基地。胡漢民派曹四勿赴泰山，發展馮加入新國民黨，並提供經費一百萬元。⑫

馮玉祥之外，胡漢民與張學良、韓復榘、閻錫山、孫殿英、石友三等人之間也均有信使往還。11月13日，胡漢民致函孫殿英，首稱：「今日黨國外遭於方張之寇，內劫於獨裁之魁，前途危險之極。」次稱：「南北當一致而不當分歧，在動作上，南北當互相促進，而不當各存觀望。」可以看出，胡漢民期望，一旦舉事，能夠出現一個南北並起的局面。

華僑歷來是革命黨人的支柱，因此，胡漢民十分重視對國民黨海外支部的工作。1932年，他致函美國總支部，指責蔣介石爲「劫持本黨之軍閥」。函稱：

> 過去所施行者，實爲民國以前相承一貫之軍閥之治，而非本黨之黨治。蓋在事實上，本黨以軍閥爲梗之故，實未嘗一日得行是政策也。

同年，又再次致函美國總支部，指責蔣介石等對日妥協。他說：「苟政府當局甘冒天下之不韙，而實行屈辱，則爲黨爲國，必須嚴重反對。蓋我人可一致於抗日，不能一致於降日也。」胡漢民的這些觀點，符合海外華僑的民主、抗日要求，因此日益贏得美國、加拿大、日本、南洋等地國民黨組織的支持。

當時，國內出現不少抗日或反蔣組織。公開的如東北民衆抗日救國會、東北民衆討倭軍，秘密的如黃埔革命同學會、浙江革命同志互助社、中華民族自救會、勵進社、青年軍人社等，胡漢民均一一聯繫，予以支持。

胡漢民一貫標榜黨治，在廣泛聯絡各地反蔣力量的同時，便著手組建新國民黨。該組織的建立時間，大體在1932年5、6月間。同年，胡漢民復蔣振函云：「所列重建本黨之十問題，弟亦表同意，刻正分途進行，務以嚴明之紀律，團結同志，恢復民十三年以前一種自動革命之精神。」該組織秘密活動，以胡漢民爲主席，鄒魯爲書記長，「只要反蔣最堅決的人」⑬，入黨須宣誓，有自己的中央和地方組織。中央領導機構稱爲「中央幹部」，地方領導機構稱爲「地方幹部」。例如，在上海即設有「地方幹部」，由陳嘉祐、熊克武、柏文蔚、程潛、劉蘆隱任「幹部委員」，以劉蘆隱爲書記長，其工作範圍爲蘇、浙、皖、贛、湘、鄂、川七省，每省再設分部。⑭不設分部的省份則設有特派員。它雖建立在國民黨的基礎上，但事實上是一個獨立的新組織。

三、派遣部隊北上，「以抗日為倒蔣」

蔣介石的對日妥協政策日益為國人所不滿，胡漢民由於主張抗戰，逐漸爭得國民黨內部抗戰派的擁護。1932年12月，張學良派秘書陳言赴港，會晤胡漢民。19日，胡漢民復函，鼓勵其振作精神，堅決抗日。函稱：

> 比月以來，外侮日深，晏處覆巢，寧有完卵。所期兄以決死之精神為民族求生路。桑榆之失，斷可收於東隅，至於內政意見及南中同志意，經與陳同志詳談，俱托歸報，希深察為幸。

1933年1月1日，日軍突襲山海關，3日，山海關及臨榆縣城失守，張學良命陳言致電胡漢民，表示決心抵抗之意。2月4日，胡漢民因不見張的實際動作，派陳中孚攜函北上督促。函中，胡漢民分析日本侵華的特點與中國面臨的危險說：「弟謂日之於中國，其侵略方式為蠶食而非鯨吞，故經一度之攻城掠地，即出之以延宕和緩之手段，巧為解說。當局受其愚蒙，國聯受其欺騙，而日人之計乃大售。苟不能窺破此點，積極抵抗，並進而收復失地，則日人本此政策進行，華北殆將淪亡，中國且為日有。」「九・一八」事變之後，張學良備受國人指責，有口難言，但他曾將個中情況含蓄地告訴胡漢民。對此，胡漢民表示：

> 兄前以不抵抗而喪失東北，茲又以不抵抗而喪失榆關。長此以往，國將不國。雖示負最終之責任者當別有人在，顧兄身當其任，究何以自解於國人？縱不為個人計，獨不為數百萬人民之身家性命計耶？

胡漢民稱：西南雖主張抗日，但限於地域，效命無所，希望張學良能團結華北將領，振奮一心，抗擊日本，自己將力為應援。2

月25日，張學良復函胡漢民，表示抗日禦侮的堅決意志，希望西南能從精神、物質兩方面給予鼎助。函稱：

> 良以不才，遭值多難，只思少裨艱局，庸敢計及一身，禦侮決心，誓當不二。

然而，事情並不決定於張學良個人。3月4日，日軍占領熱河省會承德，進迫長城腳下。7日，張學良致電國民黨中央，引咎辭職，不久出洋。

當時，蔣介石專注於「剿共」。但是，他不能不顧及華北的危急局勢。3月8日，蔣介石抵達石家莊。胡漢民認爲蔣介石的北上將加强對華北的控制，危及將領間已經形成的聯合局面。同月，胡漢民致函陳濟棠、蕭佛成、鄒魯、李宗仁、鄧澤如、劉蘆隱等六人稱：「某爲不抵抗主義者，華北爲某所有，則抗戰之希望已成滅絕。在此時對內對外，非設法打破某在華北之陰謀必無以策善後。」他提出四項對策：

1.選派軍隊北上，參加抗日。胡稱這一行動的目的在於：「一以示西南抗日之誠，一以作華北將領之氣，亦以戢某對日妥協之謀。」胡並指示：「此項部隊對內對外必須與華北將領取同一之態度。」

2.成立華北軍事組織。西南方面除同情贊助外，還須調遣人材，接濟經費，作實際促進。

3.華北軍事組織必須「以抗日救國爲名」，並須籠罩鹿鐘麟、韓復榘、閻錫山、馮玉祥及東北各舊部，西南方面亦應選派軍事人員參加。

4.在北方成立西南統一辦事機構，委派富有資望、能力的同志前往主持，統籌外交、政治、黨務、軍事各方面的工作。

函末，胡漢民表示：「萬不能更持徘徊觀望之態度」，「惟有投袂奮起，知其不可而爲之」。⑮

《淞滬停戰協定》簽字後，十九路軍被調往福建「剿共」，但蔣光鼐、蔡廷鍇等不忘抗日，逐漸與胡漢民等結合。1933年2月初，西南方面成立了包括廣東、廣西、福建三方的國防委員會，以陳濟棠、李宗仁、白崇禧、蔣光鼐、蔡廷鍇、林雲陔為委員。其後，胡漢民陸續致函馮玉祥、宋哲元、孫殿英、石友三等，建議華北能建立同樣的組織，以便「整齊抗日步調，俾南北兩方於捍衛國家能互相促進」。⑯3月1日，方振武變賣家產，在山西介休成立抗日救國軍，首樹義旗，誓師援熱。當時，華北將領大多主張抗戰，舊西北軍方面並推鹿鐘麟為總指揮。同月24日，鹿鐘麟致電胡漢民、李宗仁等，歡迎西南方面「雄師北指」。電稱：「此次西南若能從速出兵，督促作戰，必能轉移局勢，確定抗日大計。」⑰鹿自中原大戰反蔣失敗後即閑居天津。25日，胡漢民復電鹿鐘麟，對他的「投袂奮起」表示欣慰，告以西南方面正在選派軍隊，對於華北將領的「自救救國」行動，願提供「實際之援助」。⑱

在胡漢民的倡議下，廣東、廣西、福建迅速籌組西南聯軍。胡漢民並致函劉湘、王家烈等，要求同時出動。3月下旬，福建援熱部隊自漳州、龍岩出發，計劃經潮汕、東江至粵漢路與粵、桂兩省部隊匯合後通過湖南北上。4月4日，方振武部經過艱苦跋涉，抵達河北邯鄲。15日，胡漢民致函陳濟棠、李宗仁、蔡廷鍇三人，認為聯軍北上問題，期在必行，但聯絡北方抗日軍隊亦不可緩。⑲同月，胡漢民派其女木蘭訪問程潛，爭取支持。當時，正是陳誠進攻中央蘇區慘敗之後。23日，程潛復函稱：

> 木蘭侄來，敬悉一切。關於各方情況，盡告木蘭侄面達。自陳誠失敗後，慶父大露恐怖之象，為西南出兵抗日最好時機。若失此機，經彼多方彌縫，將來必更棘手也。⑳

慶父，借指蔣介石。古語云：「慶父不死，魯難未已。」信中，程潛不僅支持西南出兵抗日，而且表達了强烈的反蔣情緒。5月18日，胡漢民復函陳嘉祐、程潛，告以一項絕密計劃：

西南抗日軍隊出發，以賢初爲總師之任。渠以抗日爲倒○〔蔣〕，如能師出武漢，北局有變，一切正可相機而動㉑

胡漢民要求程潛密告湘軍將領，「忍受此一關，以靜俟大局之推展」，「華北局勢必有急變」。賢初，蔡廷鍇的字。他於 4 月12日被推爲西南抗日軍總指揮。此函表明，胡漢民、蔡廷鍇等準備在師出武漢之後，與北方協同動作，掀起反蔣高潮。

由於蔣介石堅持對日妥協，因此，當時不少愛國人士（包括中國共產黨人在內）都認爲抗日必先倒蔣，胡漢民等人的上述絕密計劃，正是這一思想主張的體現。

四、支持華北抗日力量，籌備粵桂閩三省獨立

華北果然動作了。

熱河省會承德失陷後，中國軍隊在長城一線進行了英勇的抗戰。但是，南京國民政府勇於對內，怯於對外，仍然專注「剿共」，無心對日本侵略作堅決、持久的鬥爭。5 月15日，黃郛受命北上，談判停戰問題。在何應欽支持下，黃郛於22日與日方達成協議。26日，馮玉祥、方振武在中國共產黨支持下，與吉鴻昌等在張家口成立察哈爾民衆抗日同盟軍，宣布「結成抗日戰線，武裝保衛察省，進而收復失地」。㉒

華北既經動作，胡漢民就準備把他的「師出武漢」計劃付諸實施。5 月29日，胡漢民在《致袞堯》函中說：

手書到時，寧府之對日屈辱已成事實。此間同志早經決定，聯合華北將領一致反對。煥章同志刻已於26日就任民衆抗日同盟軍總司令職，統率長城外各路義軍及西北軍舊部。西南抗日軍亦積極北進，同時則大舉剿共，使西南兵力推入長江。

胡漢民並準備在適當時期回到國內，宣布討蔣，主持一切。同函

又稱：

須察省外交、軍事、財政各事準備完竣，然後對誤國、賣國之奸徒聲罪致討，方易收旋轉乾坤之效。弟現正努力為根本之規劃，諸事就緒，自必返國親行主持一切也。

31日，塘沽協定簽字，事實上承認日本占領東三省與熱河，胡漢民極為憤怒，立即向察哈爾民眾抗日同盟軍撥款，並密電馮玉祥云：

請公立振義師，先就北平擒拿經手訂立妥協之何〇〇、黃〇〇，即行討蔣以抗日……此間當即一致動作。刻撥充〇〇元。㉓

末署「延、馬、遠、衣」。「延」為胡漢民，「馬」為蕭佛成，「遠」為鄧澤如，「衣」為鄒魯。㉔電稿中所稱「何〇〇」、「黃〇〇」，當指何應欽與黃郛（膺白）。

在粵、桂、閩三省實力派中，李宗仁、白崇禧、蔡廷鍇、蔣光鼐、陳銘樞等對抗日討蔣都持積極態度，只有陳濟棠猶疑不定，因此，南方要一致動作，必須首先說服陳濟棠。6月3日，蕭佛成致電胡漢民云：

昨與爵密談約三小時之久。弟反復開陳，謂討蔣不但可以救國，亦且可以鞏固其個人地位。㉕

爵、指陳濟棠。對於陳濟棠說來，最重要的是鞏固他已經取得的地盤和「南天王」的地位，要他參加抗日討蔣，不是一件容易的事。在蕭佛成反復開導之下，「爵似大覺悟」，表示了討伐蔣、汪的決心，但同時聲稱，必須待蔡廷鍇、陳銘樞、李宗仁、白崇禧等來粵共商。7日，陳銘樞、蔣光鼐、李宗仁、李品仙等抵達廣州，蕭佛成再度與陳濟棠商談，提出：1.西南獨立，與南京脫離關係；福建公開加入西南；若福建出兵浙江，軍餉由粵擔任；2.華北、華中各將領仍須派員與之聯絡，若能先由彼方發動為佳。當日下午，蕭佛成、鄒魯、鄧澤如、唐紹儀、李宗仁等會談。

鄒魯問李宗仁，如果三省獨立，粵不出兵而閩出兵，桂當何如？李宗仁初時感到難以回答，繼而慷慨表示說：「不惟犧牲我們，且犧牲全省人民之利益以從其後。」㉖在此期間，鄒魯、蕭佛成、陳融等與陳銘樞也進行了緊張的會談。陳銘樞稱：「抗日、剿共必要倒門神」，「門神現時雖未倒而等於倒，倒之之後，應如何辦法，我們應極注意。」陳並再三聲明，他自己並未組織社會民主黨。鄒魯等人對陳銘樞的態度很滿意。6月10日，陳融致函胡漢民報告說：「跛兄連日所談，均甚接近。」㉗1931年陳銘樞在香港時，所住旅館失火，從窗口跳下，足部受傷，自此不良於行，胡漢民等因此在密札中稱之爲「跛兄」或「跛哥」。

三省會談有了初步結果，但是西南聯軍的進展卻並不很順利。在福建援熱部隊出發之後，廣東派出了獨立第四師，廣西派出了第二十四師，準備聯袂北上，何鍵並電令沿途各縣妥爲招待，但是，塘沽協定簽字之後，蔣介石電令蔡廷鍇，命援熱部隊火速回閩。當時，福建援熱部隊已經抵達湖南郴州、來陽一帶，不得已忍痛回師。

蔡部回閩，胡漢民的師出武漢計劃便遭到挫折，但他仍積極活動，力圖把握時機。6月17日，派程天固東行，探詢對美外交；23日，派曾伯興北上，聯絡閻錫山；7月3日，致函葉夏聲，建議將各方捐贈援熱部隊的款項移贈方振武部。29日，致電海外國民黨人黃滋、陳雨亭、李白儔云：

> 今兩粵業已一致，福建方面尚有餉項問題未能解決，如磋商完善然後正式揭露，一面樹立黨政中樞，號召全國，一面組織聯軍，北出長江。長江、華北各軍半有接洽，推倒國賊，指顧間也。

可見這時候，胡漢民還在準備「北出長江」，並準備「樹立黨政中樞」，「推倒國賊」，公然和南京政府對著幹。電中說明：「福建方面尙有餉項問題未能解決」，顯然包含著向海外募捐的意思在內。

在粵、桂、閩三省實力派中，粵方最富，桂、閩比較拮据。倘使陳濟棠不肯拿出錢來，桂、閩二省很難長期支持一場對蔣介石的惡戰。據蔣光鼐復鄒魯電云：

所示辦法，本無不可，但未審已否商得桂方同意？本軍窮餓，倘無兩月積糧，不敢輕動……乞予一次先撥百萬，以資應付。㉘

末署「光。文。」文爲12日。此電雖未署確切月份，但所述內容可與上述胡漢民電相印證，其時間當不會相距很遠。

有幾天，財政問題似乎不大了。8月1日，胡漢民致函陳嘉祐云：

今財政問題粗告解決，惟西南軍事動作如何進求一致，財政問題如何籌劃挹注，俾達粵、桂、閩三省聯軍分出長江之目的，仍在詳密規劃之中。

然而，胡漢民樂觀得太早了，財政問題不是輕易可以解決的。果然，8月18日，胡漢民《復袞堯》電又云：

此間一切仍在計劃推進中，粵將領所視爲困難者厥爲財政，故一切措施，遂未能放手做去。至內部意見，雖有小小不同，然於倒某救國一點固甚一致也。

電中所稱「粵將領」，當指陳濟棠，這位財神爺不肯拿錢，其他種種，當然無法「放手做去」。

正當胡漢民在南方爲財政和內部「小小不同意見」而苦惱之際，北方卻風雲突變。馮玉祥成立察哈爾民衆抗日同盟軍後，浴血苦戰，迅速收復察北大片失地，進而準備規復東北四省。然而南京政府一面組織大軍「圍剿」，一面分化瓦解，同盟軍的境況日益艱難。8月5日，馮玉祥通電收束軍事，交出察省軍政大權，隨即回泰山隱居。馮的失敗給了胡漢民巨大打擊。24日，胡漢民電馮云：「左右入魯，抗日工作亦由此告一段落。觀察大勢，時局更新，似尚有待。」30日，致電柏文蔚，除了希望他繼續維繫「長江軍事」外，特別說明，「廣東方面推動不易，今方別尋途徑」。㉙可見胡漢民對陳濟棠已經很失望了。

馮玉祥退入泰山以後，中共河北「前委」決定支持馮部方振武、吉鴻昌兩軍繼續奮鬥。方、吉將抗日同盟軍易名抗日討賊軍，明確揭起反蔣旗幟，準備沿熱察邊境，經十三陵、小湯山等地，東進冀東。㉚ 9 月20日，方、吉兩軍進入河北。23日，方部進占牛欄山，作襲擊北平準備。對抗日討賊軍，胡漢民曾力圖予以支援。9 月25日，致電蕭佛成等，聲稱方部「且進取密雲，當不忍其給養之不給，坐視其覆亡」。29日，方振武致電胡漢民，宣稱「在鈞座指導下抗日討賊」。「即令犧牲萬有，亦所不辭」。方並稱，華北外交關係重要，要求胡選派幹員，常駐天津主持一切。㉛10月 5 日，方振武致電胡漢民，報告在南口、昌平、湯山一帶的勝利，聲稱計日可達北平城郊，要求胡漢民「推動各方火速出兵，以收南北夾擊之速效」。㉜ 6 日，再電胡漢民：

> 不日直搗北平，務希火速推動，群起討賊，國家幸甚！倚戈陳詞。㉝

方振武的崛起再一次燃起了胡漢民的希望。他致電陳融說：

> 假如其遂能入北平，或可造一與西南同樣局面，為聯軍會議制以待各方之進展耳。㉞

6 日，胡漢民決定以廣東後援會名義一次撥給方部軍費三萬元至五萬元，但是，這筆款項未及寄出，方軍即因孤立無援失敗。㉟

儘管馮玉祥、方振武先後失敗，但是，胡漢民仍然認為，華北是具有潛力的地區。10月19日，胡漢民任命何子佩為華北軍事聯絡專員，要求他代為獎勵華北同志，說明胡的內政、外交主張以及對於全國的規畫。胡漢民為其規定的工作方針為：

> 1.切實團結華北革命將領，通電討賊，並肅清盤踞北平之反動勢力，樹立華北之中心救國組織。

2.以相等於政務委員會、軍事委員會之組織爲最宜。華北將領之通電發出，組織成立，西南即樹立黨政中樞，正式宣告與賣國政府斷絕關係，並領導華北及長江之革命力量，聲討獨夫，從事抗日。

3.爲外交上之運用計，不妨暫以安定華北爲主張，而不以抗日爲標榜，但華北將領之通電必須痛數獨夫罪狀，示與賣國政府絕緣，無復有妥協餘地。

4.華北將領通電發出、組織成立後，此間即派遣大員北來，規劃一切。其財政外交上之責任，純由西南革命政府負之，但華北將領必須於抗日目標下切實堅持並接受西南革命政府之領導，完成討賊抗日之全功。㊱

在派出何子佩的同時，胡漢民又分函閻錫山、馮玉祥。致閻函總結前數月失敗的經驗教訓，認爲「不獨南北未能一致，即北與北間亦多隔閡」，要求閻「領導群倫，使華北力量團結，與西南爲一致」。㊲致馮函則通報南方情況，說明「此間主旨，仍在團結粵、桂、閩諸省，相時而動」。㊳

五、福建事變期間

胡漢民計劃中的西南獨立，由於陳濟棠遷延猶疑等原因，終於未能發動，然而福建方面卻終於等不及了。

十九路軍調福建「剿共」後，陳銘樞遭到蔣介石、汪精衛的壓迫，無法在南京立足。1933年1月，憤而赴歐洲考察，同年回國，活動於香港、福建之間，聯絡李濟深、蔣光鼐、蔡廷鍇等人，計劃反蔣，同時派人與中國共產黨聯繫，討論合作問題。9月，與紅軍訂立抗日反蔣協定。10月陳銘樞、李濟深等在香港聚會，決定在福州成立反蔣抗日的人民革命政府。11月16日，李濟深派其弟李濟汶持函面見胡漢民，函稱：

深南歸，已歷一載，本意在追隨吾師之後，團結西南各省，共同討賊救國。顧蹉跎一載，數失良機，而有實力之當局者持重如故，循此而往，勢不至任國賊斷送國家不止。而十九路軍以處境較困，責任較明，有義無反顧，迫不及待之勢。連日得其函電，促往商討討賊大計，照連日報章上所載情形，亦似有即行發動討賊之趨勢。故深決定即行前往觀察督促，進行一切。

李濟深要求胡漢民「督促西南各省同時響應，共同討賊」，並對閩中各事隨時加以指導。18日，李濟深與陳友仁、徐謙等到達福州。20日，召開中國人民臨時代表大會，議決廢除中華民國年號，成立中華共和國人民革命政府。21日，李濟深等通電脫離國民黨，旋即組織生產人民黨。同日，陳銘樞、李濟深、蔣光鼐、蔡廷鍇四人聯名致電胡漢民、蕭佛成等，指斥蔣介石獨裁禍國，媚日殘民，追述三省近年來共謀反蔣的歷史。電報以「陳涉發難於先」自喻，以「沛公繼起於後」喻胡，要求胡漢民等「本歷來之主張，爲一致之行動」。㊴

三省聯合倒蔣本來是胡漢民夢寐以求的事。但是，福建方面改國號，造新黨，特別是聯合共產黨等做法，都超出了胡漢民所允許的範圍。因此，最初他頗爲遲疑，不知道應該如何答復陳銘樞等人的來電；「措詞太硬，則寧方得意，桂方懷疑；太軟則慮跛等有以藉口爲反宣傳，發生其他之不利」。㊵經過反復考慮，他決定了如下對策：

對寧閩——兩罪兩責而偏於責寧。11月27日，胡漢民致電馮玉祥稱：「大致對寧對閩，今後將同在我人反對之列。」同日，又致電楊虎城稱：「閩中之變，亦實南京賣國政策激之使然，否則何至鋌而走險，自棄其抗日剿共之歷史至於此極，故我人固宜罪閩，然尤當罪寧也。」當時，廣東有人主張蔣介石下野，胡漢民贊成這一主張，認爲這樣可以：1.示天下以公道；2.消釋十九友（指十九路軍——筆者）一部分之熱憤；3.使桂方及其他反蔣者同情於我。㊶西南執行部和西南政務委員會根據胡漢民的意見，曾經發電要求蔣介石、汪精衛「避路讓賢」，電稱：「推尋禍始，不能不深咎於獨裁政局之罪深惡極也。」

對粵桂——「救正調和」。陳濟棠和陳銘樞有矛盾，因此，他的興趣一在於防閩，二在於防共；李宗仁則急於反蔣，福建事變後立即致電陳濟棠等，建議三省合兵，開府廣州㊷，樹立中樞。胡漢民對這兩種態度都不滿意，他曾在一封信中說：「爵專心對閩，故反蔣不敢太著力；不專心對蔣，幾欲與閩附和而忘卻共匪之為禍。」㊸這裏說的「不」以及其他密札中的「不孤」，均指李宗仁。11月下旬，廣西方面兩次派人會晤胡漢民，催促行動。第一次，胡漢民答以「派人與各方接洽，為召集各省代表一致反蔣之預備」；第二次，胡漢民答以「討蔣以桂為前方，粵為後方；防共以粵為前方，桂為後方」。㊹

儘管胡漢民對福建方面的做法不滿意，但是，事變的發生畢竟造成了一種形勢，使他覺得有機可乘，因此，一度考慮過組建政府問題。11月31日，他致函陳融說：

> 開府地點是一問題，而第一步似以廣西為適當，其理由有五：人心信仰，無復懷疑一也；素無財富之名，則不必鋪排，而各方來者易於應付二也；因湘鄂吃緊易於聯絡應援三也；外交較易應付，不遽為紅毛、矮子之威脅四也；敵用飛機襲擊及閩中大軍之使用俱不便五也。㊺

胡漢民並告訴陳融，閩變初起時，他曾就此和李宗仁商量過，如果現在陳濟棠仍以先發為難，不願意在廣州開府，則不如選擇廣西。12月中旬，他又致電在上海的陳群、孫科、胡毅生等人稱：「前此欲以組府號召天下討蔣，今則當促動與聯合反蔣之戰線進行，至蔣勢窮蹙，然後組府。」㊻18日，致駐美國三藩市總幹部電稱：「組府一事，尚非今茲所可實行。」顯然，胡漢民的「組府」計劃碰到困難，不得不向後推延了。

福建事變後，南京政府企圖拉攏胡漢民及西南實力派。12月11日，張繼等到港，與胡漢民會談，呼籲團結，邀其入京。胡漢民答稱：「你們請我到南京，我想請你們出南京，何以故？因為要你們認清自身的地位，尊重自身的人格，不附和軍閥去叛黨賣國。」他提出，南京當局是導致事變的「罪魁」，必須實行政治和黨務的根本改革。㊼15日，胡漢民發表《對時局宣言》，聲稱：「今日中國政治之現象，一絕對的軍閥統治之現象也。槍之所在，即權之所寄。」《宣言》提出：「獨裁賣國之南京軍權統治，叛黨聯共之福建統治，必同時清除之，以組織一眞能代表國家人民利益之政府。」㊽《宣言》並提出「帶兵者絕對不得干預政事」，「中央與地方實行均權制度」等主張。22日，張繼等訪問粵、桂後回港，再次與胡漢民會談。關於此次會談內容，胡漢民密告陳融說：

弟見淵時，已動以閩事無論如何必先赤化而終落倭人之手，倭得閩則兩廣亦將為其他之某國之染指，故此時粵桂難以坐視，而桂尤不能久忍，故惟有政治解決之一途。㊾

淵，指張繼。所謂「政治解決」，胡漢民概括為「蔣汪下野，福建回頭」八字。當時，南京政府積極準備對閩用兵，胡漢民擔心此舉會使十九路軍與共產黨的關係進一步加深，竭力加以反對。他說：

如此，不論勝負，閩軍與八字腳之結合必愈深而無從自拔矣。彭德懷、朱德附八字＜腳＞後已使門神辦不了，假如十九號赤化……走險愈深，豈易收拾耶！㊿

同月28日，胡漢民在《復袁冠新等》函中又說：

人民生計垂絕，國脈危於累卵，凡可以循和平軌道以貫革命之主張者，皆當遵從。總之，南京統治弟以為實不足定

此函表明，在軍事倒蔣屢屢失敗之後，胡漢民「政治解決」的意識再度萌生了。

福建事變領導人之間一開始就存在著矛盾。12月中旬，十九路軍將領致電胡漢民，聲稱「事先未明眞相，全爲一二野心家包辦，致鑄此錯」⑤1，要求胡派人前往指示辦法。胡旋即派黃河鯉〔澧〕前往，指示以「復國徽、復黨籍爲先決，捕八字腳爲貢獻」。⑤2所謂「復國徽、復黨籍」，即要求廢止中華共和國稱號，恢復國民黨黨籍；所謂「捕八字腳」，即中共。1934年1月，南京政府對十九路軍發動「討伐」，福建人民政府日益危急，李濟深、陳銘樞電告胡漢民，表示願按其辦法，「取消一切組織，回十九路軍本來，連屬西南」。⑤3胡旋即致電在上海的程天固，請其迅速與孫科商量，設法使蔣軍停止進攻。⑤4但是，第十九路軍已呈土崩瓦解之勢。1月21日，沈光漢、毛維壽等通電「脫離人民政府，擁護中央」。其後，胡漢民曾爲保護十九路軍的殘餘力量做過一些工作。24日，胡漢民致電閻錫山云：

> 現聞中荒謬之政黨組織已無形解體，故於善後一切，正督促各方進行，務使此抗日討賊之力量得以保護。

2月2日，陳濟棠派人至龍岩會晤蔡廷鍇，接洽收編十九路軍殘部，得到蔡的同意。該部旋即改編爲粵軍獨立第三旅。

六、再次聯絡張學良

胡漢民一直將東北軍視爲重要的抗日反蔣力量。1933年3月，張學良決定下野出洋，12日，抵達上海。25日，胡漢民派何思毅持函勸阻，函稱：

> 自熱河淪陷，吾兄去職，華北局面，日趨混沌。兄典軍東北，久歷歲時，今爲人所乘，有懷莫白。聞將有遠適異國之志，弟以爲個人權力爲輕，黨國安危爲重，恝然遠行，似非其時。即不得已而行，亦須力策善後，挽回危局。是非所在，天下不乏同情，此間同志正具決心爲兄後盾也。

4月8日，張學良復函，對胡漢民的關懷表示感謝，聲言決不敢拋棄救國責任。函稱：

良乍息薪勞，閉門自訟，乃蒙遠垂記注，勖以方來，高誼殷隆，曷勝感奮。撫時多艱，恥痛毋忘，苟圖少補涓塵，敢委匹夫之責。

但是對於胡漢民的建議，張學良卻完全沒有任何答復，僅說：「尙祈時賜教言，俾其待罪之身，多叨宏益。」

福建事變爆發，張學良得到來自國內秘書的電報：「現在有一種動向在拉我們加入反對蔣介石的派系，務請立即返回。」⑮於是，張學良決定東歸。他一面派陳博生赴閩表示支持，同時電派陳言赴港向胡漢民致意。12月23日，胡漢民派劉顯丞迎接張學良，報告國內政情及胡的意圖。1934年1月6日，張學良、胡漢民在香港會晤。8日，張學良抵達上海。12日，陳言北返，邀劉顯丞同行。胡漢民委托二人再次向張學良陳述自己的意圖，勸張「徹底做去」，函稱：

至對大局主張，亦斷不以環境之轉變而有所移易也。國事至此，有救亡之責者，不當狃於目前之小利，惟宜徹底做去，則中國庶有可爲，想存亡絕續之間，先生必能熟之。

劉顯丞抵滬後，張學良爲了躲避特務的注意，於深夜在一個外國人的家裏約見劉。張稱：「已下決心爲將來北方之主動，目前則仍與汪蔣敷衍，免其猜忌。」張並稱該計劃「須與兩廣互爲呼應」，囑劉顯丞回港報告，如西南方面主張仍前不變，則東北當密派軍事代表來粵切商。⑯胡漢民得到劉顯丞的報告後，即致函陳融，命其與陳濟棠密商。函稱：「弟意我人此時宜厚結廣西而密與北方聯絡，沉機觀變。如伯兄意亦謂然，弟當令劉秘密上省，以備伯兄面詢一切。」⑰3月1日，張學良就任豫、鄂、皖三省「剿匪」總司令部副總司令，胡漢民認爲此事「利害各半」，再次致函陳融說：

我已囑劉顯丞可即與小張切商軍事之聯絡，小張就「剿匪

」職，其部隊將來必調長江上下游，此點利害各半，利在與南方聯絡，而害在易被分割、分化也。㊽

同月27日，陳濟棠在廣州召開國民黨西南執行部、西南政務會聯席會議，李宗仁自桂前來出席，他積極贊成聯絡張學良的方針。會後，陳融致函胡漢民說：「此間聯小張，亦政策之一變，此事不孤亦甚著力，言非合南北之力以挾門神不可。」㊾西南的反蔣派們一直渴望著能演出《水滸》中「武松醉打蔣門神」的痛快淋漓的場面，張學良的歸來使他們增添了幾分希望。

哈佛所藏胡漢民檔案中沒有胡、張之間進一步聯繫的資料，看來是張學良逐漸懷疑反蔣抗日而傾向於擁蔣抗日了。

七、開府西北與軍事倒蔣夢想的破滅

福建事變失敗後，胡漢民一面聯絡張學良，一面將目光注視到西北。

胡漢民和閻錫山之間信使往來頻繁，和楊虎城也早有聯繫。6月7日電楊，希望他「內除奸凶，外抗暴日」。8月26日，再電云：「望團結各同志，密爲策進。」11月27日，三電云：「倘希一致奮起，共爲主義效力。」同日，致電吉鴻昌云：

今後救國大計，厥惟歸本主義，致力於西南、西北之聯絡。今平津各地勢爲暴日所必爭，曷若萃我主力，樹軍事力量於西北。㊿

此電表明，胡漢民的目光在向西北轉移了。

1934年1月，孫殿英率部西進寧夏，準備就任青海西區督辦一職。在1933年的長城抗戰中，孫殿英部曾在赤峰英勇阻擊日軍，得到輿論好評，因此，中國共產黨派南漢宸、常黎夫等人隨孫部工作，準備在適當時機，會同紅軍與楊虎城的西北軍，摧毀寧夏、青海的回軍，通電反蔣抗日。(61)胡漢民不了解上述情況，但他也企圖依靠孫殿英，聯絡閻錫山、楊虎城，開府西北。1934年

2月10日，胡漢民致電孫殿英，指示其「鞏固寧夏，進圖甘肅。倘有可爲，宜圖進取；否則保存實力，期爲後此之抗爭」。同月15日，胡漢民致函陳融說：

> 孫殿英勢力似不可侮，晉閻爲助，已成公開之秘密。局面展開，或有如梯雲所云，晉、陝、桂聯合倒府、組府之望。㊷

梯雲，指伍朝樞。「晉、陝、桂倒府、組府之望」云云，反映出胡漢民等屢遭失敗之後的新尋求。

然而，胡漢民過於樂觀了。寧夏、青海一直是馬家天下，南京政府命令孫部西進，一是爲阻止孫部和馮玉祥等抗日力量結合，一是爲了借刀殺人。孫軍一進入寧夏，即與馬鴻逵部交火，屢戰不利。同年2月，何應欽下令對孫部實行圍剿，孫殿英餉盡彈缺，一再致電胡漢民、陳濟棠呼籲援助。陳濟棠本已答應資助數萬元，但不見行動，口惠而實不至。20日，胡漢民再函陳融，要求由總部撥借20萬元。函稱：

> 孫之成敗，實與南北大局攸關。未審伯南兄前許之數萬元已匯去否？弟意此時牽制門神，不使即以全力對我者惟此一路，且可因此牽動晉、陝抗△〔蔣〕，最低限，閻、韓、楊、孫亦不能不因此團結自保。㊸

21日，胡漢民致電李自立，提出孫部給養斷絕，希望楊虎城與晉綏當局予以實際援助。3月7日，胡漢民再電孫殿英，指示其團結西北陝、綏、晉諸友軍，「逐漸醞釀，形成一革命集團」。

在西北各種軍事力量中，楊虎城是願意援助孫軍的。孫、楊之間約定，共同通電，呼籲抗日反蔣，稿子已經擬好並經孫殿英簽字，未及發出，孫殿英就失敗了。㊹20日，孫殿英通電下野，離開部隊。

在舊中國，完全缺乏從事公開的民主政治活動的條件，各派政治力量的角逐最後都不得不取決於軍事。胡漢民是一介文人，他所依靠的主要是各地軍閥和地方實力派。這些實力派，各有山頭，各有利益所在。他們往往把保存自己放在第一位，很難形成一股統一的力量。

抗日討賊軍失敗後，方振武南逃香港，吉鴻昌隱居天津，但二人都鬥志彌堅。方振武草擬了一份在黃河、長江流域的軍事工作計劃，經胡漢民、鄒魯等同意後，自動申請去廣西、湖南邊境活動。㊎吉鴻昌則與南漢宸等組織中國人民反法西斯大同盟，積極聯絡各地抗日反蔣力量。胡漢民一度派熊克武去天津活動，準備在當地建立「北方軍事委員會。」㊏1934年9月，又派劉少南北行，聯絡于學忠、吉鴻昌等。㊐11月9日，吉鴻昌等在天津國民飯店研究工作，被國民黨軍統特務包圍，劉少南當場犧牲。㊑

在一次次的失敗之後，胡漢民的軍事倒蔣夢想終於破滅。

八、抵制五全大會

在胡漢民的支持下，西南不僅長期維持著半獨立狀態，而且在黨務上，也對南京國民黨當局採取不合作政策，盡力抵制各種會議。

還在1932年3月，國民黨在洛陽召開四屆二中全會，胡漢民即以「政見不同」爲理由，拒絕參加。㊒1933年3月，國民黨中常會籌議於7月1日召開臨時全國代表大會。同月20日，胡漢民致電閻錫山說：

> 今日當局對日既出於不和、不戰、不守、不走之一途，大勢所趨，惟歸屈辱，欲嫁其屈辱之罪責，則必力求爲分謗計，故召開臨時全國代表大會之説，遂爲南京黨部所決議。西南同志於寧中此議，固持反對，如反對不成，則惟有爲對抗會議之籌備。

4月4日，唐紹儀、胡漢民等通電反對，認爲召集全國臨時代表大會「不獨無此必要，且不當行」，迫使南京方面取消此議。

根據國民黨黨章，第五次全國代表大會應於1933年11月召開。當年8月，唐紹儀、蕭佛成、陳濟棠即致電國民黨中央反對，迫使南京方面不得不宣布展期一年。1934年7月，胡漢民鑒於大會期近，於23日致電陳雨亭、李白儔說：

關於五全會問題，海外支部不妨準備參加。倘西南發動能早，不參加固無問題，否則亦可運動各方擬具重要提案，根據黨綱，就現狀抨擊其殆〔貽〕誤黨國。

8月12日，南京方面宣布將於11月12日召開五全大會，討論召集國民大會、修改總章、推進黨務、確定施政方針等四項議題。胡漢民仍然反對召集這樣一次會議。24日他致電李烈鈞等，表示將「從根本上破壞」寧方計劃，但如來不及，也準備派人參加，提出西南方面的根本主張。9月8日，胡漢民、陳濟棠、李宗仁等21人致電國民黨中央，認爲南京方面所提議題，「空洞落漠」，「無一及於當前救亡之大計」。胡等自提議案四項，要求「整飭政治風紀，懲戒喪權辱國之軍政當局」，「確立外交方針並國防計劃，以維護國家之生存」。⑳該電通稱「齊電」，發出後，南京方面「置而不議，受而不答」，嚴禁各地報紙登載。25日，胡漢民等29人再電國民黨中央，提出兩項要求：1.履行本黨「人民有言論出版自由權」之政綱，容許一般人民對於政治、外交之建議及批評。2.厲行本黨民主集權制，予中央委員及海內外各級黨部、黨員對於黨務、政治、軍事、外交應有充分建議及批評之完全自由。胡漢民等激烈地批評南京方面「黨同伐異，自爲派系，鉗制同志，變本加厲」。電稱：「苟不能恢復黨員對於時政之建議、討論、批評之自由，則此種大會斷不足以代表全黨之意志，徒爲少數人所把持，以施展其僭竊本黨之陰謀。」胡漢民等並要求，給予黨員以選舉代表之完全自由權。該電通稱「有」電。㉑10月17日，胡漢民發表《爲五全大會告同志》，聲稱五全大會「只是軍權統治的五全大會」，不是中國國民黨的五全大會。㉒胡漢民作了寧方不接受齊、有兩電的充分思想準備，計劃在必要時單獨召開代表大會，宣布蔣介石、汪精衛等「叛黨、賣國罪狀，開除其黨籍」，同時，建立新的黨的「中樞」。⑬

對於胡漢民等人的做法，南京方面自然很惱火。但是胡漢民在國民黨內擁有很高的威望，他的周圍又團聚著一批老國民黨人和地方實力派。南京方面不能無視這一股力量。爲了促進寧粵合作，10月 8 日，南京方面推孔祥熙出面致函胡漢民，聲稱五全大會開幕在即，邀請胡「早日命駕來京，主持一切」。10月中旬，王寵惠攜孔函南下，面見胡漢民、蕭佛成等。王稱：「此來只以第三者之資格，作雙方意見之傳達，絕非代表北方任何人或任何方面。」⑭又稱：「南京中央同志很盼望和平，希望西南同志對於南京種種舉動，予以諒解。」⑮王並稱：汪對胡展堂先生毫無惡意，蔣則力促余迅速南下，徵求西南對時局意見，以便合作問題得以早日解決。⑯10月28日，胡漢民對法報記者發表談話，對王寵惠此行表示不滿。胡稱：「當道諸人僅於口頭上希望余等對彼所實行之政策予以諒解，忽略事實及國家之危機，而趨重私人之情感方面，以求私人間之諒解。此種態度，恰與余歷來對事不對人的主張相反，極爲余所不取。」胡並進一步指責：「南京政府之上，尙有一南昌之太上政府，彼以一軍事領袖，在行政上而可以擅自發號施令，並擅自召集各級文官訓話，又可以組織藍衣黨，企圖以法西斯主義代替三民主義。」⑰

自1933年 1 月起，胡漢民即在香港創辦《三民主義月刊》，作爲反蔣輿論機關。王寵惠南來前後，胡漢民多次致函《三民主義月刊》和鄒魯等人，要求加强對法西斯主義的研究與批判。10月18日函提出《就時局現狀及本黨主義、歷史、總論南京軍閥藍化中國政策之荒謬」，同時指定《三民主義月刊》 4 卷 5 期爲「反藍專號」。胡漢民並親爲該刊撰寫《武力統治者的法西斯蒂運動》，指責蔣介石「保存著中國國民黨的招牌，變更中國國民黨的實質」，「以三民主義爲標榜，而實際推行的，乃是武力統治的獨裁專制主義」。

召開五全大會本來是汪精衛的主張，蔣介石的興趣並不很大，西南方面既然強烈反對，蔣介石也就主張從緩，指示南京方面宣布五全大會延期，於12月10先行召開四屆五中全會，以便騰出時間，繼續做胡漢民等人的工作。

胡漢民終於勝了一個回合。

九、王、孫說合與蔣、胡通信

胡漢民既不肯入京，又不同意召開五全大會，蔣介石只好作讓步的準備：一是部分採納胡漢民的「均權」方案，一是設法使對日妥協、名聲不好的汪精衛下台。

胡漢民被釋後，即積極提倡「均權」。1931年11月，他從上海到廣州，在非常會議和國民政府聯合紀念周上發表演說稱：「滿清以集權而亡，袁世凱以集權而死，今之人以集權而亂。」⑱廣州「四大」中，胡漢民又與孫科、陳濟棠、李宗仁、伍朝樞共同提出「實行均權以求共治案」。1934年2月至3月，他連續發表《論均權制度》、《再論均權制度》等文，提出具體方案，同時指責南京方面標榜集權，實爲「集權於南京軍閥」。胡漢民聲稱：「實行均權制度，是中國今日唯一的需要。」

同年11月，蔣介石、汪精衛擬訂了一項中央與地方「均權」的方案，提出：法制方面，中央規定政治原則，地方制定實施辦法；用人方面，地方可選擇保荐，由中央任命等。該方案於27日由蔣、汪以聯名通電的形式發布。同月末，蔣介石派王寵惠、孫科再次赴港，會晤胡漢民。王、孫攜有蔣介石及蔣介石、汪精衛、居正、葉楚傖、陳果夫、于右任等中央常委的函件。蔣函云：

茲請亮疇、哲生兩同志代謁左右，商承黨國大計，祈與詳洽一切，並懇早日命駕蒞滬，俾得面罄所懷。

蔣介石等六人函云：

黨國大計，亟待解決，深盼先生駕臨京滬，無任跂禱。

12月 3 日，王、孫到港，次日會談。王、孫「鄭重」代表蔣介石要求胡漢民等人諒解，並稱：蔣介石已認爲內政外交確有改革必要。王、孫特別談到蔣汪27日通電係由蔣定稿，汪副署，聲稱其所以要求與胡見面，乃是爲了「當面決定一切方案，期於施行適當」。胡漢民則批評27日通電不是「根本辦法」。王、孫又稱：蔣介石的意思是：「不只局部問題可以改造，即全個問題亦可改造，對水雲不成問題」。水雲，宋代詞人汪元量的號，這裏借指汪精衛；「不成問題」云云，暗示汪精衛可以下台。對此，胡漢民表示說：「我向來對事不對人，但以爲如此可使一切事情圓滑易行，則我亦不反對。」⑲在多年的矛盾衝突之後，蔣介石採取主動，派人道歉，胡漢民感到了某種滿足，因此會談氣氛「和好」。

在此後的會談中，胡漢民提出治本與治標兩個方案。所謂治本，即要求蔣介石接受1931年粵方提出的黨政改革案和齊、有兩電；所謂治標，即開放人民言論集會之自由，確定入川剿共，不作大兵壓境之威脅，對於此間朋友同志，不得敵視，而猖獗殺人之組織須即解散。⑳孫科和胡漢民有聯盟反蔣的歷史。某日下午，他和胡漢民作了一次深談，孫稱：「先去水雲，終是一手段，且此時不須西南說話，只作爲改用比較可以接納西南政府之人，則兩方接觸，不致急劇。」孫並稱，他本人無意重作馮婦，建議推孔祥熙出任行政院長，他說：「門之誠意，尙不可知，什麼院長滋味，我亦不願再嘗，不如再用門之所暱，如庸之者。」胡漢民認爲倒閣一類運動不足以救亡，撤去汪的院長，換湯不換藥，也不足以求諒解，因此表示說：「此事我不反對，然亦不能說是贊同，至於門無誠意，則我看得甚爲清楚。」㉑

12月 8 日，孫科先行北返，行前，孫科問胡漢民還有什麼具體意見，胡稱：「須先確定今後之政治基礎爲軍權統治，抑爲民權統治」，把這個問題解決了，和平便有了途徑，協作也有了頭緒。㉜他托孫科帶一封信給蔣介石：

> 自民二十年後，久闕音問。亮儔、哲生兩兄來，藉獲手書，甚感關注。弟三年養疴海隅，而時受風寒侵襲，血壓久治未低。聞尊體近日亦不能無小病，視以前精力稍遜，誠爲兄繫念不已。國家大計，弟以爲總理已垂示甚周，故數年來仍悉心體認而莫敢外。此次與亮、哲兩兄所談，亦惟此旨，即托其一一面達，其間亦非片楮所能盡也。

這封信有原則，有禮貌，冷淡中略露幾分情誼，顯示了胡漢民對寧方的合作要求既不接受，又不拒絕的態度，留有充分的伸縮餘地。

但是，在其他場合，胡漢民對蔣介石的攻擊火力並未減弱。12月15日，胡漢民發表文章指責南京方面「剽竊總理之均權主張，希望在軍權統治之下實行其均權制度」。㉝然而，這不過是一種姿態。1935年1月20日，王寵惠分訪蔣介石、汪精衛，商談迎胡入京及合作問題。28日，胡漢民派李曉生北行，與王寵惠、孫科會談。2月初，蔣介石接見李曉生，11日，蔣介石致函胡漢民稱：

> 弟決入川剿赤，以後道途日遠，關山間隔，徒切想念。黨國危急，四顧茫茫，甚盼後方同志，無間彼此，以謀團結，以挽垂危之局，弟所望者惟此而已。曉生同志轉述厚意，故人情殷，敢不心領，亦望先生爲國珍重。

表示「入川剿赤」，算是答應了胡漢民的一項條件，「故人情殷」云云，算是表達了重修舊好的願望。

本來，在王寵惠等開始說合之際，胡漢民密告胡毅生等稱：「必須掀起更大的風潮，形成分裂、對抗，乃有效果。」㉞現在，經過王、孫說合之後，胡漢民的態度變化了。3月5日他復電李曉生說：

入川剿赤與對日堅持，皆與我人意見上已漸趨近，而徹底改革一切錯誤政策更爲必要，惟有暫以分工爲合作。㉟

雖然還强調「分工」，但畢竟出現「合作」的字眼了。

十、拒絕日本侵略者的引誘

中國的分裂狀態有利於日本侵略，因此，日本帝國主義者使用各種手段，力圖加深並擴大中國的分裂。福建事變後，日本方面不斷派人拉攏胡漢民，表示願意提供武器和金錢的支援，甚至以支持胡漢民當總統相餌。胡漢民的原則是，堅決要求收復東三省，可以接受日方援助，但不接受任何附加條件。

1934年2月，日本有幾個武官到港，「問候」並探詢胡漢民對中日前途等問題的主張，胡答稱：

日本是侵略國，中國是被侵略國，中日兩國要恢復友好關係，唯一的辦法只有日本自動交還東三省給中國。

日本武官詭稱：「日本並沒有侵略滿洲，滿洲獨立，是三千萬滿洲國人民的願望，這種民治精神，日本不能干預。」這幾句話引起胡漢民的厭惡，他立即正顏厲色地斥責說：

你們來是拜候我的嗎？來拜候我，是應該講實話的，不講實話，就請你們出外去。我不知道甚麼是「滿洲國」人民的民治精神，只知道東三省是中華民國的領土。你們做這種假戲來欺騙世界，還把這假戲來向我巧辯嗎？㊱

其後，胡漢民即發表文章，闡明孫中山「聯合世界上以平等待我之民族共同奮鬥」的思想。他宣稱：中國的外交政策，應當確立於「保障中國領土主權完整」這一基點上。「凡能幫助中國達到這個目的的，德謨克拉西的國際也好，希〔布〕爾什維克的組織也好。我們不妨同情協作。」㊲還在1933年，胡漢民就鼓勵西南方面與蘇聯發展貿易關係，並派陳群赴滬致力此事。㊳這裏，聯俄制日思想就更加明確了。

日本武官的初次探詢失敗。同年4月8日，又由萱野長知出面致函胡漢民，鼓勵中國實行「不戰」政策。函稱：

今東四省已成獨立，而外蒙、伊犁、青海、新疆、康藏等處，亦歸英俄競奪之區。雲南一角，忽成英國勢力範圍，東亞危機實不堪寒心也。弟以爲保全中國之道，唯有不戰二字而已。

同函並稱：救國之大策，在於繼承犬養毅與孫中山的遺教，實行「日華和平的合作。」萱野說：

世界大和平者，即在國境之撤廢，在世界大同，是吾人之最終理想也。但現在締結日華兩國關稅互惠條約，爲平等資格而實行木堂、中山兩先輩之遺志，打世界的大和平之先手，長江南北皆可望風合流無疑也，則是和平統一之初步。

萱野聲稱：如胡漢民贊成此意，「即應宣布西南獨立，進就總統之職，弟必行積極之援助，亦運動敝國迅速承認西南政府。」他表示，將於5月上旬來華接洽。⑱⑨

萱野是孫中山的老朋友，同盟會時代曾積極支援中國革命。胡漢民的復信稱：

手教誦悉，言及孫總理平生之主張，尤令人感慨不已。蓋現實之狀態，去之益遠，其責任果誰負耶！

言外之意是，蔣介石和南京當局違背了孫中山的主張，中國現狀和孫中山的遺願相距甚遠。胡漢民表示：「足下能來一遊，至所歡迎。」

同年，日本特務土肥原賢二策劃在中秋節前實現「華北自治」，疆域包括長江以北各省及山西、陝西、甘肅、青海、新疆、察哈爾、綏遠與寧夏等地，由吳景濂負責政治，吳佩孚負責軍事。計劃確定後派唐寶鍔赴粵，與鄒魯商談，聲稱如粵方軍隊討伐蔣介石，可提供軍械，並借款五千萬。⑩此事胡漢民未予理睬。

這一時期，到廣東活動的還有日本特務和知鷹二，由曾任廣州市長的劉紀文接談。胡漢民指示說：

弟處無論如何仍抱定收復失地之議，而地方局部之接洽，紀文等既已進行，則其無條件而可爲物質之大助者，自不妨與之斟酌也。⑪

一方面反帝，一方面又希望從帝國主義得到援助，這是胡漢民的悲劇，也是近代中國不少愛國人士的悲劇。

對於日方的拉攏和引誘，胡漢民一概採取「推而遠之」的應付辦法，他曾在一封信中說：

去年以來，矮子之儔，多方求門路，弟皆推而遠之，與談三民主義，與談日本立國之精神，與言反對軍國主義，反對法西斯蒂。⑫

1935年 3 月 2 日，土肥原親自到香港會見胡漢民，標榜「中日提攜」，企圖挑動兩廣出兵倒蔣，以便日本出兵華北；胡漢民則闡明孫中山的「中日親善」思想，「實以中日平等爲基礎」，要求日本改變侵華政策。⑬土肥原密詢日俄交戰時，中國孰爲左右袒，胡稱：「須交還滿洲。」福建事變時，陳銘樞等和日本方面有聯繫，胡漢民告誡親信說：

福建信使往還，門神乃詳知之以爲口實，而跛哥等則未食羊肉，先惹一身臊也。故外交無定則，惟視本身利害如何而定，不可遂失政治之立場一也；不可上當如跛哥二也；粵與英密切，不使猜疑而敵視三也。⑭

胡漢民是個有操守的政治家，他在和日本方面的交往中，確實不曾喪失民族立場。

十一、出國與歸來

塘沽協定後，日本帝國主義加緊侵略華北，「精誠團結，共赴國難」日益成爲全國人民，包括國民黨內愛國分子的迫切要求。同時由於形勢逼迫和各方推動，蔣介石也在作抗日準備。1935年春，鄒魯向胡漢民建議，改變西南與中央的關係，幫助蔣介石抗日。⑮胡漢民接受鄒魯的建議，於6月9日離港赴歐。行前，發表談話，聲稱此行目的在於「易地療養」，「外間傳言種種，殊非事實」，「余之主張政策，亦不以時地爲轉移而有所變易」。⑯

在國外期間，胡漢民和國內始終保持密切聯繫。9月12日，黃季陸致胡漢民函云：

> 陸定明日啓程赴滬一行，目的在對時局有較深之觀察，以便應付，同時頗欲乘寧方倒汪失敗之後，對寧漸呈離心之勢力者必多，能乘時利用，或於吾人之進展不無裨益也。陸之所慮者爲寧方對日外交似漸有頭緒，若待其成而後反對，不利殊甚。今次所定之計劃，惟一目的即在鼓動政潮，明顯對立，一面造成汪精衛賣國政權之不穩，同時即所以使其屈辱外交之不易進行也。

當年6月19日，蔡元培在中央政治會議上率先向汪精衛發難，質問其「對日外交究持何策」。吳稚暉、于右任、戴季陶、孫科等繼起響應。30日，汪精衛稱病休養。7月24日，中央政治會議決定，由孔祥熙代理院務。但是，日本方面隨即施加壓力，蔣介石不得已，只好請汪精衛復職。函中所稱「寧方倒汪失敗」指此。從此函可以看出，汪精衛復職後，西南方面決定繼續鬥爭，掀起更大的政潮。16日，蕭佛成、陳濟棠、李宗仁致電國民黨中央，舊話重提，要求將1934年9月8日齊電所列「懲戒喪權辱國之軍政當局」等案列入五全大會議題，但南京方面仍然以種種理由加以推拒。其後，西南方面又要求重選代表，並提出：「黨的精誠團結，當團結於大會合法進行之下；不當團結於一二人玩弄黨權之下；國家之精誠團結，當團結於有效救國方針之下，不當團結於一二人喪權辱國之下。」⑰11月 1 日，國民黨召開四屆六中全會，汪精衛在致開幕詞後即遇刺，妥協派遭到一次打擊。會議通過了馮玉祥、李烈鈞等22人提出的救亡大計案，國民黨的內外政策開始發生變化。

爲了打開僵局，蔣介石於11月 4 日派戴季陶、馬超俊飛赴廣州，會晤陳濟棠、李宗仁、蕭佛成等，敦促留粵中委參加五全大會，一面派王寵惠的親信魏道明赴歐，邀請胡漢民歸國，共同主政。戴、馬之行大致順利，魏道明則碰到較多困難。胡漢民態度强硬，不忘舊嫌。他委托程天固與魏會談，程提出：「倘胡先生在黨的地位得到解決，其他一切問題便可迎刃而解。」又稱：「（胡先生）現在主張以抗日救國爲唯一主旨，故一切政治措施應以軍事之準備爲至要，而負此責任者，他早日認定非蔣氏莫屬。黨與軍之責，各有攸關。其他問題，自易商量。我信黨軍分負責任一點，爲蔣胡歸好之先決問題，不得不先向蔣氏說明，並須得其同意之確實表示。」⑱魏立即致電蔣介石請示，蔣復電贊成。11月15日，五全大會開幕，蔣介石聲稱：「絕對不訂立侵害我們領土主權的協定，並絕對不容忍任何侵害我們領土主權的事實。」⑲12月 7 日，五屆一中全會選舉胡漢民爲中央常務委員會主席，蔣介石爲軍事委員會委員長兼行政院長。胡漢民聽到這一消息時，「面有悅色」，隨即與程天固等草擬改組中樞計劃，擬以王寵惠爲行政院長，顏惠慶爲外交部長。⑳

在蔣介石及有關方面的一再電催之下，胡漢民於12月27日自法國啓程回國。1936年 1 月 6 日，蔣介石派魏道明先期至新加坡迎接。其致胡漢民函云：

> 尊駕返國，欣感之懷，非言可喻。茲先請伯聰兄專程代表來新迎接，並候長途起居之勞，無任想念。務請即日蒞臨京中，共濟時艱。佇候之誠，不盡縷縷，伯聰兄必能代致一切也。

1月15日，胡漢民抵港，在書面談話中要求：「黨應恢復爲有主義、有精神之黨，力除過去滅裂渙散之錯誤」；「政府應改造爲有責任、有能力之政府，力矯過去畏葸苟安之錯誤」。⑩25日抵廣州，多次發表談話，批評南京國民政府「對於人民多務壓抑，不務領導」。⑩他說：「余今日之工作，爲如何促進政府之覺悟，並如何團結全國抗戰之力量，俾中華民族最後之自救。」⑩從主張反蔣抗日，推翻南京政府，到主張「促進政府之覺悟」，「團結全國抗戰之力量」，反映出胡漢民思想的巨大變化，也曲折地反映出近代中國歷史即將進入一個重要的轉折時期。

5月12日，胡漢民因突發腦溢血於廣州逝世。

（原載《抗日戰爭研究》，1991年第1期）

【註　釋】

① 《胡先生親筆函電及批注》，哈佛燕京學社圖書館藏。本文凡未注明出處的未刊函電，均藏該館，不一一注明。

② 《致粵非常會議各委員電》。

③ 《亡國之三無主義》，《胡漢民先生政論選編》。

④ 《致粵省市黨部函》。

⑤ 《致馮玉祥》。

⑥ 《致粵中央電》。

⑦ 孫科：《廣州中國國民黨第四次全國代表大會開幕詞》，《中國國民黨歷次代表大會及中央全會資料》（下），光明日報出版社，1985年版，第83頁。

⑧ 《廣州轉來上海電》。

⑨ 展：《跋〈廣州轉來上海電〉》。

⑩ 張允榮：《致展堂先生函》，1932年3月18日。

⑪ 《致馮玉祥》。

⑫ 曹四勿回憶，引自謝幼田：《謝慧生先生年譜長編》未刊稿。其具體時

間則據曹四勿先生向本文作者面述情況考定。

⑬ 曹四勿回憶，引自謝幼田：《謝慧生先生年譜長編》未刊稿。

⑭ 《致上海各同志》，1933年11月。

⑮ 《致伯南、佛成、海濱、德鄰、澤如、蘆隱》。

⑯ 《致韓復榘、石友三》。

⑰ 《廣州轉李德鄰先生轉季雨農先生》。

⑱ 《致鹿鐘麟》。

⑲ 《致伯南、德鄰、賢初》。

⑳ 《致展公》，1933年4月13日。

㉑ 《致護黃、頌雲》。

㉒ 《馮玉祥就任民眾抗日同盟軍總司令通電》，《國聞周報》，第10卷第32期。

㉓ 《致煥公》。

㉔ 延為胡漢民自署；馬，馬鳴，蕭佛成化名，取佛教中馬鳴菩薩之義；遠，鄧澤如化名，鄧字遠秋；衣，鄒魯化名，取鄒魯為衣冠文物之邦之義

㉕ 《廣州來電》。

㉖ 陳融：《致福兄電》。

㉗ 《黃梅致福兄》（陳融致胡漢民）。

㉘ 《秋夢致福兄函》（陳融致胡漢民）。

㉙ 《致烈武》。

㉚ 《吉鴻昌將軍犧牲五十周年紀念輯》，河南人民出版社1984年版，第50頁。

㉛ 《天津來電》。

㉜ 《廣州來電》。

㉝ 《廣州來電》。

㉞ 《致力兄》。

㉟ 胡漢民：《致陳濟棠》，1933年10月19日。

㊱ 胡漢民：《致何子佩》，1933年10月19日。

㊲ 《致閻錫山》，1933年11月2日。

㊳ 《致馮玉祥》，1933年11月11日。

㊴ 《陳銘樞等來電》，《胡漢民先生政論選編》。

㊵ 《致力兄》。

㊶ 同前註。

㊷ 《致福兄》。

㊸ 《致力兄》。按，李宗仁，字德鄰。《論語・里仁》有「德不孤，必有鄰」的說法，故胡漢民等以「不孤」、「不」作爲李宗仁的代名。

㊹ 同註㊵。

㊺ 《致力翁》。

㊻ 《工致力翁》（胡漢民致陳融）。

㊼ 胡漢民：《政治上之責任問題》，《三民主義月刊》第3卷第1期。

㊽ 《胡漢民先生政論選編》。

㊾ 《工致松兄》（胡漢民致陳融）。

㊿ 同前註。

51 轉引自胡漢民：《致駐三藩市總幹部》，1933年12月18日。

52 《工致力翁》。

53 《致力、海》（致陳融、鄒魯）。

54 同前註。

55 傅虹霖：《張學良的政治生涯》，遼寧大學出版社，1988年版，第98頁

56 《四工致松兄》（胡漢民致陳融）。

57 同前註。

58 同註㊺。

59 《致延兄》。

60 《致世五總指揮》。

61 米暫沉：《楊虎城傳》，陝西人民出版社1979年版，第56-57頁。

62 《四工致松翁》。

63 《四工致松兄》。

⑭ 米暫沉：《楊虎城傳》，第57頁。

⑮ 胡漢民《致鄒魯函》，1934年5月16日；1934年6月2日；《致佛成、海濱》，1934年6月。

⑯ 胡漢民：《致蕭佛成》，1934年1月4日。

⑰ 胡漢民：《致于學忠函》，1934年9月21日。

⑱ 《吉鴻昌將軍犧牲五十周年紀念輯》，第59頁。

⑲ 《對十九路軍以援絕撤退淞滬之談話》，《遠東日報》，1932年3月4日。

⑳ 《齊電》，《三民主義月刊》4卷4期。

㉑ 《三民主義月刊》4卷4期。

㉒ 同前註。

㉓ 《致南洋英屬總支部整理委員會函》，1934年9月25日；《致鄒魯等函》，1934年9月30日。

㉔ 《蕭佛成先生關於寧粵合作之談話》，《三民主義月刊》4卷5期。

㉕ 《和平運動》，同上。

㉖ 同註㉔。

㉗ 《胡先生爲寧粵合作對法報記者之談話》，《三民主義月刊》4卷5期

㉘ 《論均權制度》，《三民主義月刊》3卷2期。

㉙ 胡漢民：《致松兄》。

㉚ 胡漢民：《致松兄》，1934年12月17日。

㉛ 《工致力兄》。

㉜ 《和平協作之眞僞》，《三民主義月刊》5卷1期。

㉝ 《軍權與均權》，《三民主義月刊》4卷6期。

㉞ 《致湄、毅兩兄》。

㉟ 《四工致曉兄》。

㊱ 胡漢民：《國際現勢觀察遠東問題》，《三民主義月刊》3卷3期。

㊲ 同前註。

㊳ 胡漢民：《致嘯林》，1933年3月30日。

⑱ 此函僅署4月8日，年代據內容及萱野行蹤考定。

⑲ 《力致福兄》。

⑳ 胡漢民手跡，未署年月。

㉑ 胡漢民手跡，末署：工，十六日。

㉒ 胡漢民：《論所謂「中日提攜」》，《三民主義月刊》5卷3期。

㉓ 同註⑫。

㉔ 鄒魯：《回顧錄》，《鄒魯全集》㈡，台灣三民書局版，第454頁。

㉕ 《出國談話》，《三民主義月刊》5卷6期。

㉖ 《西南中央根據齊有兩電主張向五全大會從新提出議題之銑、巧、東、文四電》，《三民主義月刊》6卷5期。

㉗ 《程天固回憶錄》，香港龍門書店，1978年版，第284-287頁。

㉘ 《先總統蔣公思想言論總集》，台灣，第14卷，381頁。

⑩ 《程天固回憶錄》，第287-288頁。

⑪ 《抵港時書面談話》，《三民主義月刊》7卷2期。

⑫ 《在廣東各界歡迎大會中之演說詞》，同上。

⑬ 《胡漢民先生對國事之談話》，1936年2月22日，《胡漢民先生歸國後之言論》㈡。

抗戰前期日本「民間人士」和蔣介石集團的秘密談判

抗戰期間，日本帝國主義曾多次和蔣介石集團進行所謂「和平」談判，這些談判的策劃者和出面者大多是日本軍方或政府人員，但也有以「民間人士」身份出現的，例如萱野長知、小川平吉、頭山滿、秋山定輔等。他們都曾是孫中山的友人，有過支持中國革命的歷史，同時，又和日本政府有著密切聯繫，自稱雖非代表，卻是「代表以上之人」。①

萱野長知 (1873-1947) ，號鳳梨，日本高知縣人。1895年與孫中山訂交，先後加入興中會、同盟會。1907年被任命爲東軍顧問，負責購置並運送槍械。1911年武昌起義爆發，萱野應黃興之邀赴漢陽參戰。1915年，再次被孫中山任命爲中華革命軍顧問，協助居正在山東起義反袁。1931年「九・一八」事變後，曾受首相犬養毅派遣，秘密來華商談日本撤兵問題，因軍部反對，不久即被召回。②

小川平吉 (1869-1942) ，號射山，日本長野縣人。1892年畢業於東京帝國大學。1898年加入東亞同文會。1903年當選爲衆議院議員。武昌起義爆發，與頭山滿、內田良平、犬養毅等人組織有鄰會，援助中國革命。1912年初在南京訪問孫中山、黃興，商議兩國「提攜」方針問題。1914年出任東亞同文會幹事長。同年11月，日軍攻陷青島，小川曾向內閣建議，締結日中兩國同盟條約，使南滿洲、內蒙成爲兩國共同統治區域。1925年任司法大臣。同年發刊《日本新聞》，標榜「純正日本主義」。1927年任鐵道大臣。1931年「九・一八」事變後，參與籌建僞滿洲國。1936

年因鐵道大臣任內受賄案下獄，次年 6 月近衛文磨組閣後被保釋

頭山滿 (1855-1944) ，號立雲，日本九州福岡縣人。浪人首領，右翼組織玄洋社的頭目，煤礦資本家。1911年12月來華，與犬養毅一起勸說孫中山與岑春煊合作，共同對付袁世凱。1913年 4 月，與犬養毅、萱野長知、宮崎滔天等組織日華國民會，宣稱以「增進兩國國民永遠的福祉」爲目的。二次革命失敗後，孫中山流亡日本，頭山滿曾積極予以幫助。1924年孫中山北上，途經日本，頭山滿曾到神戶與孫中山會談，要求保障日本在滿蒙的特殊權益。1931年組織滿鮮問題同盟會，鼓吹以武力解決滿蒙問題。1938年1月致函孔祥熙，表示將竭平生之力使兩國復歸於好，要求蔣介石集團「速改舊圖，更新其策」。③

秋山定輔 (1868-1950) ，日本岡山縣人。1890年畢業於東京帝國大學。1893年創辦《二六新報》。1899年經宮崎滔天介紹認識孫中山，得到信賴。此後一再勸說日本財團向中國革命黨人提供借款。1927年會見訪日的蔣介石與張群。1936年派實川時治郎來華，要求蔣介石承認僞滿洲國。④盧溝橋事變爆發，又商得近衛文磨同意，派宮崎滔天之子宮崎龍介來華談判，但龍介離日時突遭憲兵隊逮捕，未能成行。⑤

由於上述歷史淵源，蔣介石集團極爲重視和萱野等人的談判。初期通過孔祥熙，後來直接控制，由親信柳雲龍、杜石山⑥等在香港會談，宋美齡親到當地指導。自1938年春至1941年夏，在各次日蔣談判中歷時最長。蔣介石多次指示：無論如何，必須「保留此線交誼」。⑦因此，研究這一條談判線索，有著特殊重要性。

萱野長知和孔祥熙之間

1937年 8 月13日，日本侵略軍進攻上海，中國軍隊奮起抗戰。同月，萱野長知來到中國，在上海景林巷公寓設立機關，開始

找尋和蔣介石政權接觸的機會。同年12月13日，日軍攻陷南京，國民政府遷移漢口。次年 1 月，孔祥熙就任行政院長後，即努力開闢渠道，和日方進行和平談判。23日，孔祥熙致電頭山滿，希望他「主持正義，力挽狂瀾，設法＜使＞貴國軍人早日醒悟」⑧。3 月末，萱野長知的助手松本藏次和孔祥熙的親信行政院代理秘書賈存德在上海中國旅社秘密見面。賈稱：「如果任憑中日兩國同歸於盡的話，將給整個亞洲招來不幸，必須設法講求和平之道。」⑨ 4 月20日，雙方在同一旅館第二次見面。松本傳達了萱野提出的和平條件，要求中國政府承認「滿洲國」獨立，承認日本關於內蒙的立場；賈存德則要求日本全面撤兵。其後，在松本的安排下，萱野與賈存德見面，萱野聲稱：「我和孫先生是朋友，中日是兄弟之邦，不應以兵戎相見。」⑩他要賈存德轉信給孔祥熙，大意爲：中日交戰猶如萁豆相煎，如孔有意出面解決鬩牆之爭，化干戈爲玉帛，他願意爲此奔走。5 月，賈存德攜該函赴港，與宋靄齡同機飛抵漢口。同月，賈存德攜孔祥熙復函返回上海。其內容，據賈存德回憶，孔祥熙對萱野肯出面斡旋表示感謝，聲稱解鈴繫鈴還在日本當局，如果萱野能以百年利益說動日本當局早悟犯華之非，則孔祥熙當共襄此舉。⑪據松本回憶，孔祥熙並提出了和平條件：1.中日雙方即刻同時停戰；2.日本尊重中國主權，聲明撤兵；3.日本方面要求解決滿蒙問題，中國方面原則上同意，具體問題待中日兩國商談。⑫孔祥熙另有一函復頭山滿，要求頭山對日本軍人「責以大義，曉以利害」，使之「幡然改悔」。⑬

萱野收到孔祥熙的回信後，於 6 月 9 日回國，向小川平吉匯報。萱野聲稱：和賈存德、宋靄齡等孔祥熙、汪精衛的代表反復會見，結果孔祥熙等人的媾和決心愈加確定，準備不通過第三國，直接進行談判，促使蔣介石下野。萱野期待在媾和之後，解散國民政府，與北京、南京的新政府合作（指「中華民國臨時政府」與「中華民國維新政府」兩個漢奸政權——筆者），建設新政府。當時，中日兩國已經斷交，小川對萱野打開了和國民政府的談判通道表示高興，但他聲稱：關鍵時刻必須取得蔣介石的同意和諒解，本人近來主張以蔣介石爲對手進行和談，不依靠蔣介石的力量而想驅逐共產黨是困難的。⑭10日，小川訪問新任外相宇垣一成。當晚，與萱野一起訪問首相近衛文磨，萱野向近衛呈交了孔祥熙復頭山滿函副本等文件。11日，萱野單獨會見了宇垣。

1937年11月，日本政府曾通過德國駐華大使陶德曼對蔣介石集團進行誘降，談判遷延到1938年1月。中國政府未按日本規定的期限作出答復，日本首相近衛於同月16日發表聲明：「帝國政府今後不以國民政府爲對手，而期望眞能與帝國合作之中國新政權的建立與發展，並將與之調整兩國邦交。」⑮小川平吉主張以蔣介石爲對手進行和談，這就和近衛聲明發生矛盾。在會見宇垣時，小川提出：既要求蔣介石下野，又以蔣介石爲對手進行談判不也可以嗎？⑯目的在於調和這一矛盾。

在日本政府中，宇垣的觀點與小川接近。他就任外相時即向近衛提出，「對中國開始和平交涉」，必要時取消1月16日聲明。⑰近衛也感到這一聲明是個「大失敗」，⑱同意宇垣的意見。因此，他們都支持萱野和孔祥熙之間的談判。宇垣表示，不必對蔣持堅決排斥態度；近衛則要求萱野將談判情況及時電告小川，再由小傳達給他。⑲

6月17日，萱野離日赴滬，就蔣介石下野問題與賈存德協商。7月4日，孔祥熙致電萱野，要求日方盡量放寬條件，表示願承擔責任，辭去行政院長一職以代替蔣介石下野。⑳5日，萱野、松本藏次、賈存德等人轉移到香港繼續談判。此前，孔祥熙的秘書喬輔三和日本駐香港總領事中村豐一已於6月23日開始會談。㉑這樣，爲著同一目的，由孔祥熙牽線，在香港同時進行著兩場談判。爲了保證成功，孔祥熙又將萱野的老朋友馬伯援和居正

中國革命之秘話（七）

頭山滿

約逗留東京一星期。然後旅行日光。鹽原等地以後是否赴美或歸返中國。還沒有決定。

蔣在帝國飯店卸除旅裝。暫作休息。便即到我的家裏來。他說：「一定要在先生左右起臥！」。所以我就呼他寄宿鄰宅的川野那。他一上京。就希望拜掃孫文的知己寺尾亨的墓一遭。而且親選美的花朶供獻在墓前。

他住在我處的時候的印象嗎？不消說。我和日本一塊兒跑到底。決不可依從共產主義」又並說：「不論如何。日本和中國應該結納親交。我所說的就是這兩點。倘若誤了這一點。國家和國家的邦交固是不消說。就是兩人間的交情也難保完全」！

那時候的蔣介石。同孫文一樣憎惡英國。所說的也是在日本的力量。應該和中國的力量併合。以圖應付的正論

只是這傻子自從西安事件以來。面貌突發癲狂

蔣在翌年一月五日入南京。再膺任總司令。指揮北伐軍。勢如破竹。到處擊破北軍。於是繼承孫文的遺志。成就民國的大業。

迄這時。確是完成中國的不世大業的人。但他終究是傻瓜。對應該提攜的日本反攻。以致難免自滅。他現在已在作最後的掙扎了。他命這樣盡。實在我也是料想不到！（待續）

圖三十六　頭山滿著文，辱罵蔣介石是「傻瓜」
（採自廣州市中山圖書館）

夫人派到香港。居正的女兒是萱野的養女，兩個家庭之間有著特殊的關係。松本藏次說：「二者之間沒有日本、中國的區別。居正夫人作爲孔祥熙行政院長的代理。一人是生母，一人是養父，分別代表日本和中國，談判決定兩國命運的重大問題。」㉒談判中，賈存德、馬伯援等人表示，共產黨正積極發展勢力，漢口陷落將導致赤化蔓延，希望日軍暫勿進攻漢口。他們提出，由孔祥熙、居正、何應欽、李宗仁出面會談，並可由戰勝者方面的日本提出議案。㉓但是，蔣介石下野這一難題仍然無法解決。7月22日，萱野致電小川說：「中國國內形勢不允許蔣下野。蔣本人希望盡早結束戰爭，但周圍的狀況決不允許如此，擔心引起混亂，以後無法收拾。」他表示將離港返國，借助頭山滿的力量，促使日本政府要求蔣介石下野問題再作考慮，電稱：「此點倘能辦到，相信時局將急轉直下，趨於解決。」㉔

萱野等人赴港之際，國民政府外交部亞洲司司長高宗武正趕赴東京談判。高宗武和汪精衛、周佛海等人關係密切，是「低調俱樂部」成員之一，盧溝橋事變後，受命找尋「對日折衝」的途徑。他早有撇開蔣介石，由汪精衛出面實現「和平」的打算。到日後，發現日方正在找尋「蔣介石以外的人」，便迎合日方意圖，提出由汪精衛、張群等二三十人協力一致，迫使蔣介石下野。㉕7月12日，日本內閣五相會議根據大本營陸軍部的提議，通過《適應時局的對中國謀略》，決定採取「推翻中國現中央政府，使蔣介石垮台」的方針，提出「起用中國第一流人物」，「醞釀建立堅强的新的政權」。㉖日本政府所謂「第一流人物」，即指汪精衛、唐紹儀、吳佩孚等。15日，日本內閣五相會議又通過了《中國新中央政府建立指導方案》，準備在攻占漢口後建立所謂「中國新中央政府」。㉗在這種情況下，萱野要求日本政府改變對蔣介石的態度，自然要碰釘子。

在日本政府內部，陸相板垣征四郎屬於强硬派，對蔣介石持堅決排斥態度。他表示：「按照原來的估計，漢口陷落時，國民政府將無條件投降，日本方面沒有必要發表規定撤兵的聲明。」㉘宇垣屬於柔軟派，他仍然支持萱野和孔祥熙之間的談判，但不敢過於拂逆陸軍意志，表示蔣介石可在簽訂和約之後下野；如孔祥熙等出面會談，他本人亦可出面。㉙近衛文磨動搖於板垣與宇垣之間。為了爭取支持，小川、萱野並動員病中的頭山滿致書近衛，要求他排除軍方的反對，與蔣介石集團媾和。

萱野返日之初，曾致電賈存德，聲稱如蔣介石決心「鏟共親日，媾和而後有辦法」。㉚ 9 月上旬，萱野返滬，繼續通過賈存德與孔祥熙聯繫。8 日，萱野致電小川「孔祥熙、蔣介石、居正等密約反共，如提出停戰時，可否同意？」同日，小川請示宇垣後復電：「規定反共、和平後＜蔣＞下野是必要的，此點首須明確。對方提出停戰，軍部方面也許會附加麻煩的條件，不如孔祥熙等出面時，外相前往談判為宜。」㉛次日，小川以書信作了詳細補充說明，信稱：「日本希望蔣介石下野，但已大體諒解到，他在收拾時局之前不可能做到此點，倘蔣能在披瀝反共誠意之時，預先作出準備下野的表示，而在和平之後自動實行，當亦無妨。」㉜從以蔣介石下野為和平談判的先決條件到允許事先「規定反共、和平後下野」，表明日方準備作出某些讓步，因此，孔祥熙表示，願意出面與宇垣談判。其地點，宇垣提議在長崎附近的雲仙，但萱野認為，在雲仙談判，孔祥熙等須在香港、上海、長崎換乘輪船，中途不僅危險，而且易為新聞記者偵悉，不如與海軍交涉，在軍艦上會面。㉝ 9 月15日，萱野第二次赴港，與賈存德等繼續談判。行前，致函小川，內稱：「彼等因面子關係，對使蔣介石預先表示，在反共、和平後堅決下野一事頗感困難，以密約辦理也感到非常為難，孔祥熙等共同保證，將於事後自動實行。」㉞23日，宇垣將萱野的信件提交五相會議，要求海相米內派軍艦供談判使用，米內表示同意；同時，宇垣並要求板垣對與孔祥熙等人的會晤不持異議，板垣明確地表示同意。此間，宇垣還曾上奏裕仁天皇，得到秘密批准。㉟這樣，近衛內閣「不以國民政府爲對手」的主張似乎取消了。25日，馬伯援離港，經河內赴重慶，與蔣介石、孔祥熙具體磋談；重慶方面也派鄭介民繞道滇桂，赴港會商。

然而，日本陸軍正積極準備進攻漢口，他們熱衷於誘降汪精衛，對蔣介石不感興趣。爲了反對宇垣與孔祥熙談判，他們不僅指使少數人面見近衛，指責宇垣爲「國賊」，聲言絕對反對和議，而且提出建立興亞院，在外交一元化的旗號下削弱外務省的對華外交權。㊱近衛頂不住陸軍的強大壓力，於接見新聞記者時聲明：「帝國政府不以蔣介石爲對手的方針始終不變。」㊲在這一情況下，宇垣於9月29日辭去外相職務，萱野長知等積極爲之拉線搭橋的宇垣、孔祥熙會談也隨之流產。

蔣介石直接控制的香港談判

日軍侵占南京後，就開始研究進攻漢口和廣東的計劃。10月21日，日軍占領廣州；4天後，占領武漢。日本主戰派認爲戰爭即將結束，可以在中國建立親日的新政府。但萱野卻認爲，戰爭將長期進行，日本孤軍深入，四面皆敵，包袱愈來愈重，前途渺茫，因此，仍然主張與蔣介石進行和談。在此同時，10月31日，蔣介石發表《爲放棄武漢告全國同胞書》，號召全國人民「繼續貫徹持久抗戰」，㊳但是，蔣方人員又連續致電萱野，表示「我方和平殊不便」，請求給予諒解。㊴11月5日，萱野有一長函致小川，詳細分析蔣方形勢，告以蔣介石定可派鄭介民來港，馬伯援將在第二屆國民參政會回港，蔣介石的代表及孔祥熙的代表均在港等待。小川收到此函後，立即轉示近衛、新任外相有田八郎、頭山滿及朝日新聞社主筆緒方竹虎等人。這時，近衛剛剛發表了第二次對華聲明，內稱：「至於國民政府，倘能拋棄從來錯誤政策，更換人事，改途易轍，參加新秩序的建設，則帝國亦不加拒絕。」㊵這樣，就對「不以國民政府爲對手」的說法有所修正。因此，小川告訴萱野：我方仍以「收拾大局，確立和平」爲活動目的。中國的問題在於有共產黨的存在，對蔣的苦心要有充分的諒解，中國的事務「只能慢慢地進行」。㊶

在此期間，日汪關係有了迅速發展。11月20日，影佐禎昭、今井武夫與高宗武、梅思平在上海達成「日華協議」，規定日華共同防共，承認僞滿洲國，汪精衛與蔣介石斷絕關係，俟機成立新政府。12月21日，汪精衛脫離重慶政府，逃到河內。爲了表示「小賀之意」，近衛於次日發表第三次對華聲明，宣稱日本政府決定始終一貫地以武力掃蕩抗日的國民政府，同時，將與中國「同感憂慮、具有卓識的人士」合作，實現「相互善鄰友好、共同防共和經濟合作」㊷。日汪關係的進展和汪精衛的出逃極大地刺激了蔣介石集團，一度停頓的日蔣談判再度恢復。

1939年 1 月 4 日，近衛內閣因內外交困辭職，平沼騏一郎繼任首相，陸相、外相等留任。5 日，萱野致電小川，告以「和平有望」。㊸次日，萱野返國，向小川匯報，蔣介石正積極布置，準備對付共產黨，「和平」之意不變。由於國民黨內部派系複雜，決心起用嫡係復興社人物。除鄭介民、柳雲龍外，增派杜石山參加和談。杜是蔣介石在香港的秘密辦事處負責人，對蔣可以發揮重大影響。㊹14日，小川、萱野訪問有田外相。17日，小川訪問平沼首相。在爭取到新內閣的支持後，萱野於23日致電杜石山，告以日本方針不變，詢問蔣方態度如何。當時蔣方正在召開國民黨五屆五中全會。會議決定設置國防最高委員會，以蔣介石爲委員長，同時，通過所謂《限制異黨活動辦法》，確定了「容共、防共、限共、反共」的政策。2 月 3 日，陳誠致電柳雲龍，告以設立國防最高委員會的奧秘，電稱：「參政會與五中全會俱不足以爲和平之根據，今組織之國防委員會，網羅朝野人員，置於蔣氏一人之下，時機一至，便可運用和平而無阻。」㊺陳誠要求柳雲龍將此意轉告杜石山與萱野。2月19日，杜石山致電萱野，內稱：柳雲龍表示，汪精衛、孔祥熙、何應欽等均有代表與日方接洽，則吾人所商者，更爲速於實現。」㊻柳雲龍傳遞的上述信息使日方興奮異常，連板垣也認爲，陳誠握有軍事實權，電報大可注目。他和小川一向政見相左，但雙方卻得出了共同結論：國防最高委員會斷然排斥共產黨人加入，和平將易於實行，中央軍實力强大，打擊共軍並非難事。㊼頭山滿則要求小川赴華，和萱野一起談判。他表示，倘有必要，自己即便躺在船上，也扶病成行。㊽2月25日，小川致函先期回滬的萱野，聲稱頭山滿日益健壯，旅行當無問題，倘蔣介石因周圍之事對講和猶豫不決時，可由頭山滿代表我等加以勸告。㊾

蔣介石於3月4日致電杜石山云：「歷次來電暨萱野翁前日來電，均已誦悉。中日事變誠爲兩國之不幸，萱野翁不辭奔勞，至深感佩。惟和平之基礎，必須建立於平等與互讓之基礎上，尤不能忽視盧溝橋事變前後之中國現實狀態。日本方面，究竟有無和平誠意，並其『和平基案』如何，盼向萱野翁切實詢明，佇候詳復。」㊿甩開孔祥熙，起用嫡系人物，表明蔣介石對談判的重視，此電則進一步表明，蔣介石將直接控制談判。杜石山接電後，即電邀萱野來港。萱野於7日離滬南行，9日抵達香港。行前，將有關情況電告小川。此後數日內，小川即緊張地訪訪平沼首相、有田外相、板垣陸相等人，闡述蔣介石的和平誠意。

3月16日，宋美齡以治牙爲名到港與萱野進行了非正式的晤談。17日，萱野、柳雲龍、杜石山在香港大酒店350號房間會商，柳雲龍提出7條：1.平等互讓；2.領土（完整）主權（獨立）；3.恢復盧構橋事變前狀態；4.（日方）撤兵；5.（簽訂）防共協定；6.經濟提攜；7.不追究維新政府、臨時政府人員的責任。關於滿洲，另議協定。51會後，杜石山致電蔣介石，勸他搶在汪

柳雲龍科長譯轉、

石山兄台鑒、歷次來電暨萱野翁前日來電均已誦悉、中日事變誠為兩國之不幸、萱野翁不辭奔勞至深感佩、惟和平之基礎必須建立于平等與互讓原則之上、尤不能忽視蘆溝橋事變前後之中國現實狀態、日本方面究竟有無和平誠意、并其和平基案如何、盼向萱野翁切實詢明、佇候詳復、蔣中正豪、

三月四日蔣介石電報

圖三十七　蔣介石密詢日方「有無和平誠意，並其和平基案如何」電
（採自日本國會圖書館）

精衛之前與日本言和，電文稱：「且和平之事，當在汪氏等所欲謀者未成熟之前，始克有濟，否則夜長夢多，多一糾紛即多一障礙，屆時鈞座雖欲當機立斷，恐亦爲事實之所不許也。」19日，得蔣介石電，稱：「得領土完整、主權獨立八字便可，余請商量改刪。」㊾

3月24日，小川親赴香港。30日，在港聽取萱野匯報，將備忘錄交給萱野，令其轉交柳雲龍，其要點爲：1.日本政府尚未確認蔣委員長有和平誠意，希望派遣要人爲代表，此爲表示蔣委員長意志之最良方法；2.媾和基礎條件爲近衛聲明，五相中至今尚有希望國府改組者，而國府又認此爲不可能之事，此點之解決爲最先首要之問題。小川聲稱：「予反復思忖，苦心焦慮，別得一便案。」㊿關於「便案」的內容，小川故弄玄虛，要求面見蔣介石或其心腹要人「詳細談議」。其實，小川的「便案」很簡單，不過是要求蔣介石將「容共抗日」改爲「排共親日」，首先討伐共產黨，實行局部停戰。萱野詢問杜石山，討伐共產黨是否可能，杜回答可能，同時表示要徵詢宋美齡的意見。宋的回答是，可用密約辦理。此後，杜石山又電詢蔣介石，蔣復電同意「用密約辦理」。杜對小川稱：「現已布置了大量嫡系軍以對付共產黨」，「在議和成功之時，望以日本的先鋒隊進行討共」。(54) 4月10日，小川致函蔣介石，聲稱「小生爲東亞前途以及中日兩國百年大計而來」，要求蔣介石明確表態。13日，蔣介石復電稱：「小川先生本爲余等生平所敬慕，但在此兩國戰爭之中，不能派代表來港致敬，惟托其在港友人馬伯援君致意也。」(55)蔣介石要小川和馬伯援聯繫。對馬伯援，小川是滿意的，認爲他是適當的人選，準備通過他摸清蔣介石的本意。但是馬伯援卻因腦溢血於14日突然去世。

馬伯援去世後，小川立即要求重慶方面補派有力人員來港，未見答復。4月25日，陳誠致電杜石山，內稱：「文日以來各電，俱已譯呈委座，惟未得批示，請暫待爲要，小川翁等務懇切實聯絡。」㊿29日，蔣介石原配毛氏夫人之弟返渝，萱野托他帶信給蔣，聲稱與蔣「叨爲盟友，誼若弟兄」，勸蔣速決。㊿5月6日，小川和張季鸞會談。小川提出，日本戰爭的最大著眼點爲排共。張季鸞則稱：迄今爲止，共產黨一直在和蔣介石一起從事抗戰，要蔣立即討伐，難以做到。㊿5月11日，小川致函蔣介石，勸他排除畏難情緒，當機立斷，函稱：「講和之影響，內外上下，複雜多端，畏其難而不爲，是非英雄，則終於難而已矣。惟知其難而爲之，當此艱局，毅然不惑，如揮快刀而斬亂麻，此誠眞英雄豪傑之所爲也。」㊿小川再次要求蔣介石派要員來港，並稱願與萱野共同赴渝，否則即束裝歸國。16日，重慶方面根據小川要求，派侍從副官賈某乘專機到港攜走該函。此前，杜石山也致電蔣介石，聲稱馬伯援已逝世多日，事懸未決，要求蔣介石「迅於電示」。㊿

萱野、小川急於和蔣介石會談，但蔣介石卻於16日致電柳雲龍，聲稱萱野及杜石山連日各電均已收到，「請石山暫勿與小川翁往還，但須隨時報告小川翁行動」。㊿蔣介石的這一突然變化，杜石山曾根據重慶來人所述，對萱野作過解釋，其原因爲：1.蔣介石歷次宣言，皆肯定抗戰，一時不易改口；2.蔣介石已囑孔祥熙，命張季鸞、原順伯㊿、賈存德等繼續與萱野及小川會晤，然後由孔祥熙根據各人報告，聯絡重慶元老及握有實力者，向蔣介石要求和平，再由蔣提出國防會議，議決後再派代表來港。㊿儘管如此，小川仍然覺得受到冷淡，便向蔣發出最後通牒，聲言將於6月3日離港，14日由上海歸國。

香港談判期間，日軍始終採取咄咄逼人姿態。5月，日機多次轟炸重慶。26日，蔣介石派副官張銘新到港，退還小川、萱野原函，對轉炸重慶一事提出質詢，認爲足以證明「日本軍、政二界之不協調」，同時，張透露了蔣不敢輕易言和的心事。張稱：

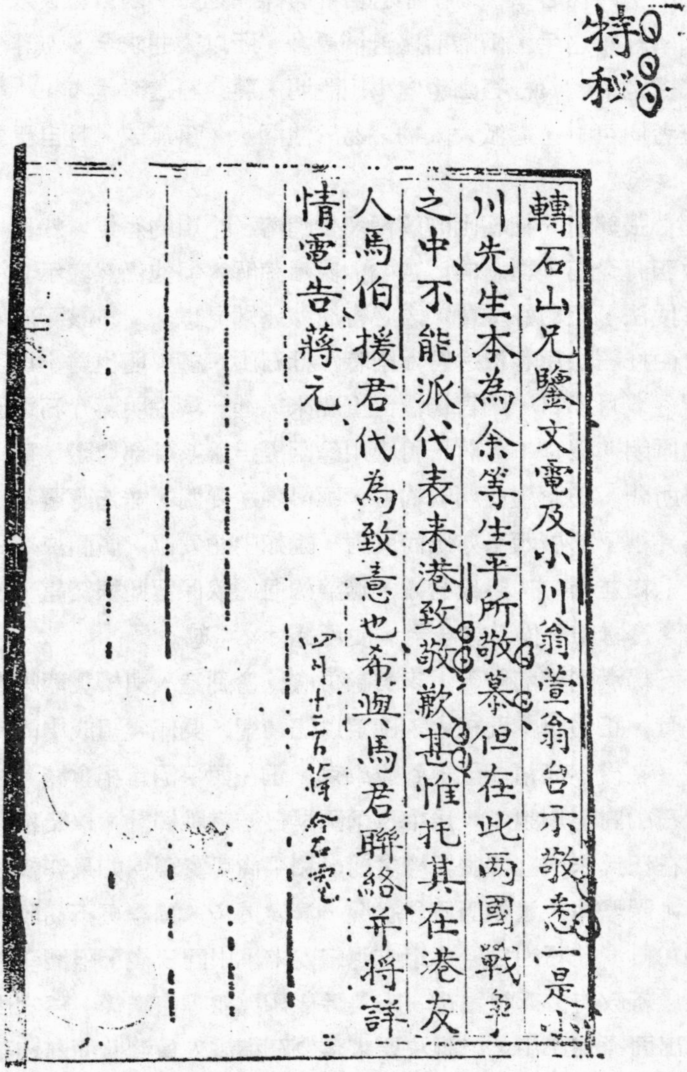
特秘

轉石山兄鑒文電及小川翁萱翁台示敬悉一是小
川先生本為余等生平所敬慕但在此兩國戰爭
之中不能派代表來港致敬歉甚惟托其在港友
人馬伯援君代為致意也希與馬君聯絡並將詳
情電告蔣元

四月十三日蔣介石電

圖三十八　蔣介石「特密」電
（採自日本國會圖書館）

「蔣自『九・一八』後『已受國人唾罵，譏為賣國賊、日本走狗」，「今後各事，欲不小心自亦有難為之處，因自己失敗，政權即落紅軍之手，兩國前途苦惱更多，所以委曲求全，無非想到徹底處也」。㊸杜石山也向小川說明，蔣介石選派代表，「視為心腹者便可」，選派大人物，易於洩漏，「事無成，且自己失敗也」。㊺

張銘新、杜石山的解釋多少消溶了小川的怨氣。29日，小川致函蔣介石，對蔣的「苦心」表示諒解，但他仍然表示：「如別有便法，至獲好機會，未必吝於陳述鄙見也。」㊻該函於6月2日由杜石山用專機送蔣。同時，杜石山、柳雲龍也對小川表示挽留。6月4日，副官楊潔自重慶來，進一步說明蔣介石退回函件的原因。楊稱：「蔣氏將小川翁函提出嫡系幹部會議，事為共產黨所聞，迫蔣履行西安約言，不得中途妥協，並迫蔣遷都西安。事弄糟了。廣西系亦出而反對，說如中途妥協，廣西決單獨抗戰。」楊並稱：「蔣氏密囑，無論如何，欲保留此線交誼，並須再作緊密聯絡，俟時機一至，便可進行。」㊼

楊潔到港前一天，宋美齡再次秘密到港，與柳雲龍等會商。當時，正值日本五相會議確定以汪精衛、吳佩孚組成中國「新政府」之後，汪精衛已經到達東京，正在與平沼首相會談。9日，杜石山對小川說：「為中日兩國早日結束戰局計，以及種種考慮，在汪氏未成立機體組織之前，和平尚可實現。如果汪氏成立政府，深恐將來適如西班牙狀況，演變更多，問題更不易收拾。」㊽10日，杜石山會見小川，明確要求小川回日後，阻滯汪精衛成立「新政府」。㊾當夜，宋美齡、柳雲龍等密議後，再次由杜石山出面通知小川，已議決要求蔣介石指派人員到此面商和平，蔣「此時已有決心進行，惟內部尚須措置」，希望小川「無論如何，設法阻滯汪氏計劃之成功」。㊿

6月11日，小川回日。兩個多月前，當他開始中國之行時，曾經躊躇滿志地寫過一首詩，中云：「胸中自有回天策，笑上南溟萬里舟。」此次歸國，他再也沒有這種心情了。

再次談判的洽商與擱淺

小川回國之後，日、蔣雙方都不願中斷已經開始的談判。1939年6月14日，孔祥熙再度出面，致電萱野，要求在具體方法上給予指導。⑪當時，汕頭已被日軍攻陷，萱野企圖利用這一形勢，通過孔祥熙的關係加速談判進程。與此同時，小川則在東京與平沼首相、有田外相、近衛文磨及板垣陸相等多次交談。平沼等認爲，香港談判表明，蔣介石缺乏誠意，「已經到了正式決定傾全力於汪精衛的時機」。⑫小川則竭力說明，蔣介石仍有誠意，對汪精衛不可希望過奢。當月，汪精衛自日本到達北平，企圖與吳佩孚會晤，磋談「合作」問題。汪提出在顧維鈞住宅見面，吳則堅持「行客拜坐客」，要汪到他的寓所拜見。雙方堅持不下，未能達成協議。⑬這使小川感到氣氛好轉。自7月上旬起，他多次致函萱野，指示和蔣介石集團接觸的方法，7月4日函提出甲、乙兩案。甲案：日本承認中國的領土完整、主權獨立，中國接受排共親日主張，雙方同時停戰，以互讓妥協的精神開始和平談判。乙案：訂立討伐共產黨的密約，提出局部停戰條件。小川表示，希望與蔣方重要人物會談，並設想，在9月份汪精衛建立新政權之前迫蔣接受「和平」條件。⑭7月7日函強調，先在有力的個人之間進行接觸，再向日本政府提出，一氣呵成。他認爲日本對蔣介石、孔祥熙有抓緊的必要，建議採取前外相宇垣的辦法，雙方在軍艦上會見，「順勢要求解決對日問題」。⑮7月16日函重申個人接觸和軍艦會談兩種進行方法，認爲有田外相與宇垣不同，中途接手，有必要重新得到蔣介石的承認。他要萱野特別注意，日本方面由於對重慶絕望，在中國北方建立「特殊國家」的意見正在抬頭。函末，小川要求萱野將本函秘密示知蔣介石與孔祥熙。⑯十多天之內連發三函，顯示出小川重新打通與重慶談判道路的迫切企圖。

儘管小川態度積極，但萱野則認爲尙非其時。7月7日，蔣介石爲抗戰兩周年發表《告全國軍民書》等一系列文告，重申抗戰到底的國策不變。18日，萱野致函小川，認爲蔣介石受到英國大使的迷惑，正在觀望形勢，「此時並非我方提出問題的時機」。⑰8月3日，萱野再函小川，告以已遵囑將7月16日函件出示杜石山、張季鸞、羅集誼、原順伯等人，並命其致電重慶，促使蔣介石、孔祥熙等反正。他聲稱，正在研究使重慶方面「不得不下決心的妙計」，其內容有二，一是策動華僑要求「和平」，一是策動江西九宮山地區蔣軍倒戈，協助日軍攻陷武寧、修水，給予重慶以軍事打擊。⑱杜石山也贊成萱野這一「妙計」，致函小川說：「現在除照舊進行外，並邀集武裝同志多人，擬別出計劃，以促成和平之早日實現。」⑲杜石山在小川歸國之後，對蔣介石也產生了某種願望。6月15日，蔣介石曾要他「來渝面談」，但杜卻以嬰兒病危爲由拒不奉命。⑳

除杜石山之外，柳雲龍在日、蔣談判中繼續發揮著特殊作用。7月16日，重慶發表軍事委員會的組織及人選，規定蔣介石有權實施國民政府組織法第111條的規定——國民政府有與外國宣戰、議和及締結條約的權力。下旬，柳雲龍致函杜石山，告以此次軍事委員會改組，有極重要的地方：1.排除共產黨人員，不使參加；2.委員長有宣戰、議和之權力的規定；3.蔣介石力辭大元帥之職而專任委員長職務。㉑8月1日，杜石山致函小川與萱野，摘要報告柳函內容，並稱：「蔣氏已有與共產黨分離之決心與準備，且已有議和之決心與準備。」㉒8月初，蔣方派鄭介民、王子惠先後赴日。同月20日，蔣介石又派副官張某到港，向杜石山提出，要求見到小川7月16日親筆信。杜石山建議將原信借出進行拍照，爲萱野拒絕，張某於是將信熟讀之後歸渝。㉓此際，

張季鸞曾向萱野表示：「如日本使汪兆銘之運動具體化時，和平將永遠無望。」㉞

小川得悉軍事委員會改組消息後，也視爲蔣介石「對共之準備」，立即向當局大臣匯報，並向各相分發杜石山的信件。他向萱野指出：「汪兆銘在雙十節前組織國民政府的計劃仍在進行中，因此，最好在此前促使停戰協議成立。」㉟8月10日，小川走訪近衛文磨，當夜進京，與首相、外相、陸相會談，此後又提出一項所謂顯示「戰勝國寬宏大度」的第三方案，即小川攜帶首相的書信親自出馬與重慶談判，要求對方派出孔祥熙或者相當於孔祥熙的人物進行預備會談，其地點可在香港、重慶或其他任何地方。小川表示：「倘此次交涉仍以不順利告終，我等將斷然與重慶絕緣，突飛猛進地建立新政權」；同時，「自認推荐和信任蔣介石這種人物的不明智，除向天下認罪之外，別無可言」。㊱

當時，汪精衛的「組府」活動已進入緊鑼密鼓階段。8月28日，汪精衛在上海召開所謂「中國國民黨第六次全國代表大會」，推舉汪精衛爲「國民黨總裁」，議決授權汪精衛組織中央政治會議。同日，柳雲龍電告萱野，國民參政會常務委員會開會，委托張君勱提出和平方案，倘使日方不提出蔣介石下野問題，全體可以議定。㊲9月3日，柳雲龍飛港談判，6日返渝。此際，重慶政府得到汪兆銘新政府延期成立的情報，大爲高興。小川後來向日本政府匯報說：重慶方面力謀在新政府成立之前成事，孔祥熙準備以犧牲一身的決心在參政會提出「和平」案。但是，由於軍方的壓力，日本政府於9月13日發表聲明，將扶植汪精衛成立「中央政府」列爲施政方針，重慶方面對此感到疑懼，形勢急變，多數意見主張，「寧可將講和的機會置於新政權的實力試驗之後」。9月16日，參政會否決了和平案云云。按，9月9日至18日召開的國民參政會一屆四次大會根本不曾討論過所謂「和平案」，小川得到的顯然是柳雲龍等人提供的假情報，但有一點是確實的，由於日本政府發表了支持汪精衛的聲明，重慶方面改變了與小川等人再開談判的計劃。⑱10月13日，萱野離開香港回國，談判再次擱淺。

尾聲

萱野歸國之後，小川等人的「和平」工作陷於停頓。

1939年12月 2 日，萱野會見外相野村吉三郎，陳述重慶方面情況，闡明對汪精衛政權的見解，沒有明顯成效。1940年 1 月，米內內閣成立。3 月 9 日，小川致函陸相畑俊六與外相有田八郎，希望在發表政府聲明時，避免排斥與重慶政府交涉的言論，以免杜絕收拾戰局的通路。⑲同月30日，汪記國民政府在南京成立，小川曾致函汪精衛，勸他和蔣介石合作，函稱：「民國內地抗戰意識今尚頗旺，綏靖招撫之事眞非容易。若欲速收戰局，舉和平統一之實，不如使重慶政府停戰講和。」小川表示：「閣下與蔣介石相會之機會必將到來。」⑳ 4 月30日，時任中國派遣軍總參謀長的板垣發表文告，聲稱「對中國要徹底討伐」，同時又稱，重慶政府「如有悔過之意，可以寬恕」。次日，小川致函板垣，贊許其後一語，認爲它將大有助於「收拾殘局」。㉑

就在萱野、小川等「靜觀」之際，蔣介石方面卻又積極起來。同年 6 月，日軍占領四川門戶宜昌，威逼重慶。19日，汪僞宣傳部長林柏生發表廣播談話，聲稱：「蔣介石肯爲國家打算，停止戰爭，實現和平，我們不但可走開，並且可以死。」㉒21日，蔣介石致電杜石山，要他邀請萱野來港，談判「和平」。26日，曾政忠再次致電杜石山，聲稱蔣介石獲悉有關經過後，表示後悔，以前之所以不能拜受萱野誠意，其原因在於狀況不明和情勢不許，現在形勢變化，汪精衛宣稱，倘實現和平，彼等不僅將引退，即死亦所不辭。這樣看來，和平有了可能。㉓杜石山奉命之後，不敢怠慢，連電萱野，告以夜長夢多，要萱野把握機會，乘時進行。

此前，蔣介石已經派特務曾廣冒充宋子文之弟宋子良和日方的今井武夫等人在香港、澳門多次磋商，6月6日，雙方一致同意，由板垣、蔣介石、汪精衛舉行三人會談。這就是日方所謂的「桐工作」。但是，蔣介石願意多線進行，又派鄭介民、柳雲龍等到香港活動，傳達蔣介石的「和平」決心，準備恢復與萱野等人的會談。7月29日，小川致電板垣，告以經慎重研究結果，萱野將於8月2日赴港。㉔不料板垣這時正熱衷於「桐工作」，不願另生枝蔓，要求萱野延期出發。㉕8月上旬，杜石山致函萱野訴苦，聲稱受到重慶方面「聯絡欠確實」的責備，要求萱野勿因少數人的阻難而坐失良緣，儘快確定來華日期。㉖10月初，萱野再次準備赴港，但外相松岡洋右正通過銀行家錢永銘與重慶聯繫，仍然不願另生枝蔓，萱野之行再度受阻。㉗

汪僞政權是在日本卵翼下成立的。舉行典禮的當天，日本政府即聲明支持，並期待各國承認。有意思的是，日本政府自己卻未立即予以外交上的承認。從長期的軍事和政治實踐中，日本侵略者終於認識到，要如願以償地解決中國問題，撇開蔣介石及其政府是不行的。因此，他們不得不留有餘地，以便對蔣介石進行誘降，並促進汪、蔣合作。板垣的「桐工作」，松岡的「錢永銘工作」，目的都在於此。但是，他們也感到，蔣介石不同於汪精衛，不會輕易就範。因此，他們在對重慶開展「和平」工作的同時，又在積極準備承認汪僞政權。㉘9月中旬，「桐工作」失敗；繼之而起的「錢永銘工作」也困難重重。11月13日，日本御前會議決定承認汪政權。

蔣介石否定了今井武夫、宋子良等人的會談結果，主要原因在於板垣提出的條件過於「苛細」㉙，但是，他並不拒絕「和談」。11月1日，杜石山再次致函萱野，說明蔣介石的苦心。函稱：「蔣公既以石山等與先生有所約，中日和平路線絕對已有維持，故拒絕紅軍進攻平、津以斷日軍接濟，不准小張（指張學良——筆者）復出而重東北糾紛。」函中，杜石山並通知萱野一項特別消息——美國已「積極備戰」，要求日本「鑒於世界大勢之安危，臨崖勒馬，以符永保太平洋之宗旨」。⑩⑩同月上旬，松本藏次和頭山滿的兒子頭山秀三到達澳門，向杜石山傳達日本政府即將承認汪政權的信息以及頭山滿的意見。12日，杜石山返港，急電向蔣介石報告。不久，杜石山得復電，已由何應欽、白崇禧聯合簽發命令，限紅軍五天內退駐西北方邊區，並擬以孫科爲行政院長，緩和蘇俄，免爲和平之梗。⑩①杜石山得電後，派門人林某攜電赴澳門，但松本等已返日。杜石山於是通過日本人八谷致電外務省，力陳承認汪精衛政權的利害關係。⑩②16日，蔣介石又派侍從副官陳某乘專機飛港，對松本和頭山秀三遠涉重洋前來報告有關消息表示感謝，同時表示：「自七七以還，只是委托石山兄維持立雲翁、秋山翁、萱野先生等與中國及國民黨以及個人之歷史的感情，無論直接間接，未曾選派任何人員，提出任何事件，則以職責攸關，不得不謹愼也。」⑩③然而，不管蔣介石集團如何表示「殷勤」之意，日本政府還是於11月30日承認了南京汪記政權。杜石山於12月15日致函頭山滿和萱野，滿腹牢騷地表示：「豈知不數日而承認汪氏之訊至，眞如天際巨雷，使弟不知如何解脫！」函件同時批評日本政府失策：「今以兩無準備之局勢，而遽予汪氏以承認，故英、美輕之如鴻毛，而以泰山視渝也。」⑩④1941年 2 月，杜石山派人去上海找尋松本藏次，企圖重建聯繫，結果未能如願。

還在1938年，日本帝國主義就在《配合華南作戰的政務處理要綱》中規定：「對華僑方面，配合政治及其他措施，領導他們反蔣親日」，「同時促進對南洋貿易的發展，以利獲得不足資源。」⑩⑤1941年 5 月 5 日，萱野爲了調查華僑情況，以南方協會顧問身份到達澳門。在此之前，重慶方面已經得知這一消息，派柳雲龍及侍從副官一人來港，通過杜石山徵詢萱野對「和平」的意見，重申蔣介石「絕對維持此線」的主張。5月12日，杜石山抵澳，與萱野相見，萱野提出：「可以無條件委托頭山翁。」⑯14日，柳雲龍返渝向蔣介石報告。6月，蔣介石秘密召開嫡系幹部會議及最高國防會議，決定一切委托頭山滿辦理。會後，蔣介石贈頭山滿及萱野相片各一張，附言表示：「望今後協助處置共產黨。」⑰6月11日，小川通知萱野，當談判地點決定時，頭山將參加。⑱

然而，這時頭山對蔣介石集團已經很失望，正在逐漸採取親汪立場。6月14日，汪精衛訪日。在此前後，頭山發表連載文章，尖銳地抨擊蔣介石：「他終竟是傻瓜。對應該提攜的日本反戈，以致難免自滅，他現在作最後的掙扎了。他會這樣蠢，實在我也是料想不到。」文章又稱：「於茲期待繼承孫文遺志的汪精衛的新國民政府活動。」⑲頭山文章的發表，宣布了萱野長知、小川平吉等對蔣「和平」工作的破產。此後，雙方雖仍有若斷若續的聯繫，但始終無法進行任何實質性的談判。

通過對文獻的研究還可以看出，蔣介石集團和日方的「和談」並非完全是眞心實意的，有些顯然具有策略目的。或爲了延緩日軍進攻，或爲了阻撓汪精衛成立僞政權，或爲了延緩日本政府對汪僞政權的承認。兵不厭詐。戰場上固然虛虛實實，風雲詭譎，談判桌上何嘗不如此！歷史是複雜的，任何簡單化的看法都將妨礙對事物全貌和本質的認識。

（原載《歷史研究》，1990年第1期）

【附記】收集本專題資料過程中，承日本國會圖書館廣瀨順皓先生指點，承京都大學狹間直樹教授惠贈大量資料，寫作過程中，又承日本岡山大學石田米子教授，壽祝衡、鄒念之二位先生，尹俊春、周興梁二君幫助，謹此致謝。

【註　釋】

① 《小川平吉致蔣介石電》，1939年5月29日。《小川平吉關係文書》(2)，東京みすず書房1973年版，第632頁。

② 《犬養密使・萱野長知の日誌》，《中央公論》第690號，1946年8月1日。

③ 《頭山翁致孔氏電報》，日本外務省檔案；《支那事變善後措置》，A-1-1-0號。

④ 《對支政策覺書》，《秋山定輔關係資料》，第157頁，《秋山定輔傳》第3卷，櫻田俱樂部1928年版。

⑤ 《秋山定輔關係資料》，第541-545頁，同上書。

⑥ 柳雲龍，陳誠書記官，日方資料或稱爲蔣介石外甥，或稱爲蔣介石母妹之子；杜石山，亦作石珊，蔣介石設在香港的秘密辦事處負責人。二人眞實身份待考。

⑦ 《杜氏筆記》，《小川平吉關係文書》(2)，第634頁。

⑧ 《支那事變善後措置》，日本外務省檔案A-1-1-0號。

⑨ 松本藏次回憶，見三田村武夫：《戰爭と共產主義》，日本民主制度普及會1953年版，第170頁。

⑩ 賈存德：《孔祥熙與日寇勾結活動的片斷》，《文史資料選輯》，第29輯，68、70頁。

⑪ 同前註。

⑫ 《戰爭と共產主義》，第172頁。

⑬ 同註⑧。

⑭ 《小川平吉日誌》(二)，1938年6月9日、10日。

⑮ 《日本軍國主義侵華資料長編》（上），四川人民出版社1987年版，第411頁。

⑯ 同註⑭。

⑰ 《宇垣日記》，朝日新聞社1956年版，第314-315頁。

⑱ 風見章：《近衛內閣》，日本出版協同會1951年版，第79-80頁。

⑲ 《小川平吉關係文書》(1)，第 385-386 頁。

⑳ 《萱野長知致小川平吉》，1938年 7 月 4 日；參見《小川平吉致近衛文磨》，1938年 7 月 8 日。

㉑ 參見中村豐一：《知られどる宇垣・孔秘密會談》，《知性》別冊，第261-265頁。

㉒ 《戰爭と共產主義》，第 173-174 頁。

㉓ 同註⑲，1938年 7 月27日。

㉔ 《小川平吉關係文書》(2)，第 593 頁。

㉕ 《萱野長知致松本藏次》，《戰爭と共產主義》，第 177 頁。

㉖ 日本外務省檔案S491。

㉗ 田琪之譯：《中國事變陸軍作戰史》第 2 卷第 1 分冊，中華書局1979年版。第 102 頁。

㉘ 《戰爭と共產主義》，第 175 頁。

㉙ 《小川平吉關係文書》(1)，第 400-401 頁。

㉚ 《小川平吉關係文書》(1)，第 393 頁。

㉛ 《小川平吉關係文書》(2)，第 595 頁。

㉜ 《小川平吉關係文書》(2)，第 596 頁。

㉝ 《小川平吉關係文書》(2)，第 597 頁。

㉞ 同前註。

㉟ 《小川平吉日誌》(二)，1938年 9 月23日，《小川平吉關係文書》(1)，第421頁。

㊱ 額田坦：《秘錄宇垣一成》，日本芙蓉書房1973年版，第 179 頁。

㊲ 同前註。

㊳ 《新蜀報》，1938年11月 1 日。

㊴ 《小川平吉關係文書》(2)，第 600 頁。

㊵ 《太平洋戰爭史》，中譯本，第 231 頁。

㊶ 《小川平吉致萱野長知》，1938年11月25日，《小川平吉關係文書》(2)，第 602-603 頁。

㊷ 日本外務省編《日本外交年表和主要文書》下卷，《文書》第 407 頁。

㊸ 《小川平吉關係文書》(2)，第 605 頁。

㊹ 《小川平吉日誌》(二)，1939年 1 月13日，《小川平吉關係文書》(1)，第 436-437頁。

㊺ 《杜石山致萱野長知》，1939年 2 月 4 日，《小川平吉關係文書》(2)，第 608 頁。

㊻ 同前註。

㊼ 《小川平吉日誌》(二)，1939年 2 月19日，《小川平吉關係文書》(1)，第 446頁。

㊽ 《小川平吉日誌》(二)，1939年 3 月 4 日，《小川平吉關係文書》，第 449-450頁。

㊾ 《小川平吉關係文書》(2)，第 610 、611-612頁。

㊿ 同前註。

51 《萱野長知電報》，1939年 3 月18日，《小川平吉關係文書》(2)，第 614頁。

52 《杜氏筆記》，《小川平吉關係文書》(2)，第 615-616 頁。

53 《小川平吉關係文書》(2)，第 614-615 頁。

54 《赴香始末》，《小川平吉關係文書》(1)，第 653 頁。

55 《小川平吉關係文書》(2)，第 620 、621-623頁。

56 同前註。

57 同註55。

58 同註54。

59 《小川平吉關係文書》(2)，第 624-625 頁。

60 《小川平吉關係文書》(2)，第 626 頁。

61 同前註。

62 原順伯，孔祥熙秘書。

63 《杜石山致萱野長知》，1939年 5 月20日，《小川平吉關係文書》(2)，第 627 頁。

⑭ 《杜氏筆談》，《小川平吉關係文書》⑵，第 629-631 、632頁。

⑮ 同前註。

⑯ 同註⑭。

⑰ 《杜氏筆記》，1939年 6 月 9 日，《小川平吉關係文書》⑵，第 634-635頁。

⑱ 同前註。

⑲ 《小川平吉日誌》㈦，1939年 6 月10日，《小川平吉關係文書》⑴，第 488頁。

⑳ 《杜氏筆談》，《杜柳二氏要求》，《小川平吉關係文書》⑵，第637 頁。

㉑ 《萱野長知電報》，1939年 6 月17日，《小川平吉關係文書》⑵，第 637頁。

㉒ 《小川平吉致萱野長知》，1939年 7 月16日，《小川平吉關係文書》⑵，第 642-643 頁。

㉓ 《吳氏思想表現一束》，見《吳佩孚工作檔案資料》，中華書局1987年 7 月版，第10頁。

㉔ 《小川平吉關係文書》⑵，第 640-641 、642、 643 頁。

㉕ 同前註。

㉖ 同註㉔。

㉗ 《小川平吉關係文書》⑵，第 644 、645、 649 頁。

㉘ 同前註。

㉙ 同註㉗。

㉚ 《小川平吉關係文書》⑵，第 639 頁。

㉛ 《杜石山致小川平吉、萱野長知》，《小川平吉關係文書》⑵，第 648-649頁。

㉜ 同前註。

㉝ 《萱野長知致小川平吉》，1939年 8 月24日，《小川平吉關係文書》⑵，第 652 頁。

⒁ 同前註。

⒂ 《小川平吉致萱野長知》，1939年 8 月16日，《小川平吉關係文書》(2)，第 649 、650頁。

⒃ 同前註。

⒄ 《萱野長知電報》，《小川平吉關係文書》(2)，第 653 頁。

⒅ 《重慶方面關係經過概要》，《小川平吉關係文書》(1)，第 660 頁。

⒆ 《小川平吉關係文書》(2)，第 669 頁。

⒇ 同前註。

㉑ 《小川平吉關係文書》(2)，第 670 頁。

㉒ 袁旭等：《第二次中日戰爭紀事》，檔案出版社1938年版，第 241 頁。

㉓ 《杜石山致萱野長知》，1940年 6 月29日，《小川平吉關係文書》(2)，第 673 頁。

㉔ 《小川平吉關係文書》(2)，第 683 頁。

㉕ 《重慶方面交涉經過概要追加》，《小川平吉關係文書》(1)，第 664 頁。

㉖ 《小川平吉關係文書》(2)，第 687 頁。

㉗ 同註㉕。

㉘ 參閱《中國事變迅速處理方法》，1940年 9 月16日，日本外務省檔案WT47號；又，《對重慶和平交涉之件》，1940年10月 1 日，日本外務 省檔案S488號。

㉙ 《杜石山致頭山滿、萱野長知》，1940年11月16日，《小川平吉關係文書》(2)，第 697 頁。

⑩⓪ 《小川平吉關係文書》(2)，第 696 頁。

⑩① 《杜石山致萱野長知》，1940年12月15日，《小川平吉關係文書》(2)，第 702 頁。

⑩② 《杜石山致頭山滿、萱野長知》，1940年12月 8 日，《小川平吉關係文書》(2)，第 700 頁。

⑩③ 《杜石山致頭山滿、萱野長知》，1940年11月16日，《小川平吉關係文書》(2)，第 698 頁。

⒁ 《小川平吉關係文書》⑵，第 701-702 頁。

⒂ 日本外務省檔案UD49。

⒃ 《報告書》（第四回），《小川平吉關係文書》⑴，第 665 頁。

⒄ 《萱野長知致小川平吉》，1941年 6 月11日，《小川平吉關係文書》⑵，第 707 頁。

⒅ 《小川平吉致萱野長知》，《小川平吉關係文書》⑵，第 708 頁。

⒆ 《中國革命的秘話》，廣東《迅報》，1941年 6 月 8 日－18日。

李宗仁的索權逐蔣計劃

一、一份「極機密」文件

在美國可倫比亞大學珍本和手稿圖書館所藏張發奎檔案（微卷）中，有一份標明「極機密」的文件。稍加研究，便可以發現，它是1949年李宗仁任代總統後製訂的一份秘密計劃。

文件共 8 頁，以毛筆寫成，分甲、乙、丙、丁四部分。甲部分爲目的，共四條：

㈠統一事權，集中力量；

㈡改革政治，刷新陣容；

㈢建立和穩定革命根據地；

㈣抗拒與肅清腐化與惡化勢力。

乙部分爲「方針」，分「急進的作法」與「緩進的作法」兩項。所謂「急進的作法」共六條：

（子）對×表示一明確的態度，務使其將全部資本交出（包括政權、軍權、財權及一切金銀、外匯、物資、軍械等），最好能促其出國。

（丑）徹底驅除在粵之一切頑固分子（或停止其活動）並改組國民黨。

（寅）廢除以黨統政之制度。

（卯）改組國防部。

（辰）加強兩廣合作，以兩廣爲中心，樹立革命根據地。

（巳）改革政治，肅清一切貪污無能自私之分＜子＞，重整革命陣營。

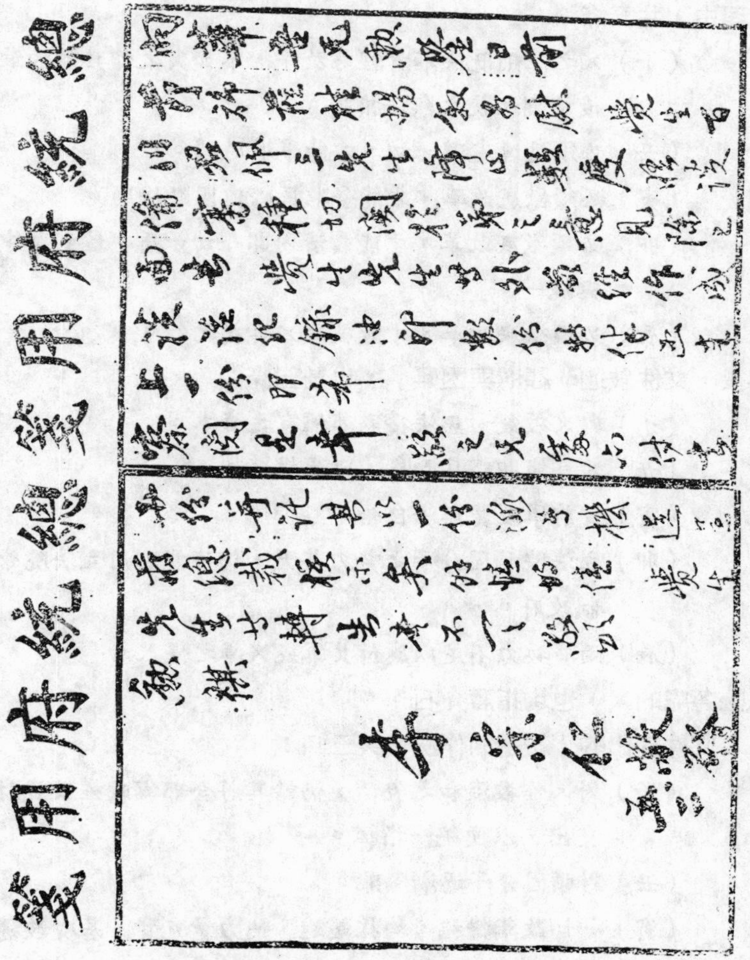

圖三十九 李宗仁致張發奎函（1949年）
（採自美國哥倫比亞大學珍本和手稿圖書館）

這六條中最重要的是第一條，所謂「對×表示一明確的態度」，其中的×，指的乃是蔣介石。文件接著敍述採取「急進」的作法的理由，共五條：

（子）×之原則既決不肯輕易放手，不如與之作具體的最後談判，使之無法推諉。

（丑）必須迅速處理一切，才能爭取時間。

（寅）必須徹底改革，才能爭取民心與國際援助。

（卯）必須徹底改革，才能肅清內部一切矛盾，達到集中與統一。

（辰）必須徹底改革，才能破滅×再起之幻。

其後，文件敍述「顧慮與困難」，也是五條：

（子）與×破裂，無法獲取其擁有之資本。

（丑）×可能即調兵入粵，以圖鎮壓。

（寅）目前軍政費無法自給。

（卯）立法院頑固分子之勢力甚大，仍可能利用立法院牽制政府。

（辰）兩廣兵力不足以應付共軍或×軍之侵入。

以上各處的×，也均指蔣介石。

文件提出的「緩進的作法」共三條：

（子）對×作較溫和之表示，仍請其將全部軍政權及資財交出，以便統一指揮。

（丑）對頑固分子逐漸隔離。

（寅）一切改革措施，均採緩進，使力量充實，基礎較穩固後再進行上述「急進的」各項辦法。

文件的製訂者認爲，取「緩進的作法」理由如次：

（子）希望誘致×交出若干資本。

（丑）×或可不至即派兵入粵。

（寅）對×不即時決裂，留有斡旋餘地。

但是，文件的製訂者又認為，這種作法也有其弊端：

（子）時機迫切，不容許獲得逐漸改善之機會。

（丑）由於×之高度警覺性，決不肯交付全部資本（甚至一部分亦不可能）。

（寅）由於×之高度警覺性，可能仍派兵入粵。

（卯）不能即時有所表現，無法爭取民心，提高士氣。

（辰）與×不絕緣，不能獲得國際之信賴與援助。

（巳）無堅強明朗之態度表現，新的分子不能號召集結，反動分子無法肅清。

文件的製訂者在比較權衡之後，認為「急進的作法」可能收到「預期的效果」。

文件最後部分為「一般值得研究的實際問題」，計六條：

1.兩廣兵力如何充實（包括肅清土共問題）？

2.財政問題如何解決？

3.以黨統政之制度如何廢除（包括非常委員會）？

4.立法委員如何爭取？

5.與×「攤牌」之方式如何？

6.對中共之戰略部署。

文件未署日期，也未說明起草人姓名及有關情況。

二、文件形成的背景及其產生經過

1949年1月，蔣介石宣布「引退」，由李宗仁代行總統職權，但蔣在「引退」之前，即在人事上作了種種布置，同時下令將國庫中大量黃金、白銀和外匯移存台灣。「引退」後，仍然以國民黨總裁身分掌握著種種實權。因此，李宗仁就職後，事事遭到掣肘。他曾命行政院將運往台灣的國庫金銀及外匯運回一部分備用，但有關人員拒不奉命。他企圖改變長江防務布局，撤換指揮將領，但無法執行。這樣，李宗仁的左右就經常發牢騷：「我們管不了，就交還給蔣吧！總統不過是代理，一走就可以了事的。」張治中見此情況，便動了勸蔣介石出國的念頭，以便讓李宗仁放手做事。他徵得李宗仁等同意後，於3月3日偕吳忠信訪問溪口。見蔣後，蔣劈頭第一句就說：「你們的來意是要勸我出國的，昨天的報紙已經登出來了！」又說：「他們逼我下野是可以的，要逼我亡命就不行！下野後我就是普通國民，哪裏都可以自由居住，何況是在我的家鄉！」說得張治中開不得口。

張、吳溪口之行雖然沒有成效，但要求蔣介石出國的呼聲卻日漸公開化。3月12日，南京《救國日報》居然以《蔣不出國則救國無望》爲大字標題，發表評論。當時，南京代表團正在北平與中共代表團進行談判，李宗仁感到，有蔣在，勢難接納和議。4月9日，李宗仁召集白崇禧、程思遠、邱昌渭等人會議，認爲蔣、李只能有一人主政，如果蔣不出國，李就應當辭去代總統；維持現狀，和戰均將無望。4月12日，李宗仁委托居正、閻錫山赴溪口，面交蔣介石一函，聲稱如蔣不採取步驟，終止目前的混亂局勢，則他自己唯有急流勇退，以謝國人。14日，蔣介石通過張群傳話，邀請李宗仁、白崇禧赴杭州面談。

形勢發展出人意料地快。4月20日，和談破裂，華東野戰軍陳毅所部迅速渡過長江。22日，蔣介石再邀李宗仁及何應欽、白崇禧、張群、吳忠信、王世杰等在杭州會談。會前，白崇禧對李宗仁說：「今後局勢，如蔣先生不願放手，則斷無挽回餘地。蔣先生既已引退下野，應將人事權、指揮權和財政權全部交出。」李宗仁正準備在會上與蔣介石「攤牌」，白崇禧的話正合李宗仁的心意。李宗仁完全沒有想到，會議卻通過了一項提議，在國民黨中央常務委員會之下設立非常委員會，以蔣介石爲主席，李宗仁爲副主席，「凡政府重大政策，先在黨中獲致協議，再由政府依法定程序實施」。李宗仁滿肚子不高興，快快返回南京。當時，行政院等政府機構已經遷移廣州，但李宗仁決定不去。23日，李宗仁偕程思遠、邱昌渭、李漢魂等人飛抵桂林。當日，李宗仁決定派程思遠去漢口接白崇禧返桂，派邱、李二人去廣州會見美國公使銜參贊劉易斯·克拉克 (Lewis Clark) 及張發奎。

克拉克當時在廣州主持美國大使館駐廣州辦事處。他對邱昌渭說：「美國已對蔣介石失去信心，即將重訂對華政策。目前國民黨政府要求美國立即援助，情勢上實不可能，除非有事實顯示，李代總統確實是一個堅強有力的領導者，蔣介石確實不再干預政治，才能逐漸轉換美國人的視聽。」其後，克拉克並親赴桂林，和李宗仁談了五個小時。

張發奎在李宗仁就任代總統後被任命爲陸軍總司令。李宗仁托李漢魂、邱昌渭帶了一封信給他，函稱：

> 和談因中共不能改變其武力征服全中國之企圖，終告破裂。刻共軍已渡江，威脅京滬，此實爲本黨及國家生死存亡之最後關頭，非革新無以圖存，非團結無以自救。吾兄愛黨心切，憂國情殷，知必具有同感。弟因廣州住所尚待修飾，兼以連月勞煩，須稍事休息，擬在桂勾留幾日後即來穗面商種切，共策進行。茲囑伯豪、毅吾兩兄代青趨詣，面達鄙悃，諸惟鑒照。

李漢魂於1949年3月初到南京任總統府參軍長，後任內政部長，他向張發奎訴說了到南京工作後的苦衷：「在最高控制之下，致全局的人事及軍事，殆俱不能調整，政治亦難改革，全部之守江計劃，同時不能實施，坐令對共無法阻止。」29日，張發奎飛往桂林。他勸李宗仁作出抉擇，或者公開聲明，他的出任總統只是一場滑稽戲，然後辭去總統職務，請蔣復位；或者從蔣介石手中奪過全部權力，組織戰時內閣，爭取美國的支持。5月1日，張發奎飛返廣州。

據程思遠回憶，張發奎返抵廣州的當天中午，白崇禧、張發奎、程思遠三人在馮仲孚家裏午餐，張談到：

在桂林時曾由李宗仁約李品仙、甘介候、韋永成、韋贊唐、黃雪村、李新俊、尹述賢等同他會談兩次，由黃雪村記錄，最後訂定甲乙兩案，甲案要蔣出洋，乙案要蔣交出權力來。

張並强調指出，無論實行甲乙兩案中的任何一案，必須清除廣州陣營裏的ＣＣ份子。程思遠的這段回憶寫於1980年，記憶不可能完全準確，但是，所謂甲乙兩案及「促蔣出洋」，「要蔣交出權力來」等等，正與上述「極機密」文件相合，因此，可以判明，該份文件乃是1949年４月29日至５月１日張發奎飛桂時的產物。它反映出當時李宗仁等的企圖——索權、逐蔣、以兩廣爲基地反共。

三、又一份秘密文件

政府在廣州，代總統卻在桂林，這總不成局面。５月１日晚，白崇禧訪問何應欽。二人認爲，李宗仁不願來廣州，是因爲對杭州會談的結果不滿意，決定請居正、閻錫山出面勸解。同晚，國民黨中常會舉行臨時會議，決定推吳鐵城、李文范赴桂，催促李宗仁來粤主持政務。５月２日，白崇禧、居正、閻錫山、李文范等聯袂飛桂。當晚會談，形成一份《談話記錄》，全文如下：

㈠自宗仁代行總統職權後，鑒於頻年戰禍，民苦已深，弭戰求和，成爲舉國一致之渴望，而以往政府一切軍事、政治、經濟之失敗，其根因所在，即由於政治之不修明，貪污腐化，遍於全國，遂造成今日民怨沸騰，士氣消沉，全盤糜爛之惡果。故自主政之日起，爲順從民意，針對時弊，決以謀取和平與革新政治爲當前兩大急務，以冀有所匡救。詎料時經三月，雖殫精竭力以赴，而事與願違，終致毫無成效。和談失敗，固由於中共所提條件過於苛刻，然我方内部意志之不統一，步驟之不能一

談話紀錄 於桂林 卅八年五月[illegible]日

(一)自宗仁代行總統職權後，鑒於頻年戰禍，民苦已深，祈求
議和，成為舉國一致之渴望，而以政府一切舉措，[illegible]
之失敗，其根因所在，即由於政治之不修明，貪污腐化，遍於全國，遂
造成今日民怨沸騰，士氣[illegible]，[illegible]崩潰之惡果，故自主政之日起，
為順從民意，針對時弊，決以謀致和平與革新政治為當前兩大急
務，以冀有所匡救。詎料[illegible]
致毫無成就，和談決裂，因中共所提條件，過於苛刻，使政府無
法接受，不得不[illegible]
府謀和措施之不能執行，未能示人以誠，亦不能不承認為一重大[illegible]
至於革新政治，[illegible]以形格勢禁，雖亦有所更張，要之言[illegible]
革，因之[illegible]努力[illegible]

圖四十　李宗仁桂林《談話記錄》(1949 年)
(採自美國哥倫比亞大學珍本和手稿圖書館)

致，如政府謀和措施之不能執行，未能示人以誠，亦不能不承認爲一重大因素。至於革新政治一端，終以形格勢禁，因之三個月來之努力，悉已付諸虛牝，此皆由於宗仁德薄能鮮，不克建樹事功，實應首先引咎自責者。

㈡現共軍已渡過長江，首都淪陷，滬杭危急，局勢已臨萬分嚴重之最後關頭。基於以往三個月來事實証明，宗仁難繼續膺此艱巨，更自信在此情形之下，決無轉危爲安之能力。爲今之計，與其使宗仁徒擁虛位，無俾實效，莫若即日起，自請解除代總統職權，仍由總裁復位，負責處理一切，俾事權統一，命令貫徹。宗仁身爲國民黨員，與總裁久共患難，決不敢存臨危退避之心，仍當竭盡協助之能力，並擬以副總統之資格，出國從事國民外交活動，爭取國際援助。此種辦法，在國際上固不乏先例，而依據目前之局勢，亦確乎有此需要，同時宗仁既可獲得國家效力之機會，亦可與總裁之工作收分工合作之效。

㈢如總裁堅持其引退之初志，必欲宗仁繼續負責，根據過去三個月來失敗之經驗，爲保障今後政府之命令能徹底貫徹，達到整飭部隊，革新政治之要求，完成吾人反共救國之使命，則有數事必先獲得總裁之同意並實行者，茲分列於次：

⑴憲法上規定關於軍政人事及凡屬於總統職權者，宗仁應有絕對自由調整之權。

⑵所有前移存台灣之國家銀行金銀外匯，請總裁同意由政府命令運回。

⑶所有移存台灣之美援軍械，請總裁同意由政府命令運回，配撥各部使用。

⑷所有軍隊一律聽從國防部之調遣，違者由政府依法懲

處。

(5)爲確立憲政精神，避免黨内人事糾紛，應停止訓政時期以黨御政之制度，例如最近成立非常委員會之擬，應請打消。所有黨内決定，只能作爲對政府之建議。

(6)前據居覺生先生由溪口歸來報告，總裁曾表示，爲個人打算，以去國愈快，離國愈遠爲最好，現時危事急，需要外援迫切，擬請總裁招攜懷遠，俾收内外合作之效。

(四)以上六項，必須能確切做到，宗仁始能領導政府，負責盡其最後之努力，否則唯有自請解除代總統職權，以免貽誤黨國。

文件原件共四頁，油印，用墨筆標有「密」字，亦見於哥倫比亞大學珍本和手稿圖書館張發奎檔。

上述文件表明，李宗仁經過深思熟慮，並與各方商談，決心將「極機密」文件付諸實施，不僅索取全部權力，而且要求蔣介石「去國愈快，離國愈遠爲最好」，言詞雖溫和、婉轉，而態度則相當堅決，可以視爲對蔣介石的一紙通牒。

《談話記錄》既產生，同日李宗仁再次致函張發奎，函稱：

日前節旆蒞桂，暢敍爲慰。覺生、百川、君佩三先生降止，數度晤談，備審種切。關於弟之意見，除已面告覺生先生等外，茲經作成《談話記錄》一份，油印數份，特伴函奉上一份，即希察閱是幸！敬之兄處亦付去兩份，並托其以一份派專機送呈蔣總裁核示矣。餘情均倩覺生兄等轉告

據此，可知這份記錄天壤間只有幾份，一份給了張發奎，兩份給了當時的行政院長何應欽，其中之一由專機送給了蔣介石。

四、蔣介石的答覆

5月3日，蔣介石在上海見到了李宗仁的《談話記錄》，非

常生氣，立即覆函何應欽，要求何轉達李宗仁及國民黨中央諸人。信中，蔣介石要求李宗仁「蒞臨廣州，領導政府」，說明他本人「無復職之意」，對於李宗仁六項要求中的前四項，蔣介石一一表示同意。他說：

> (1)總統職務既由李氏行使，則關於軍政、人事，代總統依據憲法有自由調整之權，任何人不能違反。
>
> (2)前在職時，爲使國家財產免於共黨之劫持，曾下令將國庫所存金銀轉移安全地點；引退之後，未嘗再行與聞。一切出納收支皆依常規進行，財政部及中央銀行薄册具在，盡可稽考。任何人亦不能無理干涉，妄支分文。
>
> (3)美援軍械之存儲及分配，爲國防部之職責。引退之後，無權過問，薄册羅列，亦可查核。至於槍械由台運回，此乃政府之權限，應由政府自行處理。
>
> (4)國家軍隊由國防部指揮調遣，凡違反命令者應受國法之懲處，皆爲當然之事。

對於李宗仁要求中的第五項，蔣介石也並不表示反對，只說：非常委員會之設立，爲 4 月22日杭州會談所決定，當時李代總統曾經參與，且共同商討其大綱，迄未表示反對之意。今李既欲打消原議，彼自可請中常會復議。對於要求他出國的第六項，蔣介石堅決反對，他說：

> 且在過去，彼等主和，乃指我妨障和平，要求下野。今日和談失敗，又責我以牽制政府之罪，強我出國，並賦我以對外求援之責。如果將來外援不至，中又將負妨害外交，牽制政府之咎。國內既不許立足，國外亦無法容身。中爲民主國之自由國民，不意國尚未亡，而置身無所，至於此極！

他並稱，自引退以來，政治責任雖告解除，而革命責任自覺無可逃避。凡李宗仁有垂詢之處，無不竭誠答覆，但決不敢有「任何逾越分際，干涉政治之行動」。函末，蔣介石表示：

> 今日國難益急，而德鄰兄對中隔膜至此，誠非始料之所及。而過去之脅助政府者，已被認為牽制政府，故中惟有遁世遠引，對於政治一切不復聞問。

蔣介石此函於5月5日以專機送到廣州。6日，國民黨中常會舉行臨時會議，推閻錫山、朱家驊、陳濟棠三人赴桂迎接李宗仁。李宗仁向蔣介石提交《談話記錄》，目的在索取權力，蔣介石即已答應了六條中的前四條，李宗仁覺得面子掙到，目的已基本達到。8日，李宗仁飛廣州，繼續履行代總統職權。後來的事實表明，他仍然是個空頭，蔣介石並未交出任何權力，也並未「遁世遠引」，而是積極活動，多方安排，在作復職的準備。

（作於1991年）

後　記

年輕時做過許多夢。那時，1949年不久，正在擴建鞍山鋼鐵廠，於是，想當鋼鐵工程師；其後，地質勘探工作展開了，又想當地質學家；再以後，認識了數學的重要後，又想當數學家。只是，做過的夢雖然很多，卻完全沒有想到會研究歷史。

1955年，懷著謳歌新生活的美好願望，考進了北大中文系。一度廢寢忘食地寫詩、寫小說；後來，對美學發生興趣，又想研究現實主義、浪漫主義、世界觀與創作方法一類問題；再後來，中國古典詩歌讀多了，又想研究唐詩，仍然沒有想到會研究歷史。

我研究歷史，完全是偶然的事。1958年，盛行「拔白旗，插紅旗」，不幸，我被視爲「白旗」。於是，一切美好的夢都不敢做了，只想如清人龔自珍所云，「至竟蟲魚了一生」，爲古書作點注釋。不想，連這一點願望也無法實現。大學畢業後，分配到了一個培訓拖拉機手的單位。本該從此革面洗心，和學術研究分手，但無奈秉性難移，仍然擠時間讀書、寫作。我的工作單位在北京南苑附近的一個小鎮上，於是常常星期六晚上進城，借住在朋友單位的傳達室裏，星期天一早趕往北京圖書館看書，晚上閉館後再趕回南苑。有時誤點了，末班車已過，就只好步行幾十里回去。同事見我星期天都不在，問我是不是去會女朋友了。那時候，在不少單位，談戀愛，打撲克，侃大山，遛馬路，都是合法的，不會有人干涉，但利用業餘時間做研究，就會帶來很多麻煩。於是，我只能微笑著默認。1962年，調到城裏工作，到圖書館看書方便了，但工作很忙，能用來研究的時間很少，只能挑燈夜讀。本職工作做得是出色的，但仍然被有些人目爲異端。「史無前例」的年代來到了，於是，又成了「修正主義苗子」和「資產階級反動學術權威」（天曉得，那時我才發表了很少一點東西）。那時，別的研究無法作了，就研究魯迅；還曾偷偷地跟吳則虞教授學佛，幫他編《中國佛教思想文選》。同時，開始研究宋明理學。關於王陽明、朱熹、泰州學派的幾本書就是那時候寫的。當然，這一切都是絕密的「地下工作」。直到「四人幫」被粉碎，撥亂返正，多年的「左」的思潮得到批判，我被調到中國社會科學院近代史研究所後，才眞正有了從事科學工作的條件。

我在大學後期對近代詩歌有興趣，深深感到，研究文學，研究作家，必須研究歷史，研究社會思潮。因此，又由研究文學史而旁及於近代史和近代思想史。這本集子中的《關於宣南詩社》、《龔自珍的〈明良〉四論》、《論辛亥革命前的國粹主義思潮》等幾篇文章，寫於60年代，大體上反映了我從文學到思想史、近代史的研究趨向。其它文章則都寫作於1978年以後。

歷史學的任務在於記述和說明人類社會已經發生的一切。首先，它必須忠實地記述歷史進程，再現歷史的本來面貌。在此基礎上，進一步說明歷史，分析歷史現象和歷史發展的必然性，並由此作出價值評估，總結經驗，探討規律，爲人們提供借鑒。這裏，須要强調指出的是，如果這種分析、評估、總結、探討不是建立在正確的史實基礎上，那麼，其結論就極易陷入謬誤。人們常常可以讀到這樣一種歷史著作，必要的史實還沒有搞清楚，或者還沒有說清楚，就急於作分析，下結論。這樣的著作也許可以流行於一時，但終將被歷史所湮沒。

歷史是複雜的。歷史的眞相常常被種種煙霧所遮蓋，而且，在很多情況下，環境還會爲史家立下許多有形、無形的禁忌和戒律。因此，要忠實地記述歷史進程，再現歷史的本來面貌，不是一件容易的事。它既要求史家有董狐的直筆，又要求史家有嚴肅的科學態度和嚴格的求實精神，充分掌握一切必要的資料，去粗取精，去僞存眞，經過縝密的比較分析，清理出眞實的歷史進程和本來面貌，作出必要的理論概括。既有的成說、觀念、原則都必須接受史實的檢驗。史家應該有勇氣拋棄那些雖然盛行但卻被史實証明是不正確的觀念，也應該有勇氣提出自已從史實中提煉出來的一時不爲人們所喜的看法。

比較起來，中國近代史更爲複雜，血與火的政治鬥爭常常和詭秘多變的權謀相結合，因此，歷史的眞相也就掩埋得更深，未知領域也就更廣，不少重大的事件就像難解的謎一樣困惑著人們。要正確而生動地再現中國近代史的面貌，就必須抉幽鉤隱，解開這些謎團，將那些深藏的歷史奧秘揭示於光天化日之下。本書中的大部分文章都是爲此而寫的。但是，歷史的海洋實在太深了。這裏用得著一句話：「余雖有志，而力不逮焉。」本書命名爲《尋求歷史的謎底》，只是表達作者企圖正確地記述和說明歷史的志向而已。

人的行動受思想支配，社會政治運動受社會思潮指導。史家不僅要善於發掘產生於幕後和密室中的奧秘，而且要善於發掘人們頭腦中的奧秘。不了解社會思潮的起伏漲落及其彼此間的排拒與融會，就無法理解斑斕多彩的社會政治運動，也無法理解政治家的思想、理論、綱領、政策及其變化發展，同樣不能揭開歷史之謎。本書中有幾篇文章，論述在近代中國發生了重大影響的幾種社會思潮，正是基於這考慮。

本書凡已發表過的文章均在文後注明出處，說明修訂情況；未刊者則只署寫作時間。

在研究中國近代史的過程中，曾經和其他學者有過合作。現將主要由本人執筆的部分收入本集。其中，《關於宣南詩社》與季鎭淮師合作，《何天炯與孫中山》與狹間直樹教授合作，《1901至1905年的拒俄運動》、《章太炎與端方關係考析》、《同盟會的分裂與光復會的重建》等文與王學莊教授合作。《龍華會章程探微》主要由王學莊教授執筆，本書僅收入由我執筆成分較多的第一部分。特此說明，並向上述諸學者致謝。

金沖及、狹間直樹、汪榮祖三位教授在百忙中爲本書作序，中國第二歷史檔案館、上海圖書館、日本外交史料館、國會圖書館、美國哥倫比亞大學珍本和手稿圖書館、哈佛燕京學社圖書館爲作者閱覽、利用資料提供了最大方便，劉彥成和首都師大出版社的先生們爲本書的出版付出了辛勤的勞動，並此致謝。金祖芳女士多年來支持作者的研究和寫作，本書自然也包括了她的心血。

作　者

1992年6月於北京東廠胡同